资助项目：地质调查项目“全球巨型成矿带找矿勘查方法技术研究”（编号：12120113102100）

矿业可持续勘查开发“四元”模型
——地质 环境 技术 经济

Quaternion Model for Sustainable Exploration and Development of Mines (QMM): Geology, Environment, Technology, and Economy

舒思齐 张洪涛 裴荣富 向君峰 朱晓华
吴春平 郑文宝 莫 燕 孙张涛 张 婉 著

SHU Siqi ZHANG Hongtao PEI Rongfu XIANG Junfeng ZHU Xiaohua
WU Chunping ZHENG Wenbao MO Yan SUN Zhangtao ZHANG Wan

地质出版社
·北 京·

内 容 提 要

本书从地质、环境、技术和经济4个方面研究了矿产资源合理勘查开发影响因素，建立了矿业可持续勘查开发“四元”模型（地质、环境、技术、经济）；并以西藏冈底斯成矿带为典型实例，研究了冈底斯成矿带铜多金属矿成矿地质特征、勘查开发技术和矿山环境保护技术，对冈底斯成矿带典型矿床（点）进行经济评价；并运用该模型对甲玛铜多金属矿勘查开发合理性进行评价。这一研究不仅有利于促进西藏冈底斯成矿带矿产资源勘查开发，而且对国内整装勘查区和“走出去”矿业企业开展境外矿业投资具有重要指导意义。

本书可供矿产资源管理者、矿业企业经营者、金融投资者参考，也可作为科研院所、大专院校研究、教学人员的参考书。

图书在版编目（CIP）数据

矿业可持续勘查开发“四元”模型：地质 环境 技术 经济 / 舒思齐等著. — 北京：地质出版社，2017. 6

ISBN 978-7-116-10521-8

Ⅰ. ①矿… Ⅱ. ①舒… Ⅲ. ①矿产资源开发－可持续性发展－研究－中国 Ⅳ. ① F426.1

中国版本图书馆CIP数据核字（2017）第199683号

Kuangye Kechixu Kancha Kaifa Siyuan Moxing: Dizhi Huanjing Jishu Jingji

责任编辑：贺秋梅 房 媛

责任校对：王洪强

出版发行：地质出版社

社址邮编：北京海淀区学院路31号，100083

电 话：(010) 66554528 (邮购部)；(010) 66554611 (编辑部)

网 址：http://www.gph.com.cn

传 真：(010) 66554607

印 刷：北京地大彩印有限公司

开 本：787mm × 1092mm 1/16

印 张：14.75

字 数：300千字

版 次：2017年6月北京第1版

印 次：2017年6月北京第1次印刷

定 价：98.00元

书 号：ISBN 978-7-116-10521-8

（如对本书有意见或建议，敬请致电本社；如本书有印装问题，本社负责调换）

序

矿产资源是经济、社会发展的重要物质基础。矿产资源安全是国家安全的重要组成部分，并在国家安全中占有基础地位。根据全球构造演化背景与成矿特征，全球四大成矿域（劳亚成矿域、冈瓦纳成矿域、特提斯成矿域和环太平洋成矿域）横跨中国境内。优越的成矿地质条件使我国成为世界上矿产资源比较丰富、矿种比较齐全的少数国家之一。

我国东部地区人口密集，西部地区大部分处于高寒高海拔地区，生态环境脆弱。我国矿业开发不能走“先破坏再治理”的老路；走“绿色矿业”之路，实现人与自然和谐发展，是一条符合我国实际的有效发展路径。然而，我国部分矿山长期无序、不合理勘查开发，造成了资源浪费和生态环境破坏，导致了一系列严重的矿山环境问题。

根据国情，我国东部挖潜增储不能解决根本问题，找矿重点不得不向西部转移。客观上，青藏高原注定成为我国地质找矿的重点区域。国务院参事、国土资源部原总工程师张洪涛领衔的“青藏高原地质理论创新与找矿重大突破”项目获2011年度“国家科技进步奖特等奖”，为西藏矿产资源勘查开发做出了卓著的贡献。

青藏高原素有“世界屋脊”和“地球第三极”之称，是亚洲乃至北半球气候变化的“感应器”和“敏感区”。青藏高原生态破坏的元凶之一是过度放牧。“羊单位理论”很好地诠释了在青藏高原开发矿业与保护高原生态环境之间的关系：1只羊需要50亩草场养活，即1个“羊单位”；1个牧民生存需要50个“羊单位”（2500亩）。而建设1座现代化大型矿山，只需要2000亩草场，比1个牧民需要的50个“羊单位”还少一些，可谓“开发一小点，保护一大片”。因此，合理勘查开发西藏矿产资源是促进西藏地区经济发展和生态环境保护的有效手段。

如何合理勘查开发矿产资源？裴荣富院士曾提出了矿产资源勘查开发的“景、场、相、床”等级体制成矿理论、“双控论－合理域”模型、“风险投资决策支持系统”“不同规模矿山合理开发年限”和“矿业‘5R’循环经济理论”等科学技术理论，从“地质、技术、经济”三个方面对矿产资源的合理勘查开发进行评价。舒思齐博士等创新性地将环境因素作为矿业勘查开发决定性因素，并以青藏高原冈底斯成矿带及甲玛铜多金属矿为例，从“地质、环境、技术、经济”4个方面开展跨领域、跨学科研究，提出了矿业可持续勘查开发“四元”模型。这为我国矿业可持续勘查开发提供了一个很好的解决方案：从“地质、环境、技术、经济”4个方面对矿产资源勘查开发合理性进行评价，其中“环境”占有一票否决的地位，只有那些环境评价为“合理”的矿床才可进一步勘查开发。

该书提出的矿业可持续勘查开发“四元”模型令人鼓舞，可作为我们今后合理勘查开发矿产资源的评价尺度。

中国工程院院士：

2017年5月18日

前 言

矿产资源是国家经济和社会发展的重要物质基础，承担着人类生存、繁衍和发展所需全部物质的85%以上，是经济、社会、科技等各个领域从落后走向进步、从低级走向高级的发展动力。人类文明的每一次进步，都与矿产资源的利用能力、方式和水平的提高有关。

实现矿业可持续勘查开发是推进经济社会健康发展和人类文明进步的重要保障。世界环境与发展委员会（WCED）比较系统地分析和研究了可持续发展问题，指出可持续发展就是既满足当代人的需求，又不对后代人满足其需求的能力构成危害的发展。矿业可持续勘查开发是指合理勘查开发矿产资源，实现资源利用、环境保护、科技创新和经济社会的协调发展，既能满足当代人对矿产资源的需求，又不对后代人利用矿产资源和生存环境造成危害的可持续发展方式。

随着我国新型工业化、信息化、城镇化、农业现代化深入推进，矿产资源供需矛盾日益突出，人们对矿业勘查开发存在一些困惑。

1）在地质勘查早期如何识别具有开发潜力的矿床（点）？不考虑经济成本和开发技术条件的大量矿产勘查工作，导致一批已探明储量的矿床不能开发利用，形成一批“呆矿”，闲置了大量矿产资源勘查开发资金。据调查，我国计划经济时期探明的27种主要矿种的储量利用率仅为38%。

2）如何做到生态环境保护与矿业开发的协调发展？矿业勘查开发导致的土壤污染、水污染、空气污染、生物多样性破坏和次生地质灾害等事件频发。矿业“三废”造成环境污染的事件屡见不鲜。目前仅金属矿山堆存的尾矿就高达100余亿吨，并以每年10亿吨以上的排放量剧增。大量固体废物排放与堆存占用了大量宝贵的土地资源，并对空气、土壤、地表水和地下水产生二次污染。

3）如何提高资源利用效率？我国矿产资源产出率低、综合利用率低和再生资源回收利用率低，资源高消费低效益的经济增长方式急需改变。大量矿业固体废物的排放造成大量有价金属与非金属资源的流失，成为严重制约矿山发展的重要因素。2013年，我国尾矿综合利用量仅为3.12亿吨，综合利用率仅为18.9%。

4）青藏高原矿产资源是否可以开发？具有“三江之源”和“中华水塔”之称的青藏

高原矿产资源极为丰富，但其生态环境异常脆弱。已查明的矿产资源中，西藏有12种资源储量位居全国前五，18种位居全国前十，铜、铬的保有储量及盐湖锂矿的远景储量位居全国第一。然而，其生态环境一旦被破坏，不但很难恢复，而且会威胁数以亿计人民的健康。长期以来，中央及西藏地方政府对于西藏矿业开发持谨慎态度。

为指导矿业可持续勘查开发，促进国内整装勘查开发区合理勘查开发矿产资源和“走出去”矿业企业开展境外矿业投资，本书以西藏冈底斯成矿带铜多金属矿为例，从地质、环境、技术和经济四个方面建立矿业可持续勘查开发“四元”模型（Quaternion Model for Sustainable Exploration and Development of Mines，英文简称：QMM）。

$$\mathrm{GETE} = W_1 \cdot \sum_{k=1}^{4} w_{1k} \cdot u_{1k} + W_2 \cdot \sum_{l=1}^{5} w_{2l} \cdot u_{2l} + W_3 \cdot \sum_{m=1}^{4} w_{3m} \cdot u_{3m} + W_4 \cdot \sum_{n=1}^{4} w_{4n} \cdot u_{4n}$$

GETE为矿业可持续勘查开发指数。

本书各章节撰写分工如下：第一章绪论，由舒思齐、张洪涛执笔；第二章成矿地质条件，由向君峰、裴荣富执笔；第三章矿山环境保护技术，由朱晓华、舒思齐执笔；第四章固体矿产资源勘查开发技术，由吴春平、郑文宝、张婉执笔；第五章固体矿产资源经济评价，由舒思齐、孙张涛执笔；第六章矿业可持续勘查开发“四元”模型，由舒思齐、张洪涛、裴荣富执笔；第七章矿业可持续勘查开发智能系统，由莫燕执笔。全书由舒思齐、张洪涛、裴荣富统稿。

作者在本书的研究过程中，得到国土资源部党组成员、中国地质调查局局长钟自然博士，中国地质调查局副局长王研博士、李金发博士、王昆博士，中国地质调查局总工程师严光生博士，中国地质科学院党委书记王小烈研究员等的大力支持。中国地质大学（北京）赵鹏大院士、王成善院士，西藏自治区多吉院士，中国矿业大学（北京）武强院士，国务院发展研究中心资源与环境政策研究所谷树忠研究员，国土资源部李裕伟研究员，中国地质调查局邢树文研究员，中国地质科学院矿产资源研究所唐菊兴研究员、肖克炎研究员，国家测试中心刘晓端研究员对本专著初稿提出了宝贵的修改意见。在西藏野外工作期间，西藏自治区地质矿产勘查局第六地质大队张焕彬队长、西藏华泰龙矿业开发有限公司西藏甲玛铜多金属矿区魏峰经理、中国地质调查局朱春华博士、北京矿冶研究总院陈经华博士和黄丹硕士、中国地质大学（北京）王瑜副教授提供了大量帮助。在此，对上述单位、个人及为本研究提供帮助的其他专家表示衷心的感谢！

本书研究范围广、涉及学科多、工作难度大。书中难免存在不足之处，敬请读者批评指正。

作者

2017年4月15日

Forward

As a crucial basis for economic and societal development, mineral resources provide 85% of the necessary materials for maintaining the living, reproduction and development of the human kind, and drive the advancement and progresses of the social economy, science and technology. Each progress of human civilization is closely tied to the amelioration of mineral resources utilization.

The sustainable exploration and development of mines guarantees the healthy development of society and economy, as well as the progress of human civilization. The World Commission on Environment and Development has conducted systematic analysis and research into the sustainable development issue, defining sustainable development is development that meets the needs of the present without compromision the ability of future generations to meet their needs. The sustainable exploration and development of mines refers to such a means of development which ensures reasonable exploration and development of mineral resources, collaborative development among resource utilization, environmental protection, technical innovation and social and economic development, and one which does no harm the ability of future generations to utilize minerals resources and their living environment.

The imbalance between supply and demand of mineral resources has been exacerbated by the ongoing new-type industrialization, informationization, urbanization and agricultural modernization in China, resulting in confusions regarding the exploration and development of mineral resources among people.

(1) How to identify the deposits with economic potential during the early stage of geological exploration? A number of ore deposits with proven reserves are unable to be utilized due to ignorance of economic costs and the restrictions of develoment technology, leading to the existence of numerous idle mines and large amount of unused exploration funds. An investigation indicates that only 38% of the 27 major minerals reserves proved in the planned economy period have been utilized.

(2) How to coordinate the protection of ecological environment and development of mines? The exploration and development of mineral resources has also led to frequent cases of soil

pollution, air pollution, water pollution, bio-diversity destruction and secondary geo-hazards. There have often been reported cases of environmental pollution caused by mineral waste water, gas and residue. Currently, tailing piles from metal mines alone reach an amount up to more than 10 billion tons, with a rapid growing rate of 1 billion tons per year. The large discharge and piling of mineral solid wastes has occupied substantial precious land resources and caused secondary pollution on the air, soil, surface water and groundwater.

(3) How to improve the efficiency of resource utilization? The low output rate, comprehensive utilization rate and recovery rate, urge our nation to shift the current economic development mode of high consumption and low efficiency of resources. The large emissions of mineral solid wastes have led to drainage of large quantities of valuable metals and nonmetals, severely constraining the mining development. However, the domestic comprehensive utilization of major mineral resources is increasingly improvecl. In 2013, we integratedly utilized up to 312 million tons of tailing resources, which contributed to a comprehensive utilization rate of 18.9%.

(4) Can the mineral resources in Qinghai-Tibetan plateau be developed? The Qinghai-Tibetan plateau, which is renowned as the Water Tower of China and the Cradle of the Yangtze River, Yellow River and Langcang River, is endowed with abundant mineral resources but a vulnerable eco-environment. Of all the proven mineral resources in Tibet, the reserves of 12 kinds rank top 5 in China and 18 kinds rank top 10. The recoverable reserves of copper and chromium and prospective reserves of salt lake lithium deposits rank the first in China. However, once the vulnerable eco-environment is destroyed, it is not only hard to recover, but might also threaten the health of thousands of millions of people. The central and local government has long been prudent over mineral exploration and development in Tibet.

In order to promote rational exploration and development of the domestic integrated zone and facilitate the overseas mineral investments, this paper focuses on the Gangdese copper-polymetallogenic belt and establishes the Quaternion Model for Sustainable Exploration and Development of Mines (Abbreviation: QMM) from geological, environmental, technical, and economic perspectives.

$$\text{GETE} = W_1 \cdot \sum_{k=1}^{4} w_{1k} \cdot u_{1k} + W_2 \cdot \sum_{l=1}^{5} w_{2l} \cdot u_{2l} + W_3 \cdot \sum_{m=1}^{4} w_{3m} \cdot u_{3m} + W_4 \cdot \sum_{n=1}^{4} w_{4n} \cdot u_{4n}$$

GETE is the index of Sustainable Exploration and Development of Mines.

The first chapter of this paper is the general introduction, undertaken by Shu Siqi and Zhang Hongtao; the second chapter is about metallogenic geological conditions, undertaken by Xiang Junfeng and Pei Rongfu; the third chapter centers on environmental protection technologies of mines, undertaken by Zhu Xiaohua and Shu Siqi; the fourth chapter is exploration and development technologies of solid mineral resources, undertaken by Wu Chunping, Zheng Wenbao, and Zhang Wan; the fifth chapter is the economic assessment on solid mineral resources, undertaken by Shu Siqi and Sun Zhangtao; the sixth chapter is the quaternion model for sustainable exploration and development of mines (QMM), undertaken by Shu Siqi, Zhang Hongtao and Pei Rongfu; and the seventh chapter is the intelligent system for sustainable exploration and development of mines, undertaken by Mo Yan. Shu Siqi, Zhang Hongtao, and Pei Rongfu act as the compilers-in-chief.

This monograph has been completed with strong support from Dr. Zhong Ziran, Vice Minister for Geological Survey of Chinese Ministry of Land and Resources, and President of China Geological Survey, Dr. Wang Yan, Dr. Li Jinfa, and Dr. Wang Kun, Vice-Presidents of China Geological Survey, Dr. Yan Guangsheng, the Chief Geologist of China Geological Survey, and Prof. Wang Xiaolie, Vice-President of Chinese Academy of Geological Sciences. We have also received precious revision suggestions from Academician Zhao Pengda and Wang Chengshan from China University of Geosciences (Beijing); Academician Duo Ji from Tibet Autonomous Region; Academician Wu Qiang from China University of Mining and Technology (Beijing); Gu Shuzhong from the Institute of Resources and Environment Policy, Development Research Center of the State Council; Li Yuwei from the Ministry of Land and Resources; Xing Shuwen from China Geological Survey, Tang Juxing, and Xiao Keyan from the Institute of Mineral Resources, Chinese Academy of Geological Sciences; Liu Xiaoduan from the National Geo-Analysis Center, Chinese Academy of Geological Sciences. During the field work in Tibet, we gained enormous support from Zhang Huanbin, Director of No. 6 Division of Tibet Geological Bureau; Wei Feng, the manager of Tibetan Jiama (Gyama) Copper Polymetallic Ore Company of Tibet Huatailong Mining Development Co. Ltd. and Dr. Zhu Chunhua from China Geological Survey, Dr. Chen Jinghua and master Huang Dan from Beijing General Research Institute of Mining and Metallurgy offered data for the study. Wang Yu, the associate professor from China University of Geosciences (Beijing) has provided help for the indoor research. Hereby, our sincere acknowledgements go to all the above-mentioned organizations and individuals as well as other experts who offered help to the study.

On account of a wide range of research scopes, multi-disciplines and complicated field & laboratory analyses involved in this monograph, defects are inevitable. Suggestions are highly welcomed and appreciated from the readers.

Authors

April 15, 2017

目　录

Contents

1 绪 论

1.1 研究背景

我国是矿产资源大国，许多矿种的储量和开发利用程度都居世界前列。截至2016年底，全国已发现172种矿产，其中，能源矿产12种，金属矿产59种，非金属矿产95种，水气矿产6种。全国铁矿查明资源储量840.63亿吨，铜矿查明资源储量10110.63万吨，铝土矿查明资源储量48.52亿吨，金矿查明资源储量12166.98吨，铅矿查明资源储量8546.77万吨，锌矿查明资源储量17752.97万吨，镍矿查明资源储量1118.37万吨，钨矿查明资源储量1015.95万吨。（《全国矿产资源储量通报》编委会，2017）。我国也是全球矿产资源第一消费大国，主要矿产品的消费处于高位态势。

我国矿业快速发展，在为工业化、城市化提供原材料保障的同时，也面临资源高消耗、综合利用率低和对外依存度高等一些日益严峻的问题。据对中国845个矿山调查，综合利用率达70%的矿山仅占7%，综合利用率达50%的矿山不到15%；75%的综合型矿山企业的综合利用率为2%～5%。比国外先进水平低20%～30%。据对全国34个矿种的515个国有大中型矿山工业普查资料统计：综合利用比较好的矿山只有160个，占31.1%；部分综合利用的矿山为132个，占25.6%；完全未进行综合利用的矿山233个，占43.3%；20 多万个集体、个体矿山基本未进行综合利用。而发达国家非常重视共（伴）生资源综合利用，共（伴）生金属的综合回收率平均达到80%以上，综合利用产值占总产值的30%以上，比我国高出20%。美国、日本的铜、铅、锌、镍等金属矿山综合利用率为76%～90%（裴荣富，2009）。除稀土、钨、钼等少数传统优势矿产之外，我国主要矿产资源几乎都存在对外依存现象，特别是石油、铁矿石、铜等大宗矿产的进口占消费的比例超过了50%，形势非常严峻。

为促进矿业可持续勘查开发，我国编制了《中国21世纪初可持续发展行动纲要》，并设定如下发展目标：合理使用、节约和保护资源，提高资源利用率和综合利用水平；建立重要资源安全供应体系和实施重要战略资源储备，最大限度地保证国民经济建设对资源的需要。在矿产资源管理方面，进一步健全矿产资源法律法规体系；加强对矿产资源开发利用的宏观调控，科学编制和严格实施矿产资源规划，促进矿产资源勘查和开发利用的合理布局；健全矿产资源有偿使用制度，依靠科技进步和科学管理。在矿产资源利用上，进一步加强矿产资源调查评价和勘查工作，提高矿产资源保证程度；对战略性矿产资源实行保护性开采；促进矿产资源利用结构的调整和优化，提高资源利用效率；加强矿山生态环境恢复治理和保护。在矿产资源储备方面，建立战略矿产资源储备制度，完善相关经济政策和管理体制；充分利用国内外资金、资源和市场，建立大型矿产资源基地和海外矿产资源基地；建立战略矿产资源安全供应的预警系统；采用国家储备与社会储备相结合的方式，实施石油等重要矿产资源战略储备（古德生，2009）。

为保障我国能源资源安全，中国政府采取了一系列措施。

一方面，立足国内，实施找矿突破战略和循环经济发展战略，实现开源与节流并举。2011年10月20日，国务院常务会议讨论通过了《找矿突破战略行动纲要（2011—2020）》。纲要总体目标是用8~10年时间，实现主要含油气盆地、重要矿产资源整装勘查区、老矿山深部和外围的找矿突破，以及重点成矿区带找矿远景区的找矿发现，形成一批重要矿产资源战略接续区，建立重要矿产资源储备体系。结合国家主体功能区规划、区域产业布局和重大基础设施建设，推进矿产资源产业向西部地区转移、向海域拓展，推进矿产资源节约集约利用，推进矿产勘查开发体制机制改革，促进资源与环境协调发展和矿产资源可持续利用，为经济平稳较快发展提供有力的资源保障和产业支撑。国土资源部在全国重要成矿区（带）部署了107片整装勘查区。按照找矿突破战略行动总体部署，国土资源部先后于2011年3月2日、2012年9月14日、2013年11月14日公告发布了首批47片、第二批31片和第三批31片找矿突破战略行动整装勘查区名单及范围。2014年，国土资源部滚动调整、不断优化整装勘查布局，原有109个整装勘查区退出11个、新增9个，目前全国共有107个整装勘查区。2013年1月23日，国务院印发了《循环经济发展战略及近期行动计划》，要求推进共伴生矿和尾矿综合开发利用；加强对低品位矿、共伴生矿、难选冶矿、尾矿等的综合利用；大力推进铜、钴、镍尾矿多元素与铅、锌、银多元素伴生矿的综合利用，推进低品位铝土矿浮选脱硅工艺技术优化，加快铝土矿高效选矿药剂开发，推进黄金尾矿硫化物深度分选及有价组分提取；加快开发和推广铜、镍、铅、锌、铝等矿产加压浸出、生物冶金等技术、工艺及设备；加强稀有及贵金属矿产资源和复杂难处理贵金属共生矿综合开发利用；指出矿产资源勘查开发要实现经济效益与环境效益、社会效益相统一。

另一方面，充分利用“两种资源、两个市场”，推进矿产资源“走出去”。财政部设立国外矿产资源风险勘查专项资金，主要用于鼓励和引导地勘单位和矿业企业到国外勘查开发矿产资源：一是为获取矿业权而开展的前期地质矿产调查与评价，以及综合研究、信息服务和管理；二是已取得矿业权的矿产资源预查、普查和详查（以下简称矿产资源勘查）；三是矿产资源勘探和矿山建设（以下简称矿产资源开发）。专项资金重点支持地勘单位和矿业企业在国外开展国内短缺、国民经济发展急需的矿产资源（不含石油、天然气）勘查、开发项目。大批国内地勘企业“走出去”开展资源勘查开发或进行矿业资本运作，充分利用国内外“两种资源、两个市场”解决国内矿产资源的不足。

然而，由于目前不可持续的矿产资源勘查开发活动，使地质勘查活动与环境保护、采选冶技术、经济评价脱节，不仅严重影响和制约着经济的发展，而且引发的一系列矿山环境问题，严重威胁人民生命及财产安全，更造成了一系列社会矛盾和问题。党的十八大报告提出：“建设生态文明，是关系人民福祉、关乎民族未来的长远大计”“必须树立尊重自然、顺应自然、保护自然的生态文明理念”。生态文明建设对于我国经济可持续发展至关重要，既有利于破解资源瓶颈，又有利于解决环境问题，更有利于建设美丽中国。习近平总书记指出，“我们既要绿水青山，也要金山银山。宁要绿水青山，不要金山银山，而且绿水青山就是金山银山”，并多次对祁连山等地方出现的破坏生态环境事件作出批示，强调一定要生态保护优先，扎扎实实推进生态环境保护。对于环境破坏事件要坚决抓住不放，一抓到底，不彻底解决绝不松手。为促进矿山环境保护，截至2015年，中央和地方政府及企业投入超过900亿元，治理矿山地质环境面积超过80万公顷，一批资源枯竭型城市的矿山地质环境得到有效恢复。然而，我国矿山地质环境恢复和综合治理仍不适应新形势要求。2016年7月，国土资源部、工业和信息化部、财政部、环境保护部和国家能源局联合发布了《关于加强矿山地质环境恢复和综合治理的指导意见》。

1.2 国内外研究现状

在矿产资源勘查与开发过程中，国外较为注重矿产资源勘查评价过程中的成矿研究保证程度与技术经济条件研究保证程度相关关系的研究。加拿大的S. W. 霍姆斯在其《有效勘查方法学》一书中把识别每种地质环境、建立相应环境有关地质模式和寻找某种环境中特定矿产的有效勘查方法称为“完整勘查程序”。R. J. Huton总结了“完整勘查程序”理论，强调环境（成矿构造背景）、模型（成矿特征）和方法（勘查评价和经济投入）的有机联系。H. Reedman在论述矿产资源勘查评价性质的基础上，提出了勘查风险与投资理论值，探讨了合理风险投资问题。Milos等提出了投资百分比和评价周期的可能年限等；明显反映了矿产勘查评价在重视成矿地质背景、矿产地质特征研究的同时，合理使用成矿理论、勘查程序、方法和技术经济评价以及风险投资等问题，在重视地质要素的同时，强调对矿产资源勘查开发过程中经济效益的关注。20世纪80年代末，“三部式”成为美国地质调查局（USGS）标准评价方法（Singer，1993）。“三部式”评价方法是将矿床的品位－吨位模型与矿床数估计相结合，也就是把地质学的资源评价用经济学的语言表示出来。

裴荣富等（2001，2005，2009）提出了矿产勘查开发的“景，场，相，床”等级体制成矿理论、“双控论与合理域”理论、矿业活动决策支持系统、矿山生产阶段合理划分理论和矿业“5R”循环经济理论。上述理论从矿产地质条件、技术工艺性能、供需关系，以及区域经济因素等方面，运用预测方法，综合分析矿产资源勘查开采的合理性。矿产合理勘查开发工作虽然是以矿产开发技术条件是否可行，经济效益是否有利为主要准则，但必须建立在金属成矿省等级体制成矿充分研究，探明储量准确可靠的地质基础上。必须科学地掌握不同层次成矿全过程的客观规律，才能实现合理的矿产勘查评价。与此同时，需要强调经济投入的合理性，深入研究高风险投资政策与规律以刺激矿产勘查评价的发展。提出矿产资源勘查评价的原则，即必须反映从成矿区带等级体制成矿到勘查工作全过程的客观规律，必须以等级体制成矿研究和技术经济条件研究保证程度的双控因素及其相对性和优选性作为合理评价准则，必须以风险投资的市场经济性和特殊政策要求作为合理矿产资源勘查评价的尺度。系统理论的提出为合理有序开展矿产资源勘查开发奠定了科学基础。赵鹏大（1996，1998）提出了“5P” 成矿预测与定量评价理论。即矿产资源定量评价工作由5个不同阶段构成，每一个阶段都以获得不同的目标为目的。“5P”理论的系统勘查思路在于：在考虑同一层次控矿因素相互关系与权重的基础上，考虑上级层次控矿因素对下级层次控矿因素的影响，从而实现上级层次控矿因素对下级层次成矿对象的控制，其影响程度可以用权重来表达。

张洪涛等（2014）指出矿产资源具有资源、资产和资本三重属性，三者存在着内在的继承性递进（变）关系，并随着生产关系发展而逐渐“凸显”，表现出不同的“阶段特征”。在矿业生产活动中，三者通过与外部要素结合，在价值上表现出螺旋式的递进关系，而非同平面上的简单叠加。在矿产资源勘查与开发不同阶段要做好“三资”综合管理。舒思齐等（2015）针对矿产资源“三资属性”，研究提出参与矿产资源全球配置的合理化建议：一是充分发挥市场在矿产资源全球配置中的决定性作用；二是培育和打造三资一体化运营的跨国矿业公司；三是坚持“走出去”与“引进来”相结合；四是改变矿产资源－资源性资产直接配置，为矿产资源－矿业资本间接配置；五是实现经营方式由“单营”向“多营”转变。

西藏冈底斯成矿带具有形成世界级铜矿床的巨大潜力，有望成为中国最重要的铜矿生产和资源储备基地。西藏冈底斯成矿带是中国现阶段地质找矿勘查工作的重点成矿区带之一。芮宗瑶等（1984）根据冈底斯火山岩浆弧位于向北俯冲的雅鲁藏布缝合带的上盘，推测冈底斯可能存在有具大找矿潜力的斑岩铜矿带。张洪涛（2004，2013）提出中国斑岩铜矿系列研究包括3个不同层次：全球成矿系列、区域成矿系列和矿床体系，并以此为出发点论述了中国斑岩铜矿系列不同层次的成矿地质环境。张洪涛指出，我国斑岩铜矿系列除受聚敛板块边界控制之外，主要受到陆内离散型以及陆块之间活动带的控制，与此相关的前阿尔卑斯基底断裂系和中生代、新生代盖层及陆缘新生壳层的断裂系的叠置，控制了浅成超浅成相钙碱性岩浆的侵位和中国斑岩铜矿系列的时、空分布，也导致了成矿作用的多旋回性，并把特提斯成矿域进一步划分为东喜马拉雅－西南三江、东北特提斯、冈底斯－喜马拉雅三大斑岩铜矿成矿区。李德威（2005）运用大陆动力学和成矿动力学进行理论预测和找矿实践证明，青藏高原南部冈底斯成矿带及邻区蕴藏丰富的铜、铁、铅、锌、金、铬等紧缺矿种和战略性矿产，既是实现西部大开发和国家目标的一个重要突破口，也是创立原创性地质基础理论和成矿理论的天然实验场。李光明等（2004）指出冈底斯是一个具世界级规模的铜、铁、多金属成矿带，其资源远景不亚于藏东“三江”和新疆东天山铜多金属成矿带，而且可以与世界上其他著名的铜、金多金属成矿带相媲美。近年来的地质勘查和相关的科研工作，在该成矿带发现了甲玛、洞嘎、驱龙等大型铜（金）矿床，厅宫、冲江、达布及拉抗俄等中小型矿床及一系列矿床和矿化点。中国西部又一大型－超大型铜、铁、多金属矿产资源基地的前景已在西藏初步显现。

青藏高原是“中华水塔”，全国有1/5的水来自青藏高原，是中国水资源安全战略基地。然而，青藏高原生态环境极其脆弱，具有不稳定性、敏感性、易变性等特征，一旦遭到破坏，将很难恢复甚至无法恢复。习近平总书记参加十二届全国人大四次会议青海代表团审议时强调：“一定要生态保护优先，扎扎实实推进生态环境保护，像保护眼睛一样保护生态环境，像对待生命一样对待生态环境，推动形成绿色发展方式和生活方式，保护好三江源，保护好‘中华水塔’，确保‘一江春水向东流’”。西藏矿业开发必须在勘探、开发和选冶等全过程加强环境保护。

实现西藏矿业开发和生态环境保护是发展西藏经济、服务民生的重要途径。多吉院士指出，“破坏青藏高原生态的元凶之一是‘过度放牧’”，并发明了“羊单位”理论。他强调，合理勘查开发西藏矿产资源是促进西藏地区经济发展和生态环境保护的有效途径。

1.3 研究内容与思路

矿业可持续勘查开发是整个社会经济可持续发展的重要组成部分。世界环境与发展委员会比较系统的分析和研究了可持续发展问题，指出可持续发展就是既满足当代人的需求，又不对后代人满足其需求的能力构成危害的发展。矿业可持续勘查开发是指合理勘查开发矿产资源，实现资源利用、环境保护、科技创新和社会经济的协调发展，既能满足当代人对矿产资源的需求，又不对后代人利用矿产资源和生存环境等造成危害的可持续发展方式。矿业可持续发展问题影响因素众多，作用机制复杂，涉及面广，纵深度特别大。本研究从地质、环境、技术和经济四个方面研究矿业可持续勘查开发，指出“只有在地质背景显示有矿、不破坏生态环境、勘查开发技术可行且能实现矿床经济效益最大化”的矿产资源勘查开发活动才是可持续的，并以西藏冈底斯成矿带铜多金属矿可持续勘查开发为例进行示范研究。

运用裴荣富院士提出的成矿“时间维”造就“空间维”的活动论新思维和等级体制成矿理论，研究成矿构造背“景”、成矿构造聚敛“场”、金属成矿“相”和矿“床”四个成矿等级（简称“景、场、相、床”）的成矿作用。随着地质历史演化，一定地质时期的一定地质事件促发四个不同等级的成矿组成以一定规律发生耦合。不耦合者不成矿，一般耦合仅成一般规模矿床，最佳耦合导致巨量金属堆积，形成特大型矿床。本研究以西藏冈底斯成矿带和甲玛超大型斑岩型铜矿为例，系统分析成矿构造背“景”、成矿构造聚敛“场”、金属成矿“相”和矿“床”四个成矿等级的成矿作用，以期重新认识大型－超大型斑岩型铜矿的成矿规律。

矿山环境的影响因素众多。矿山环境污染主要表现为土壤污染、水污染和大气污染、生物破坏和次生地质灾害（简称：土、水、气、生、灾）。本研究系统分析矿业活动造成土壤污染、水污染和大气污染的治理技术，分析了矿区生态脆弱性和地质灾害易发性，并提出矿山环境破坏标准和相应预防措施。

本书在综合研究物探方法、化探方法、遥感、钻探技术方法基础上，研究提出勘查开发组合技术。并针对 “三率”，研究采矿技术、选矿技术和综合利用技术。针对冈底斯成矿带地质条件和铜多金属矿特征，提出勘查开发组合技术和开采回采率、选矿回收率及综合利用技术的表征参数。

基于美国地质调查局发明的矿产资源经济成本筛选法，建立了铜多金属矿经济评价模型，对西藏冈底斯成矿带典型铜多金属矿床（点）进行经济评价。研究了矿山再发现资源潜力、路水电基础设施和政治经济情况对矿产资源经济评价影响。

本研究通过去粗取精，去伪存真，确定“景、场、相、床”是地质评价表征量；土壤污染、水污染、大气污染、生态脆弱性和地质灾害易发性为矿山环境评价表征量；综合勘查技术组合、开采回采率、选矿回收率和综合利用率为勘查开发技术评价表征量；每吨矿石销售价和勘查开发成本比、潜在资源储量、路水电基础设施和政治经济条件为矿山经济评价表征量。运用层次分析法和模糊综合评价法，从地质、环境、技术和经济四个方面建立矿业可持续勘查开发“四元”模型（英文：Quaternion Model for Sustainable Exploration and Development of Mines，英文简称：QMM ），并运用该模型对冈底斯成矿带甲玛铜多金属矿床的勘查开发合理性进行评价。

$$\mathrm{GETE} = W_1 \cdot \sum_{k=1}^{4} w_{1k} \cdot u_{1k} + W_2 \cdot \sum_{l=1}^{5} w_{2l} \cdot u_{2l} + W_3 \cdot \sum_{m=1}^{4} w_{3m} \cdot u_{3m} + W_4 \cdot \sum_{n=1}^{4} w_{4n} \cdot u_{4n}$$

本研究采用人工智能技术对矿业可持续勘查开发“四元”模型进行智能化。建立成矿地质规律、矿山环境评价理论、矿山勘查开发技术和矿山经济评价理论知识库和规则库，进而研发了矿业可持续勘查开发专家系统。

2 成矿地质条件

2.1 引言

目前，斑岩铜矿不仅提供了全球75%的铜金属产量，还提供了全球一半的钼、将近20%的金及绝大部分的铼（Sillitoe，2010），斑岩铜矿成为铜矿勘查的重要方向。但是，一方面，找矿勘查项目最终发展成盈利矿山的概率极低（0.01%～0.02%）（Singer et al.，1999）；另一方面，占比约10%的超大型矿床为全球提供了近三分之二的资源供给（Price et al. 2002）。因此，如何找到大型－超大型矿床也就成了国内外矿床学家和勘查学家们关注的方向（裴荣富等，2004，2013），首先要面对的问题就是如何提高寻找大型－超大型矿床的成功率（Singer et al.，1999）。正确认识矿床的成矿地质条件是提高大型－超大型矿床找矿成功率的基础（Singer et al.，1999；Wilkinson，2013）。在认识大型－超大型斑岩铜矿的成矿地质条件方面，虽然还没有形成完全统一的认识，但这方面的努力一直没有中断过（夏斌等，2002；Cooke et al.，2005；赵文津等，2007；张洪涛等，2013；Wilkinson，2013；Richards，2013）。

2.2 等级体制成矿理论

基于成矿“时间维”造就“空间维”的活动论新思维，裴荣富等（2004）详细论述了金属成矿省等级体制成矿概念。即，成矿构造背“景”、成矿构造聚敛“场”、金属成矿“相”和矿“床”四个成矿等级在一个金属成矿省内的成矿作用，及其随着地质历史演化进程，通过在一定地质时期的一定地质事件，促发四个不同等级的成矿组成以一定规律发生耦合。不耦合者不成矿，一般耦合仅成一般规模矿床，最佳耦合导致巨量金属堆积，形成特大型矿床。

在全球或一定范围内的一些特殊地质构造部位，明显地集中着某些金属组合，这些部位称作金属省或地球化学省，其中，通过一定的成矿作用形成了某些类型的矿床和一定构造背景内的成矿系列组合。任何不同区域和不同构造背景的金属成矿省，在其成矿历史演化过程中都具有同一内部组成及不同层次的成矿演化，即均需经过宏观－中观－微观的成矿进程。在这一进程中，首先开始的是在宏观成矿地质构造背景中的成矿场地准备，其次是在背景中出现的有利控矿因素的控矿场（中观），再次是在场中发生有利制约成矿的物理、化学成矿相，以及在一定相中堆积一定样式的矿床（微观），此即金属成矿省的成矿构造背景（tectonic setting）、成矿构造聚敛场（metallotect convergence）、金属成矿相（metallogenetic phases）和矿床（ore deposits），简称为“景”“场”“相”“床”，由此构成了金属成矿省的成矿等级体制。成矿作用是随着地质历史演化，通过这四个不同等级的成矿组成（metallogenetic components）以一定规律发生耦合进行的。

成矿构造背景是宏观的可能成矿环境和成矿场地准备（包括地球化学场），是四个等级体制成矿的第一序次。通常认为，有利的成矿构造背景为两个地质构造单元交接的边缘带及其地球物理和地球化学显示的各项参数急变带，尤其引人注目的是，超大型矿床多产于此类环境中。

上述成矿构造背景仅反映了成矿的宏观地质构造环境和成矿的场地准备。只有在有利背景的某些地区出现成矿的构造条件，即形成等级体制成矿的第二序次——成矿构造聚敛“场”，才有进一步成矿的可能。成矿构造（metallotect）一词是指地质、地球物理和地球化学（包括物源）的综合控矿因素的集成。成矿构造聚敛“场”研究是探讨综合控矿因素在地质历史演化的动态过程中，在某一定点达到有机汇聚的综合控矿效果，其中成矿聚敛因素的形成及其蕴育成矿的构造动力机制，是探讨成矿构造聚敛“场”在成矿场地准备基础上形成成矿“温床”的关键。研究其与成矿构造背景的耦合度将是成矿远景区评价的基础。

在有利的成矿构造背景和与之耦合的成矿构造聚敛“场”条件下，成矿的物理化学条件对金属物质的淀积显然是至关重要的，只有成矿流体达到一定的金属成矿相时，才有可能成矿。金属成矿相是等级体制成矿的第三序次。对在一定成矿构造背景和成矿构造聚敛“场”耦合部位的成矿物理化学条件的研究，是深化认识金属成矿机理的主要研究内容，主要指在非平衡态演化过程中出现金属淀积的相对平衡相条件的物化参数，包括成矿流体来源、性质、金属离子浓度、流体酸碱度、氧逸度、温度、盐度、压力等。

矿“床”是在宏观的构造背“景”与各种控矿因素的构造聚敛“场”耦合的条件下，在某一具体构造空间有利的金属成矿“相”中形成的。成矿物质于不同的地质、构造以及物理化学环境中堆积，所形成的矿床自然具有与其所处环境和成矿物质本身相适应的成矿组成及空间配置规律，包括组成矿床最基本单元的矿物共生组合、蚀变分带，矿床结构、构造的垂向、侧向变化和成矿期次等，由此构成了矿床的结构构造。

本章以金属成矿省等级体制成矿理论为指导，分析了斑岩铜矿等级体制成矿特征；以甲玛超大型斑岩铜矿为例，系统分析青藏高原冈底斯成矿带的成矿构造背“景”、成矿构造聚敛“场”、金属成矿“相”和矿“床”四个成矿等级，以期重新认识大型－超大型斑岩铜矿的成矿地质条件。

2.3 斑岩铜矿等级体制成矿特征

自20世纪70年代以来，斑岩铜矿一直是找矿勘查和科学研究的重要目标，长盛不衰。本章内容以裴荣富院士提出的金属成矿省等级体制成矿概念为依据，结合找矿勘查和科学研究新进展、新认识，以期能够进一步理解斑岩铜矿的成矿地质条件。

2.3.1 成矿构造背“景”

迄今为止，全球范围内已探明斑岩铜矿储量约18亿吨，主要分布在环太平洋成矿域、古亚洲成矿域和特提斯成矿域（梅燕雄等，2009；毛景文等，2014）。按活动论的观点，斑岩铜矿在三大成矿域内主要产于大陆边缘。大陆地壳的形成与发展经历了陆核—地块（台）—联合大陆—大陆裂解—陆缘增生—碰撞造山的演化过程，地壳通过不均一性分异而形成大陆型地壳和大洋型地壳，大陆裂解、洋壳向陆缘消减和陆－陆碰撞拼接则形成具有不同构造特征的大陆边缘（裴荣富等，2005）。

根据裴荣富等（2004）的阐述，大陆地壳形成并演化至成矿作用发生时，整个过程的成矿场地准备，即可称为成矿构造背“景”。已有研究表明，环太平洋成矿域、古亚洲成矿域和特提斯成矿域虽然表现形式不同，却具有类似的成矿构造背“景”，它们都曾在地质历史的不同阶段经历了多个威尔逊旋回（万天丰等，2007），最终都形成了大陆边缘，作为成矿场地准备。

2.3.2 成矿构造聚敛“场”

研究成矿构造聚敛“场”与成矿构造背景的耦合度是成矿远景区评价的基础。

大陆边缘有四种类型，包括：离散型、会聚型、对接型和转换型，其中会聚型、对接型和转换型大陆边缘均为斑岩型铜矿的成矿场地，即成矿构造聚敛“场”。裴荣富等（2005）指出，①会聚型陆缘即主动大陆边缘，根据会聚陆缘的形成与演化，首先出现的是陆壳与洋壳的会聚，即洋壳向陆壳的俯冲，在此过程中形成的大陆边缘岩浆弧是斑岩型铜矿的堆积场所；②对接型陆缘是在大陆间洋壳双向消减后，两侧陆壳相向会聚对接的表现；③转换型陆缘在构造上表现为两陆块间洋壳消减和陆－陆对接的同过程或之后，受水平动力作用在陆－陆对接带上或其附近发生的大规模水平方向错移的断层带，也称走滑大陆边缘。

斑岩铜矿的成矿构造聚敛“场”在环太平洋成矿域为会聚型陆缘，但不同部位的具体表现不同（Richards et al.，2001）：在中安第斯带，斑岩铜矿床形成于陆缘弧环境；在西太平洋，斑岩铜矿床既发育于岛弧环境，也发育于俯冲之后的陆缘弧－岛弧碰撞带。特提斯成矿域斑岩铜矿床主要形成于对接型陆缘（如冈底斯成矿带），也有形成于会聚型陆缘（如班公湖－怒江成矿带）和转换型陆缘（如玉龙成矿带）（侯增谦等，2009；裴荣富等，2005）。古亚洲成矿域斑岩铜矿成矿构造聚敛“场”也属于会聚型陆缘，主要为岛弧环境。

最近，周涛发等（2016）对我国长江中下游斑岩铜矿带总结指出，长江中下游成矿带是中国东部重要的陆内成矿带，形成于燕山期陆内造山过程，应是大陆内部壳幔相互作用而形成（张洪涛等，2004；毛景文等，2014）。我们认为这种陆内斑岩铜矿的成矿构造聚敛“场”可能属于转换型陆缘。

斑岩铜矿在成因上主要与中酸性的钙碱性岩浆相关，其岩性介于石英闪长岩与花岗岩之间，其中，陆缘弧环境的含矿斑岩主要为钙碱性系列，少量为高钾钙碱性系列，岩性以花岗闪长岩和石英二长岩为主（Singer et al.，2005）；而岛弧环境的含矿斑岩通常为典型钙碱性系列，岩性以石英闪长岩为主，少数为花岗闪长岩、石英二长岩（Misra，2000）；与斑岩铜钼矿有关的花岗质岩石主要为碱性花岗斑岩；斑岩铜金矿与碱性花岗岩有关。越来越多的研究（Ma et al.，2013）认识到，与斑岩铜矿密切相关的中酸性花岗岩中普遍发育壳幔岩浆混合的证据，充分说明了幔源岩浆对形成斑岩铜矿的重要意义。学者们认为斑岩铜矿与埃达克岩（或似埃达克岩）密切相关，可能就是这个原因。

2.3.3 金属成矿“相”

通过金属成矿相的研究，可充分认识在成矿构造聚敛场中是否达到金属可能淀积的层次，其研究结果是确定成矿靶区及勘查评价的依据。

Wilkinson（2013）曾对岩浆弧斑岩铜矿的成矿过程进行总结，提出四个层次的关键作用：①在地壳深部具有一个岩浆富集金属和水的过程；②岩浆的硫化物饱和过程，致使金属逐步聚集到一个比较小的富矿岩浆系统，随后可以释放出；③金属有效地从岩浆转移到出熔的流体系统的过程；④金属矿物在地壳沉淀。从Wilkinson（2013）对这四个层次的描述看，其适用性应不局限于会聚型陆缘。Wilkinson（2013）进一步指出在这四个关键要素中，岩浆中硫化物是否饱和是形成斑岩铜矿的最关键因素。因此，岩浆岩的硫化物饱和度可以用于鉴别岩浆是否成矿的关键指标。

也有学者认为，斑岩铜矿的形成需要富水（$>4\%$；Richards，2011）、富硫（$>1000\times10^6$；Chambefort et al.，2008）和高氧逸度（$>$FMQ+1.3～2；Lee et al.，2012）的岩浆。但是，针对我国新疆包古图斑岩铜矿的研究表明，有地幔参与的还原性岩浆也是可以形成斑岩铜矿的（Cao et al.，2014，2016）。

2.3.4 矿“床”

矿床结构、构造研究是深化认识矿床可能变化性的主要内容，是对已形成矿床勘查评价的可靠性和可行性研究的依据。

斑岩矿床的定义很好地诠释了斑岩铜矿的结构和构造。斑岩矿床，又称“细脉浸染型矿床”，主要产于斑岩及其内外接触带，一般埋藏浅、品位低、规模大，矿化均匀，易采选。

在20世纪90年代，对西南太平洋斑岩铜金矿和浅成低温热液型金银矿的研究发现，两者之间有着密切的联系，Hedenquist等（1994）提出了斑岩铜矿－浅成低温热液型金矿床模型，包括下部的斑岩铜金矿，上部的高硫型浅成低温热液型金矿和外围的低硫型浅成低温热液型金银矿。在斑岩铜矿的形成过程中，如果围岩是碳酸盐岩，成矿流体与围岩相互作用，形成矽卡岩铜矿，沿层交代时则出现Manto型铜铅锌矿，甚至脉状铅锌银矿以及低温热液脉型金银锑汞矿。据此，Silittoe（2010）曾提出过一个矿床模型，以斑岩铜矿为核心，向上有浅成低温热液型金银矿，向上或向外，在沉积岩中发育有铅锌银锑汞矿。这些模型能够帮助快速确定斑岩铜矿体的空间位置。在我国，紫金山矿田是一个很好的范例，首先探明了紫金山高硫型浅成低温热液型铜金矿，接着在其外围发现和探明悦洋（碧田）低硫型浅成低温热液型银金矿，最近几年又探明了罗卜岭斑岩铜钼矿（张锦章，2013）。最近，在班公湖－怒江成矿带探明了荣纳大型斑岩－高硫型浅成低温热液型铜金矿（唐菊兴等，2014；江少卿等，2015），目前正在进一步勘查之中。在冈底斯成矿带，甲玛铜矿即为斑岩－矽卡岩铜矿（唐菊兴等，2010a）。

2.4 冈底斯成矿带斑岩铜矿等级体制成矿特征

冈底斯成矿带是特提斯成矿域东段的一部分，位于青藏高原南部，东西延伸达2000千米，南北宽达300千米，在地理范围上与冈底斯造山带（也称拉萨地体）一致。青藏高原从南往北由喜马拉雅、拉萨地体、羌塘地体和松潘－甘孜杂岩体组成，依次由印度－雅鲁藏布缝合带、班公湖－怒江缝合带和金沙江缝合带分隔（Yin et al.，2000）。已有资料显示，青藏高原的斑岩铜矿主要产于冈底斯成矿带，沿冈底斯花岗岩带分布（侯增谦等，2012）。该成矿带内已经证实发育有“俯冲型”和“碰撞型”两类斑岩铜矿（许志琴等，2012）。其中，俯冲型斑岩铜矿目前仅见报道了谢通门县雄村斑岩铜矿，其成岩成矿时代为早中侏罗世（唐菊兴等，2010b），碰撞型斑岩铜矿则是冈底斯成矿带主要的铜矿类型，包括驱龙（Yang Zhiming et al.，2009）、甲玛（唐菊兴等，2010a）、冲江（郑有业等，2004）、厅宫（芮宗瑶等，1984）、朱诺（郑有业等，2007）等大型－超大型铜矿床。

2.4.1 成矿构造背“景”

拉萨地体主要由前寒武纪变质结晶基底，古中生代沉积岩层和中新生代岩浆岩组成（Yin et al.，2000；潘桂棠等，2006；Zhang et al.，2014）。目前，拉萨地体的次级单元划分存在多种方案，为便于讨论，按朱第成等（2012）采用的方案：根据基底性质和沉积盖层的差异，以狮泉河－纳木错蛇绿混杂岩带（SNMZ）和洛巴堆－米拉山断裂（LMF）为界，拉萨地体由北向南可分为北部、中部和南部三部分（图2.1）。

北部拉萨地体：上覆中三叠世—侏罗纪沉积岩和以多尼组、去申拉组为代表的富含火山岩的早白垩世火山沉积地层，其中被大量花岗岩类侵入（潘桂棠等，2004；Zhu et al.，2013），已有岩浆岩锆石Hf同位素数据指示其以新生地壳为特征（Zhu et al.，2011，2013）。

中部拉萨地体：为一个具有前寒武纪结晶基底的微陆块（Zhu et al.，2011，2013）。该基底经历了多期变质作用（Kapp et al.，2005；Zhang et al.，2012；Dong et al.，2011），其内分布的变质岩系曾被认为是拉萨地体的前寒武纪结晶基底，被命名为念青唐古拉群（Xu et al.，1985；Dewey et al.，1988）。该群为一套中深变质的片岩、片麻岩和混合岩，常呈构造残体零星出露于白垩纪或新生代的深成侵入体中（潘桂棠等，2004），主要分布于雅鲁藏布江缝合带之北的拉萨—林芝—波密—察隅一带，念青唐古拉山脉的中段和那木错的西缘，以及那曲之北等地区。胡道功等（2005）完成的那木错西缘念青唐古拉群中表壳岩和变质深成岩的锆石SHRIMP U-Pb定年，获得拉萨地体基底748Ma～787Ma的成岩年龄，并认为念青唐古拉群的形成时代与高喜马拉雅结晶岩系的形成时代相当。然而，Dong等（2011）通过岩石学和年代学的研究表明，这套岩石的原岩主要由古生代的沉积岩组成，它们经历了三叠纪的中压角闪岩相变质作用，并伴随有同时期的岩浆作用和变形作用。念青唐古拉群之上被大量石炭纪—二叠纪变质沉积岩和侏罗纪—白垩纪富含火山岩的火山沉积地层覆盖（Zhu et al.，2009，2011，2013），另有少量寒武纪、奥陶纪、志留纪、泥盆纪和三叠纪地层出露（潘桂棠等，2004；Zhu et al.，2013）。

南部拉萨地体：以白垩纪—新近纪冈底斯岩基和古新世林子宗火山岩为主（Wen et al.，2008；Zhu et al，2011，2013），在东部出露有少量三叠纪—白垩纪火山沉积地层（潘桂棠等，2006；朱弟成等，2008）。早期根据中东部岩浆岩样品锆石的研究（Chu et al.，2006），推论其以新生地壳为特征。最近在南部拉萨地体发现了早古生代和古元古代—中元古代的花岗岩，指示在南部拉萨地体的局部地区很可能也存在前寒武纪的变质结晶基底（Mo et al.，2008；Dong et al.，2014）。

通过总结以往研究成果，发现冈底斯成矿带先后至少经历了三个历史演化阶段，包括：元古宙—古生代冈瓦纳构造成矿域、中生代新特提斯构造成矿域多岛洋体系和新生代印度－欧亚陆陆碰撞体系。这样的演化历程，构成了冈底斯斑岩铜矿带的成矿构造背“景”，是成矿场地的准备。

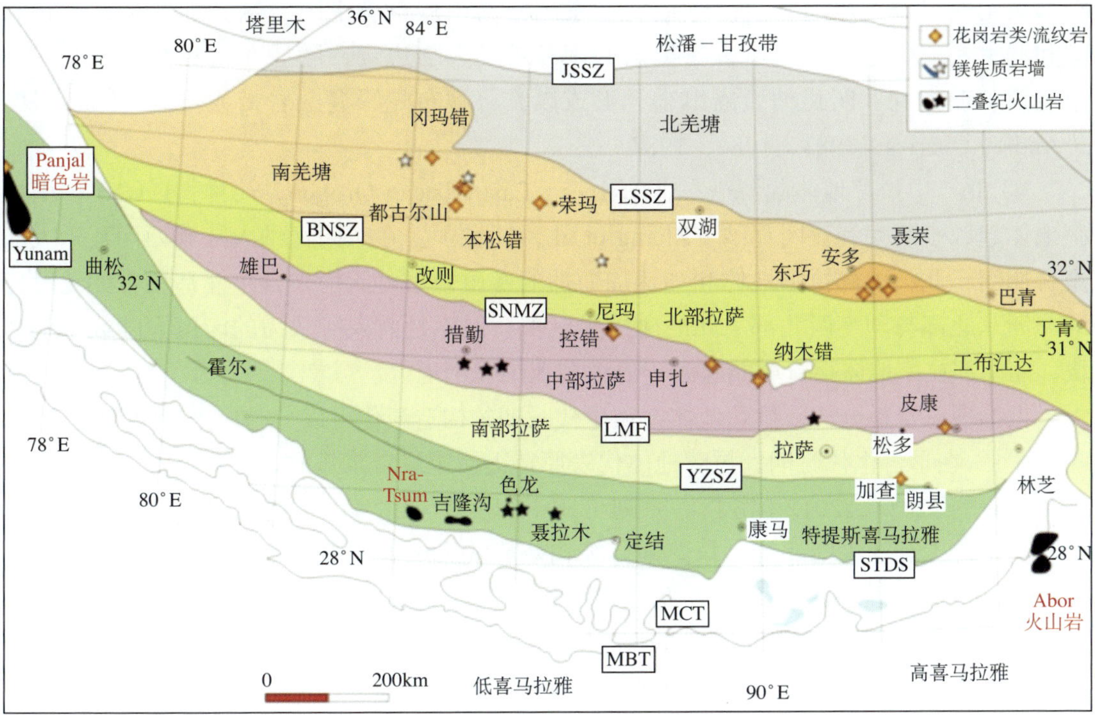

图2.1 西藏高原大地构造单元划分

（据朱弟成等，2012）

JSSZ—金沙江缝合带；LSSZ—龙木错－双湖缝合带；BNSZ—班公湖－怒江缝合带；
YZSZ—印度河－雅鲁藏布缝合带；SNMZ—狮泉河－纳木错蛇绿混杂岩带；
LMF—洛巴堆－米拉山断裂带；STDS—藏南拆离系

2.4.1.1 元古宙—古生代冈瓦纳构造成矿域

对于拉萨地体的起源，学术界虽然存在很大争议，但一致认为拉萨地体在元古宙—古生代期间属于冈瓦纳构造成矿域。目前，拉萨地体的起源主要有下述三种不同的认识，包括：

1）拉萨地体起源于印度冈瓦纳，在中生代随着新特提斯洋的开启而从印度大陆北缘裂离（Gehrels et al.，2011）。这是目前地学界的主流观点。这种认识的大致表述是：在石炭纪—二叠纪以前，伊朗、羌塘、拉萨和Sibumasu位于冈瓦纳大陆北缘，羌塘→拉萨→大印度→喜马拉雅构成了古特提斯南部的被动大陆边缘，随后在石炭纪—二叠纪和中生代不同时期，羌塘、拉萨地体依次从印度冈瓦纳裂离出来，分别形成以班公湖－

怒江蛇绿混杂岩带为代表的中特提斯和以雅鲁藏布蛇绿混杂岩带为代表的新特提斯（Allègre et al.，1984；Yin et al.，2000）。

2）拉萨地体起源于澳大利亚冈瓦纳（Zhu et al.，2011）。这种认识的大致表述是：在石炭纪—二叠纪以前，拉萨—缅甸—泰国—马来亚也位于冈瓦纳大陆北缘，但它们却和澳大利亚一起，构成了古特提斯的南部被动大陆边缘，随后在石炭纪—二叠纪或中生代从澳大利亚冈瓦纳裂离出来，形成以雅鲁藏布蛇绿混杂岩带为代表的新特提斯（Audley-Charles，1983，1984，1988）。

3）北、中拉萨地体起源于东非造山带（East African Orogen，简称：EAO）。南拉萨地体起源于澳大利亚冈瓦纳（Zhang et al.，2012）。在东冈瓦纳大陆和西冈瓦纳大陆聚合期间，北、中部拉萨地体和马达加斯加的变质岩很可能均来自东非造山带的北段，即非洲东北部与印度西北部之间的碰撞带区域，但不是前人所认为的印度大陆或华南陆块，而南部拉萨地体很有可能起源于澳大利亚冈瓦纳地区。

根据现有资料分析，拉萨地体在古生代时期的构造演化可以分为以下五个阶段：

（1）在早古生代时期，拉萨地体代表原特提斯边缘岩浆弧的一部分

Zhu等（2011，2012）分析一系列可比于印度大陆北缘的构造岩浆记录，如拉萨地体起源于澳大利亚大陆北缘，拉萨地体控错双峰式火山岩和申扎东部变质火山岩（计文化等，2009）所代表的岩浆活动及在申扎东部地区发现的寒武系—奥陶系不整合（李才等，2010），提出拉萨地体在早古生代时期，位于澳大利亚大陆北缘，很可能代表了早古生代冈瓦纳大陆原特提斯边缘岩浆弧的一部分。鉴于此，Zhu等（2012）又进一步指出，古地理上位于印度大陆北缘一侧的南羌塘—安多—特提斯喜马拉雅和古地理上位于澳大利亚大陆北缘一侧的拉萨地体和其他可能的微陆块（如贡山、保山和腾冲等），可能代表了面向原特提斯洋一侧的早古生代岩浆弧。另外，上述观点与Cawood等（2007）关于印度大陆北缘早古生代岩浆弧位置（位于特提斯喜马拉雅或以北）的推测是一致的。

（2）在晚泥盆世—早石炭世，拉萨地体的岩浆作用可能发生在弧后背景

潘桂棠等（2004）曾提出，拉萨地体在泥盆纪时期以碳酸盐沉积为主。据此，Zhu等（2012）推测拉萨地体在晚泥盆世—早石炭世的岩浆作用可能发生在弧后背景。此外，Murphy等（2011）从地球动力学观点，也提出了类似的弧后盆地系统来解释东冈瓦纳大陆北缘早石炭世时期的演化历史。

大量研究成果表明，拉萨地体在晚古生代时期经历了岩浆作用和造山运动（Yang JS et al.，2009；Zhang et al.，2007；Zhu et al.，2009，2010）。最近，Dong等（2014）在南拉萨地体中发现了晚泥盆世和早石炭世（355Ma~ 371Ma）的双峰式岩浆岩，通过对其岩石地球化学成分的分析，认为南拉萨地体中的晚古生代双峰式岩浆岩形成于弧后背景下。另外，Jan等（1990）和Ahmad等（2003）曾提出，在晚古生代时期，巴基斯坦

和克什米尔以北的印度板块发生的岩浆作用是与印度板块的断裂有关，因此，Dong等（2014）认为，晚古生代的侵入岩形成于冈瓦纳北缘的弧后扩张背景下。

（3）在石炭纪晚期到中二叠世以前，拉萨地体呈孤立微陆块存在于古特提斯洋内

基于以上分析，如果该弧后盆地进一步发展和演化，就可能会形成以松多榴辉岩为代表的松多特提斯洋（Chen et al.，2009；Li et al.，2009；Yang J. S. et al.，2009）。松多榴辉岩南部与橄榄岩呈断层接触的绿片岩约305Ma的锆石SHRIMP U-Pb年龄表明，松多特提斯洋在晚石炭世末期已经开启（Chen et al.，2009）。该事件导致拉萨地体从澳大利亚大陆北缘裂离出来，在早石炭世到中二叠世以前呈孤立微陆块形式位于古特提斯洋内（Zhu et al.，2011）。

（4）拉萨地体可能在早－中二叠世时经历了松多特提斯洋的北向俯冲和中二叠世末期（约263Ma）与澳大利亚大陆北缘的碰撞造山事件

结合现今拉萨地体中大陆弧火山岩与榴辉岩、同碰撞S型花岗岩的空间关系及在澳大利亚大陆北部珀斯盆地和Carnarvon盆地发现的上二叠统沉积间断和二叠系—三叠系不整合（Mory el al.，1997；Archbold，1999；Crostella and Backhouse，2000），Yang J. S. 等（2009）认为，处于晚石炭世到中二叠世以前孤立于古特提斯洋内的拉萨地体，可能在早－中二叠世时经历了松多特提斯洋的北向俯冲，并在中二叠世末期（约263Ma）经历与澳大利亚大陆北缘的碰撞造山事件。

（5）中二叠世末期拉萨地体与澳大利亚大陆北缘的碰撞可能触发班公湖－怒江特提斯洋岩石圈的南向俯冲，导致雅鲁藏布新特提斯在中－晚三叠世以弧后盆地的方式开启，中生代构造岩浆演化开始

Zhu等（2011）认为拉萨地体与澳大利亚大陆北缘中二叠世末期（约263Ma）的碰撞可能触发了班公湖－怒江特提斯洋岩石圈的南向俯冲，并随后导致雅鲁藏布新特提斯在中－晚三叠世以弧后盆地的方式开启，从而拉开了拉萨地体中生代构造岩浆演化的序幕。

2.4.1.2 中生代新特提斯构造成矿域多岛洋体系

（1）班公湖－怒江洋盆的发育时限

班公湖－怒江缝合带西起班公湖，向东经改则、尼玛、东巧、安多、索县、丁青、嘉玉桥折向南至八宿上林卡，向南沿怒江进入滇西，在西藏境内长达2800千米，宽20～120千米（潘桂棠等，2006）。缝合带在平面上呈 西东向平缓展布为 “S” 形，以改则、丁青为界可将该带分为东、中、西三段。研究表明班公湖－怒江洋盆俯冲消亡方式是自东向西的斜向会聚渐进发展的过程，也是残余洋盆萎缩的过程，消亡时间由东向西逐渐变新，东部的拼合时间为早侏罗世，至中白垩世西部拼合完成（李超等，2011）。

班公湖－怒江洋洋盆的闭合致使拉萨地体与羌塘地体碰撞从而产生班公湖－怒江缝合带。多数学者认为班公湖－怒江洋壳形成于晚三叠世—早侏罗世，中侏罗世洋壳开始俯冲消减，洋盆一直持续到早白垩世晚期才闭合（潘桂棠等，2006；李小波等，

2015）。早白垩世、晚白垩世之间区内还发生一次重要的热事件，形成自南东向北西的逆冲推覆断层，上白垩统竟柱山组不整合在下伏不同时代的地层之上，说明该期构造活动具区域性特点。竟柱山组为一套磨拉石建造，它暗示班公湖－怒江弧后洋盆已闭合，并强烈隆升。

大约 280Ma 的地幔柱导致冈瓦纳大陆北缘裂解，使得塔里木、羌塘、拉萨地体的相互分离并从冈瓦纳大陆脱离开来，产生雅鲁藏布江新特提斯、班公湖－怒江中特提斯、金沙江古特提斯等洋盆。在丁青蛇绿岩中发现的三叠纪放射虫化石说明，该地区在三叠纪时期已经发育了成熟的大洋洋壳，怒江带蛇绿杂岩含二叠纪孢子化石等证据皆表明该区在早二叠世存在裂谷环境。也有一些研究者提出班公湖－怒江洋壳可能在古生代就已经形成（陈玉禄等，2005；潘桂棠等，2006）。

洋盆的演化阶段通常用蛇绿岩的年代加以约束。丁青蛇绿岩套是该带最具代表性的洋壳岩类，其主体代表了三叠纪—侏罗纪的大洋洋壳。

在晚三叠世—早中侏罗世时期，班公湖－怒江洋洋盆依然存在，其中，晚侏罗世班公湖－怒江洋壳向拉萨地体俯冲并形成了一套含火山碎屑的类复理石、复理石建造，代表了班公湖－怒江洋洋盘向南俯冲形成的弧后盆地的早期沉积，晚侏罗世随着班公湖－怒江洋壳向南俯冲在其南侧形成了弧－盆体系。有地震资料显示班公湖－怒江缝合带南侧拉萨地体地壳向北俯冲，而北侧羌塘地体地壳向南俯冲（李超等，2011；冉皞等，2015；朱弟成等，2008）。

对于班公湖－怒江洋壳确切的俯冲消减时限，仍存在很多争议：大部分学者依据拉萨地体中北部地区则弄群、多尼组、申拉组、尕苍见组等火山岩，认为班公湖－怒江洋壳白垩纪发生了南向的俯冲消减（康志强等，2008，2009，2010；许荣科等，2007；朱弟成等，2008）；而杜德道等（2011）根据班公湖－怒江蛇绿岩带西段（狮泉河－改则蛇绿岩）的南侧也具有明显的富集大离子不相容元素（LILE）Rb、Th、U、K、Pb和亏损高场强元素（HFSE）Nb、Ta、Ti的岛弧型岩浆岩的本质特征，指出班公湖－怒江洋盆可能存在双向俯冲的特征。

（2）雅鲁藏布江洋盆的发育时限

新特提斯洋由班公湖－怒江洋、雅鲁藏布洋两个主要洋盆构成，它们打开的起始时间大致相同，都不会晚于晚三叠世，但碰撞、闭合的时间不同（莫宣学等，2003）。其中雅鲁藏布洋的开合是特提斯洋演化的重要组成部分，与拉萨地体的构造演化休戚相关。雅鲁藏布洋的打开标志着拉萨地体与冈瓦纳大陆的分离，其俯冲造成了拉萨地体南缘的陆壳增生及相应岩浆活动，其消亡标志着印度－欧亚大陆碰撞过程的开始。

关于雅鲁藏布洋的具体打开时间，至今仍然存有争议。过去很长一段时间都使用日喀则附近蛇绿岩的形成年龄（120Ma左右）来代表。后来的研究揭示出多个年龄值的存在（Zhou et al.，2002；莫宣学等，2004；Yin et al.，2000）。西藏喜马拉雅特提斯沉积盆地的沉积历史也证明了拉萨地体于晚三叠世与喜马拉雅地体分离，表明了新特提斯洋张开的最初的时代（Liu et al.，1994）。无论如何，这些资料说明，雅鲁藏布洋开始打开的时间不晚于晚三叠世，而且沿走向可能不完全相同（莫宣学等，2006）。

前人根据俯冲相关的地质现象发生的时代来限制雅鲁藏布洋初始俯冲的时代，主要依据来自与俯冲相关的最老的火山岩的时代及弧后前陆盆地的形成时代等。

从火山岩的角度来看，雅鲁藏布洋板块可能自早侏罗世后期开始向北俯冲于拉萨地体之下，形成了冈底斯带中侏罗统叶巴组（耿全如等，2006），前人对达孜地区叶巴组英安岩形成年龄为181Ma~174Ma，康志强等（2015）对桑日县地区出露的中生代火山岩进行了较为系统的定年及地层的划分，将桑日群麻木下组的形成年龄限定在（99.9 ± 0.7）Ma ~（136.5 ± 1.7）Ma之间，代表了原来的桑日群。并认为比马组与叶巴组火山岩的年代学和地球化学特征相似，初步认为两者是早中生代新特提斯洋沿拉萨地块南缘向北俯冲消减过程中同一时期、不同地段形成的火山岩地层。并建议将比马组从原桑日群中解体出来划归到叶巴组火山－沉积地层中。但依然支持雅鲁藏布洋板块自早侏罗世后期开始俯冲的观点。

弧后前陆盆地的发育是洋壳俯冲的直接证据之一。将冈底斯弧后沉积地层的物质成分和来源区域构造特征相结合，在纳木错南侧识别出145Ma ~ 130Ma期间发育的冈底斯弧后褶冲带和前陆盆地，并认为与新特提斯洋的俯冲有关，这也限定了雅鲁藏布洋板块俯冲开始年龄的上限（Zhang et al.，2012）。

雅鲁藏布洋板块的俯冲在拉萨地体的南缘形成冈底斯岩基。晚白垩世—始新世的岩浆岩带广泛出露于冈底斯南缘，是冈底斯巨型岩浆岩带的主要组成部分。不同学者采用全岩Nd同位素和锆石Hf同位素示踪、锆石微区定年分析等多种研究方法证实：南缘的巨型冈底斯花岗岩基确实是新特提斯洋壳北向俯冲所形成的“安第斯”型岛弧火山岩（Chu et al.，2006；Wen et al.，2008；纪伟强等，2009）。

拉萨地体岩浆岩时空分布具有从南往北，岩浆活动由老变新的趋势，这与活动陆缘岩浆岩从俯冲带往陆内岩浆活动逐渐变新的趋势相一致。因此，中生代岩浆岩的时空分布特征表明冈底斯岩基中生代时期岩浆活动是受雅鲁藏布洋板块北向俯冲影响的产物。

青藏高原的高海拔和厚地壳主要被认为是新生代以来印－欧大陆的碰撞所致，但地质学研究表明：在印欧大陆碰撞之前，块体拼合时期西藏地区就发生了明显的造山作用（Dewey et al.，1988；Yin et al.，2000）。丁林等（2003）结合前人的构造变形研究及古地理分析，认为冈底斯地块在约140Ma~130Ma发生地壳的缩短加厚及快速隆升作用。对藏南林周盆地林子宗火山岩系中年波组、沉积记录以及构造变形记录的研究表明（Leier et al.，2007），雅鲁藏布洋俯冲时期，于中晚白垩世在拉萨地体南缘发育了一个弧后前陆盆地系统，形成了一个安第斯型造山带，且已经达到了约4500m的高度（Ding et al.，2014）。

雅鲁藏布洋的闭合直接导致了印度大陆与欧亚大陆的碰撞，印度大陆与亚洲大陆的初始碰撞则代表了雅鲁藏布洋闭合的开始。目前学术界对初始碰撞的时间尚存争议，印度与亚洲大陆主碰撞的时限过去通常被限定在55Ma~50Ma，但初始碰撞至少推定至65Ma，主要约束证据来自板块运动学、古地磁学、沉积学、地层古生物和区域岩石学等（Yin et al.，2000）。

（3）拉萨地体内的多岛弧盆系统

晚三叠世时，受特提斯洋壳向南俯冲的制约，拉萨地体与印度陆块分离，隆格尔－工布江达岩浆弧成型、伯舒拉岭火山岩浆弧发育、嘉黎－波密弧间裂谷盆地、确哈拉弧前盆地发育、雅鲁藏布洋盆开始扩张。

早－中侏罗世时，冈底斯带东段南侧发育具有双峰式火山活动特征的叶巴火山弧，暗示雅鲁藏布洋盆东段初始向北的低角度俯冲，而拉贡塘弧火山岩浆活动可能是受班公湖－怒江特提斯洋向南低角度俯冲制约的张性弧构造背景下的产物。另外，受特提斯洋壳向南俯冲的影响，嘉黎－波密弧间裂谷盆地扩张成洋，伯舒拉岭岛弧成型。

晚侏罗世时，冈底斯地区呈现出复杂的多岛弧盆系格局。冈底斯南缘桑日增生弧与冈底斯北部同时代的则弄火山岩浆弧、班戈火山岩浆弧及其弧间裂谷盆地进一步扩张成有限小洋盆，揭示了班公湖－怒江特提斯洋向南与雅鲁藏布洋－新特提斯洋向北的双向俯冲。这种动力学背景与东南亚马来西亚半岛－沙捞越－加里曼丹西部及苏门答腊中北部发育的二叠纪火山岩浆弧系统具有相似性。如，在苏门答腊地区与朝向亚洲的俯冲系统有关，而在加里曼加地区则与朝向印度洋的俯冲系统有关。这种双向俯冲的地球动力学系统在多岛弧盆系构造区内可能是一种普遍现象，并延续到弧后洋盆俯冲、萎缩消亡、弧－弧或弧－陆碰撞全过程。

早白垩世时，冈底斯带存在同样的双向俯冲系统，弧间洋盆双向俯冲消亡，班公湖－怒江特提斯洋后退式俯冲导致东恰错增生弧的形成。沿隆格尔－念青唐古拉复合古岛弧带东部出现了与地壳增厚事件有关的淡色花岗岩的侵位。

晚白垩世时，班公湖－怒江特提斯洋最终消亡，亚洲大陆与冈底斯复合岛弧发生强烈的弧－陆碰撞，在弧后前陆区发育狭窄但巨厚的磨拉石沉积。雅鲁藏布洋盆进一步向北俯冲，南冈底斯火山岩浆弧增生在隆格尔－念青唐古拉复合古岛弧带南侧，并叠置于叶巴火山弧和桑日火山弧之上，地壳开始发生强烈的横向增生造弧作用，相应地，在其弧后位置则发育设兴组海陆交互相沉积，在其弧前位置发育日喀则深海浊积岩、海底扇沉积及与浊积岩建隆过程有关的弧前陆棚碳酸盐沉积。

2.4.1.3 新生代印度－欧亚陆陆碰撞体系

新特提斯洋盆的开启、消减和闭合为印度－欧亚陆陆碰撞奠定了基础，雅鲁藏布缝合带就是该碰撞事件的地质标志。一般认为，雅鲁藏布缝合带为喜马拉雅造山带的北界。缝合带以北的拉萨地体经历了中生代的安第斯型造山作用，发育包括冈底斯岩基在内的雅鲁藏布洋向北俯冲过程中形成的中生代火成岩。但是，拉萨地体南部也经历了强烈的新生代岩浆作用和变质作用，表明其经历了喜马拉雅造山作用（Zhang et al.，2013；Guan et al.，2012）。

雅鲁藏布洋的闭合直接导致了印度大陆与欧亚大陆的碰撞，印度大陆与欧亚大陆的初始碰撞则代表了雅鲁藏布洋闭合的开始。莫宣学等（2011）以印度－欧亚碰撞时间为坐标，将青藏高原新生代构造－岩浆活动划分为同碰撞阶段和后碰撞阶段，前者指印度和欧亚两个大陆从开始接触到完全接触（两大陆之间的洋盆和洋壳消失）的时间，后者指同碰撞期之后的陆内运动阶段，在印度和欧亚两个大陆继续挤压下，陆内不同块体之间发生相对运动（俯冲、推覆、走滑、伸展等）。

目前学术界对初始碰撞的时间尚存争议，不同的学者研究的侧重点不同，得到的结论也不尽相同。客观而言，印度大陆与欧亚大陆的碰撞并不是一蹴而就的，而是有一个过程，即同碰撞期，该时期典型的岩浆岩为林子宗火山岩系，对同碰撞期岩浆岩的研究，对高原由新特提斯洋俯冲到陆陆碰撞的转变过程的理解具有重要意义。后碰撞阶段，雅鲁藏布洋的洋盆已经完全关闭。

不同学者给出不同的印欧大陆初始碰撞年龄，年龄跨度从晚白垩世—渐新世。印度与亚洲大陆主碰撞的时限过去通常被限定在55Ma～50Ma，但初始碰撞至少推定至65Ma，主要约束证据来自板块运动学、古地磁学、沉积学、地层古生物和区域岩石学等（Yin et al.，2000）。在青藏高原东部地区，地层古生物证据指示，主碰撞结束时间约在50Ma～41Ma（Rowley，1996；Decelles et al.，2004），与喜马拉雅北西部先碰撞东部后碰撞的主流观点相吻合。由此看来，印度－欧亚大陆从初始对接，经过强烈碰撞，再到碰撞衰减，跨越了近15Ma。

雅鲁藏布洋闭合之后，板块会聚收敛并未终止，印度板块仍以较高的速度向北推进，俯冲至亚洲大陆之下。印度板块约有1500千米的南北向缩短量由地壳增厚吸收，使青藏高原成为两倍于正常地壳厚度的巨厚陆壳体（平均厚度70千米），在印度与西伯利亚板块之间形成南北2000千米、东西3000千米的新生代巨大陆内变形域，刻画出青藏高原奇特的地形地貌。

2.4.2 成矿构造聚敛“场”

冈底斯成矿带在成矿场地方面的准备使我们认识到，冈底斯成矿带内部在不同的地质历史时期存在会聚型大陆边缘、对接型大陆边缘，即成矿构造聚敛“场”。

目前的资料显示，冈底斯成矿带在地质历史上至少发育会聚型和对接型两种大陆边缘，壳幔混合成因的花岗岩与大陆边缘的会聚部位即构成了斑岩铜矿成矿构造聚敛“场”。如，①以雄村斑岩铜矿指示了侏罗纪会聚型大陆边缘内的成矿构造聚敛“场”；②以甲玛和驱龙斑岩铜矿指示了中新世对接型大陆边缘内的成矿构造聚敛“场”。

后文将以甲玛斑岩铜矿为例，来阐述冈底斯成矿带内斑岩铜矿的金属成矿“相”和矿“床”。

以东经89°为界，冈底斯带东部和西部渐新世—中新世岩浆岩在岩相学、地球化学及其与斑岩矿化的关系方面存在明显的不同。东冈底斯（约89°～94°E）以中性长英质钙碱性－高钾钙碱性侵入岩为主（与斑岩型铜钼矿床密切相关），少量高钾钙碱性－钾玄质火山岩。这些钙碱性－高钾钙碱性花岗岩类岩浆以高Sr/Y和[La/Yb]N比值为特征（Wang et al.，2014a）。西冈底斯（约80°～89°E）以高钾钙碱性－钾玄质火山岩为主，零星出露斑岩体，这些岩体基本都不成矿。这些碱性火山岩具有高的Th和K_2O含量，低－中等的Sr/Y比值（Wang et al.，2014a），这些斑岩体与西部的碱性火山岩具有相似的矿物学地球化学组成，他们很可能是同源岩浆。

Wang Rui等（2015）结合新获得的岩石地球化学和Os–Sr–Nd–O–Hf同位素分析结果提出，印度板块岩石圈、经俯冲作用改造的西藏岩石圈以及软流圈熔体三者不同程度的参与，能够解释东冈底斯中新世岩浆作用和斑岩型矿床的时空分布特征。冈底斯带新生代岩浆岩的地球化学和同位素数据反映了从俯冲到碰撞，最终到印度岩石圈俯冲的时空不均一性转变。

古新世—始新世中性侵入岩和火山岩属于钙碱性－高钾钙碱性岩石，与正常俯冲相关的岩浆作用具有相似的地球化学和同位素组成，形成于新特提斯岩石圈俯冲晚阶段和大印度板块与增生的欧亚边缘（拉萨地体）发生碰撞的初期。这些古近纪早期的岩浆岩几乎不形成斑岩型矿床，可能是因为这些岩浆相对不含水冈底斯带中古近纪早期独特的岩浆熔融机制形成了相对缺水而且弱氧化的岩浆。

渐新世岩浆作用局限于东冈底斯带和羌塘地体，其中在前者分布着高钾钙碱性花岗岩类，后者分布着高钾钙碱性－钾玄质火山岩。这些花岗岩类绝大多数以小岩体出现，在组分上与早期的古新世—始新世岩石组合类似。Wang等（2014b）认为组分特征反映了渐新世岩浆中水含量的增加。渐新世花岗岩与古新世—始新世岩石组合在同位素组成上类似，可能起源于俯冲改造过的西藏岩石圈的部分熔融。少量小型斑岩矿床与渐新世花岗岩类有关，零星出露的碱性火山岩仅仅出露于羌塘地区（西冈底斯以北）也不成矿。羌塘地体位于白垩纪—古新世冈底斯弧的北侧，因未受早期的俯冲改造而未富集成矿金属。岩浆源区（下地壳或大陆岩石圈地幔）缺少流体和金属是导致岩浆不能成矿的原因（Lee et al.，2012；Richards et al.，2013）。

渐新世—中新世岩浆岩形成于印度－欧亚开始碰撞后约35Ma～25Ma，因此不太可能直接与俯冲作用有关。中新世岩浆作用在冈底斯东部以钙碱性－高钾钙碱性为特征，在冈底斯西部以碱性火山作用为主（虽然在西部也有少量高钾钙碱性－钾玄质侵入岩，在东部也出现少量碱性火山岩），两者在地球化学和同位素特征方面存在明显变化。

大印度板片在约（25±5）Ma时在西部开始断离，然后逐步向东发展，最后约（10±5）Ma 时在东部停止拆沉（Replumaz et al.，2010）。这种在时空上不均一的板片断离引起软流圈上涌，促使经俯冲改造过的西藏岩石圈部分熔融，在西冈底斯以北（南羌塘）形成晚渐新世岩浆作用（29Ma～31Ma，Ding et al.，2003；Liu et al.，2008），在冈底斯带形成中新世岩浆作用（Hou et al.，2009；Wang et al.，2014）。西冈底斯带以北的晚渐新世岩浆源于大陆岩石圈地幔的部分熔融，并有上涌软流圈熔体的参与（Ding et al.，2003；Wang et al.，2014）。西冈底斯带中新世岩浆部分源于俯冲的印度板块岩石圈，印度岩石圈限制了俯冲软流圈熔体的参与，也限制了西藏岩石圈部分熔融的程度。与此不同，东部冈底斯中新世岩浆起源于经俯冲改造过的西藏岩石圈的部分熔融，并且表现出与白垩纪－始新世弧岩浆岩相似的岩石地球化学和同位素组成。

2.4.3 金属成矿“相”

甲玛埃达克质花岗岩的岩浆混合作用发育，宏观上表现为岩浆暗色包体（黄铁矿、黄铜矿含量较高）的广泛发育，并具冷凝边构造，岩石中具有石英－黄铁矿（角闪石）眼斑，斜长石发育不规则环带及海绵多孔状结构。镜下常见石英与单斜辉石共生，眼球状石英的钾长石边，以及磷灰石的针状构造。此外，区域内岩体（脉）中发育同期产出的辉绿玢岩岩脉，各脉体相互平行，呈似层状产出。以上特征表明，在岩浆形成过程中一直发生着广泛的岩浆混合作用。

甲玛二长花岗斑岩晚期侵位的岩脉中均含有丰富的 Cu、Mo、Pb、Zn、Ag 等成矿物质，暗示其深部存在广泛的液相不混溶作用，而岩石中矿化包体特征与王联魁等（2000）的研究成果一致，是富 F花岗岩岩浆热液过渡过程岩浆晚期的矿质分馏过程的直接证据。

甲玛二长花岗斑岩的成岩年龄为（14.8±0.16）Ma（秦志鹏等，2011），介于甲玛花岗斑岩（15.31±0.31）Ma和甲玛花岗闪长斑岩（14.2±0.2）Ma之间，是甲玛成矿期（辉钼矿年龄为14Ma～16Ma（应立娟等，2010）的主要岩浆活动之一，制约着甲玛成矿活动。此外，甲玛二长花岗斑岩的成岩－成矿活动一直处于动荡的构造环境中，显示了至少两次脉动式的侵位过程，两次脉动式侵位的甲玛二长花岗斑岩在岩石学、岩石地球化学上表现基本相似，为同源岩浆演化序列（秦志鹏等，2012）。

成矿热液流体的形成过程也是超临界流体分离成液相和气相的过程，以Na、K的分离为标志（王联魁等，2000），与甲玛二长花岗斑岩晚期的岩石化学特征吻合，熔融包裹体的研究也佐证了这一过程（周云等，2011，2012）。该过程一般伴随着不同程度的沸腾现象，在甲玛二长花岗斑岩体顶部或边缘表现为网脉状破裂系，是 Cu、Mo等金属和脉石矿物运移和沉淀的场所。值得注意的是，超临界流体分离的蒸气相同样可以迁移成矿物质（如 Cu、Au 等）（Migdisov et al，1999；Archibald，2002），这可能是斑岩矿床浸染状构造形成的动力学机制，并导致了早期的矿质分离过程（Cu、Mo 的分离）。

依据地质事实，甲玛二长花岗斑岩的岩浆－热液过渡过程可分为三个阶段：

第一阶段：岩浆作用晚期 H_2O 不饱和阶段。随着温度和压力的降低，岩浆逐渐达到石英－钾长石－斜长石的三相共结点，出现自形无序分布的石英斑晶。此时，钾长石斑晶的晶体继续生长，并在晶体边缘包裹了少量石英斑晶；同时，斜长石继续生长，并随着岩浆成分的变化，生长环带中的钙质成分不再增多。

第二阶段：岩浆 H_2O 饱和，超临界流体出熔阶段（液相不混溶）。该阶段岩浆呈熔体和超临界流体共存的状态，其物理化学性质发生了很大的改变。在岩浆富F的情况下，石英、钾长石、斜长石持续生长，如果构造环境相对稳定，则形成伟晶岩；但是，如果构造环境发生转化，超临界流体的平衡就会被打破，斑晶将停止生长，超临界流体与造岩矿物发生自交代反应，形成岩浆斑晶矿物周缘的蠕状石，而岩浆的微晶洞构造则充当了岩浆超临界流体的出熔的通道。

第三阶段：超临界流体逃逸阶段（气液分馏）。当岩浆气体的分压过大或受外力作用时，岩浆顶部发生破碎并为超临界流体的逃逸提供了通道，此时的岩浆急速淬火，在钾长石斑晶边缘形成“似冰长石”结构的钾长石，并且残留的熔体快速结晶形成细晶岩脉，超临界流体发生再次沸腾，分馏成富矿质的蒸气相和含盐流体相，进而形成浸染状矿化和脉状矿化，导致早期的矿质分离，并产生电气石－钠/钙硅酸盐化，而未逃逸的富矿质的含盐流体则被岩浆捕获，并在岩浆顶部形成独特的硫化物包裹体。

2.4.4 矿“床”

唐菊兴等于2008—2010年对甲玛矿床进行了全面地质勘探和详细的系统研究（唐菊兴等2010，2011；郑文宝等，2010，2011）。在红－塔背斜北翼，发育由南向北滑覆的铜山滑覆体。该滑覆体西部控制了部分矽卡岩型矿体的产出，这类矿体均受到滑覆体内次级构造控制。

与甲玛矿床有关的花岗岩集中分布在北西向的牛马塘背斜－红山头背斜之间，塔龙尾断裂的两侧。岩体明显受区域拉张环境及走滑断层控制，岩体呈近东西向、北西向、近南北向的放射状展布，在近南北向及近东西向呈雁列式分布。侵入体与围岩呈枝叉状接触，岩体内部无定向组构，围岩无明显的挤压变形现象。这些特征说明，在侵位过程中，岩浆主要是被动地充填于构造作用形成的虚脱空间中。

甲玛铜多金属矿主要矿体为矽卡岩型铜多金属矿体、角岩型铜钼矿体，前者赋存在下白垩统林布宗组（K_1l）砂板岩、角岩（顶板）与上侏罗统多底沟组（J_3d）灰岩、大理岩（底板）的层间构造中，或甲玛－卡军果推覆构造体系中的多底沟组（J_3d）灰岩、大理岩中；后者分布于林布宗组角岩中。少量花岗斑岩脉中铜钼矿化也很强烈。

甲玛围岩蚀变可分为四期，自早至晚依此为：岩浆岩期、热接触变质期、矽卡岩期、热液期（石英－硫化物期和碳酸盐－硫化物期）。岩浆岩中的蚀变主要为钾化（黑云母化、钾长石化为主）、黄铁绢云岩化、硅化、青磐岩化、泥化为主，具有斑岩铜矿常见的蚀变，尤其是矿化中心的泥化特别强烈，ZK1616、ZK3216等孔角岩型钼（铜）矿石中发育强烈的泥化。

岩浆的侵位导致热接触围岩蚀变形成多底沟组碳酸盐岩大理岩化，林布宗组砂板岩形成规模宏大的角岩化，其中角岩化的范围为大于 40平方千米，这样规模的热蚀变预示深部必定有隐伏的岩浆岩。

在空间上，自上而下，总的蚀变分布是：角岩化、石榴子石矽卡岩化+透辉石矽卡岩化+硅灰石矽卡岩化、大理岩化。角岩、矽卡岩、大理岩中均发育硅化和黄铁绢云岩化。角岩和矽卡岩带之间有过渡现象，大理岩中也有矽卡岩化。

根据矿石构造进行分类主要有浸染状矿石和细脉浸染状矿石，约占总体储量的 95%以上。依据矿区主要有用矿物组合对矿石进行分类，主要类型有黄铜矿矿石、黄铜矿－斑铜矿－黝铜矿矿石、黄铜矿－辉钼矿矿石、辉钼矿矿石、方铅矿－闪锌矿矿石等六大类；次要类型为：黄铜矿－黄铁矿矿石等。

根据矿石有用组分进行分类主要有铜矿石、铅锌（铜）矿石、铅矿石、铜钼矿石或钼铜矿石、铜铅锌矿石或铅锌铜矿石等六类。采矿权范围内以铜矿石、铜钼矿石、铅锌（铜）矿石为主。

矿区内成矿元素的平面分带由南西向北东总体表现为：Pb+Zn（Au+Ag）→Au+Ag（Cu+Au+Ag）→Au+（Mo+Au+Ag）→Mo+Au+（Au+Ag）→Au，从地表、浅地表到深部，矿化由铅锌矿化向铜钼矿化、钼矿化变化规律明显，构成了一个完整的与岩浆作用有关的成矿元素分带、矿石矿物分带，反映了从远离成矿中心至矿化中心形成低温至高温的元素组合、矿物组合演化规律。

甲玛铜多金属矿床主元素的品位分布均具有一定的规律性。Cu、Pb、Zn 在走向上较倾向上变化有规律性，而 Mo 则在倾向上较走向上的变化更有规律性，这一点可以从矿床的成因方面得到合理的解释。同时，Mo 品位分布直方图具有较明显的 2 个峰值，说明可能存在 2 期较大规模的成矿；而Cu、Pb、Zn 应该只有一次规模较大的主成矿期。根据变化性质系数与变化程度系数的判别，甲玛矽卡岩型矿体的铜钼矿体部分总的表现为在走向、倾向上具有坐标性变化（Cu、Mo 变化性质系数为 0.45），但变化程度却很复杂（变化程度系数均大于 0.9）；在垂向上仍具有坐标性变化（Cu、Mo 变化性质系数为 0.45），变化程度中等（Cu 变化程度系数为 0.753，Mo 变化程度系数为 0.781）。铅锌矿体部分总的表现为在走向、倾向上处于坐标性变化向随机性变化过渡的趋势（Pb 变化性质系数为 0.58，Zn变化性质系数为 0.5），但变化程度同样复杂（变化程度系数均大于 0.9）；在垂向上同样处于坐标性变化向随机性变化过渡的趋势（Pb 变化性质系数为 0.58，Zn 变化性质系数为 0.5），变化程度却较简单（Pb 变化程度系数为 0.479，Zn

变化程度系数为 0.6）。

工程间距只有小于变程时才能控制矿体的变化，根据矿区的实际情况，采用 0.8 倍变程的工程间距求取控制资源量（332 资源量）较为合理。针对铜钼矿体，考虑到走向上铜的变程为 150米，倾向上钼的变程为 145米，采用 120米的变程为针对即可求得控制资源量。

甲玛矿区矿石中的矿物以金属硫化物为主，其次为硫酸盐矿物和碳酸盐矿物等。脉石矿物比较简单，主要见矽卡岩矿物，其次石英、方解石等。甲玛矿床中主要共生矿种Cu，Mo，Pb，Zn均可形成独立的多种矿物种属，尤其以铜矿物最为重要和普遍。斑铜矿富集于矽卡岩中，尤其是硅灰石矽卡岩中，角岩、斑岩和大理岩中极少见。脉石矿物以矽卡岩矿物为主，还有长石、石英、黑云母、绢云母、方解石等，其次为绿帘石、绿泥石、阳起石、透闪石、红柱石、白云母、石膏、萤石等。

甲玛矿床矽卡岩型、斑岩型及角岩型矿石构造均系主要为气水热液的充填－交代作用形成的矿石构造。矿床内常见的矿石构造包括块状－团块状构造、浸染状构造、脉状构造及条带状构造等。块状－团块状构造主要发育于矽卡岩矿石中，以常见的斑铜矿－黄铜矿块状矿石构造、黄铜矿块状矿石构造及铅锌矿块状矿石构造为主。铜矿石中斑铜矿与黄铜矿的比例不定，既可分别形成块状矿石又可混合形成块状矿石。以斑铜矿为主的块状矿石铜品位可高达50%以上，以黄铜矿为主的块状矿石铜品位可达20%左右。块状铅锌矿石以共生方铅矿和闪锌矿为主，矿石中Pb+Zn品位达50%左右。此外，在大理岩中见有少量manto型矿石，主要为黝铜矿形成的块状－团块状矿石构造。浸染状构造在矽卡岩、斑岩、角岩矿石中发育均较普遍，以角岩矿石中为最。常见矽卡岩中斑铜矿、黄铜矿与辉钼矿散布形成的稠密浸染状矿石构造。脉状构造是在矽卡岩、角岩、斑岩中最为发育的一种矿石构造类型。甲玛矿床内脉状矿石中脉体主要为石英脉－黄铜矿－辉钼矿脉，偶有硬石膏脉、方解石脉产出，矽卡岩中脉体多为单脉，且石英－黄铜矿常为弯曲脉而石英－辉钼矿脉常为平直脉。角岩与斑岩中以石英－辉钼矿脉为主，常发育多期次相互切割脉体，有的甚至形成网脉状构造。条带状构造见于矽卡岩矿石中，但不常见，主要分布在矽卡岩的边部。

甲玛铜多金属矿的矿石结构按照成因类型主要分为结晶结构、交代结构和固溶体分离结构。结晶结构包括自形晶粒状结构、半自形晶粒状结构和他形粒状结构。自形晶粒状结构，呈自形晶产出的主要金属矿物有黄铁矿、方铅矿等，少量硫钴矿，矽卡岩、角岩和斑岩矿石中均可见此结构。半自形晶粒状结构较为常见，可见半自形闪锌矿、斑铜矿、磁黄铁矿、黄铜矿、黄铁矿、辉钼矿，少量自然金和碲银矿等，产于矽卡岩、角岩与斑岩矿石中。他形晶粒状结构为区内最主要的矿石结构，主要金属矿物有黄铜矿、斑铜矿、闪锌矿、辉钼矿及黝铜矿、辉铜矿、蓝辉铜矿、铜蓝、磁黄铁矿、自然金等，呈粗细不等的他形晶产出。矿床内还可见到由交代作用形成的反应边结构，主要见闪锌矿、斑铜矿等交代黄铜矿形成。固溶体分离结构，随着温度、压力或溶质浓度的高低和温度下降的程度等物理化学条件的变化，固溶体发生分离，可形成各种不同形态的结构类型。固溶体分离结构主要有乳滴状、叶片状和格状结构，最主要的是斑铜矿－黄铜矿固溶体，其次斑铜矿－辉铜矿、斑铜矿－黝铜矿、黄铜矿－闪锌矿；以斑铜矿、闪锌矿为主晶，黄铜矿、辉铜矿、黝铜矿为客晶最普遍。

根据矿物共生关系，甲玛矿床主要成矿期为热液成矿期，其次有早期的岩浆期和矽卡岩期，及最后的表生期。热液成矿期中又可划分出四个成矿阶段，分别为铜钼硫化物阶段、铜硫化物－硫酸盐矿物阶段、铜铅锌硫化物阶段和金成矿阶段。各成矿阶段的典型矿物组合分别为：黄铜矿－辉钼矿－磁黄铁矿；黄铜矿－斑铜矿－黝铜矿－硫盐矿物，包括硫钴矿、辉砷钴矿、针镍矿、硫钴镍矿、碲镍矿、辉砷镍矿、硫镍钴矿、硫铋铜矿、辉碲铋矿、针硫铋铅矿、针辉铋铜矿等；黄铜矿－方铅矿－闪锌矿；自然金－银金矿－自然银－碲银矿－雄黄－雌黄；辉铜矿－蓝辉铜矿－孔雀石－硅孔雀石－蓝铜矿－褐铁矿。

甲玛矿床是一套斑岩成矿系统，因此，微量元素在不同类型矿石中有相似的赋存规律和相同的来源。甲玛矿石中主要含有Cu、Mo、Pb、Zn、Au、Ag、Be、Cd、Co、Ga、Ge、In、Ni、Re、Sn、As、Sb、Bi、WO_3、S等，除主要金属Cu、Mo、Pb、Zn外，有益组分有Au、Ag、Co、Ni、Bi、Sn、WO_3、Re、S、Ga、Ge、In，含量分别为：Au：0.34克/吨，Ag：10.03克/吨，Co：7.8克/吨，Ni：29.9克/吨，Bi：46.7克/吨，Sn：4.2克/吨，WO_3：0.028%，Re：0.29克/吨，S：0.89%，Ga：13.77克/吨，Ge：1.6克/吨，In：0.31克/吨。从有益组分的含量来看，只有Au，Ag满足伴生组分要求并在实际选矿过程中可以回收利用，Ga尽管也达到了伴生指标要求，但在实际选矿生产过程中并不能得到回收利用。有害组分主要有Si、As、P，Si在矽卡岩矿石中主要以矽卡岩矿物形式存在，硅灰石矽卡岩SiO_2含量一般介于5%~ 25%之间，石榴子石矽卡岩SiO_2含量一般可达40%；Si在角岩矿石和斑岩矿石中均主要以石英存在，含量一般介于45%~ 65%之间。As在矿石中含量为464克/吨，主要以毒砂存在，选矿易于分离。P在矿石中含量较低，P_2O_5含量一般低于0.2%。

甲玛矿石中含有的主要伴生有益组分为金和银，通过大量的基本分析样品统计结果以及镜下、电子探针分析，金主要与铜呈正相关，镜下可见金主要以自然金形式存在于黄铜矿、斑铜矿等主要铜矿物的粒间或裂隙中；电子探针分析结果表明，在黄铜矿、斑铜矿等铜矿物中有大量的固溶体金存在，实际选矿结果也表明，60%左右的金可伴随铜精矿得到回收利用。银与铜同样具有很高的相关性，同时，银与铅、锌也具有较高相关性，镜下可见银黝铜矿、银铅矿等含银的独立矿物产出，在选矿过程中，大部分银可随铅精矿、铜精矿得到回收利用。

其他有益组分赋存规律，Ni含量在矿区Cu、Mo矿石中低于地壳丰度（89×10^{-6}，黎彤，1976）（除0线角岩型Cu矿石），相对亏损，且分布较分散。按岩性划分的矿石类型存在角岩型→矽卡岩型→斑岩型→大理岩型，Ni含量逐渐降低的趋势。按矿种划分的矿石类型，Cu矿石、Mo矿石和Cu-Mo矿石，Ni含量变化均较大，且矽卡岩型Cu-Mo矿石和角岩型Cu-Mo矿石中Ni含量分布在对应的矽卡岩型和角岩型Cu矿石各自的区域。Ni含量最大者为0线角岩型Cu矿石，最小者为8线大理岩型Cu矿石。

矿石中的Bi含量（$1.3\times10^{-6}\sim114\times10^{-6}$）远高于地壳丰度（$0.0043\times10^{-6}$，黎彤，1976），至少富集1000倍以上。从Cu和Bi的关系图中，可见矽卡岩型和大理岩型Cu矿石（除0线矽卡岩型Cu矿石和43线矽卡岩型Cu矿石）和矽卡岩型Cu-Mo矿石中Bi含量基本远高于斑岩型和角岩型Cu矿石、矽卡岩型、角岩型和斑岩型Mo矿石和角岩型Cu-Mo矿石，呈现两个相对集中区域。角岩型Cu和Cu-Mo矿石中，Bi与Cu呈一定的线性正相关关系，而其他类型矿石中两者关系不明显。

Co含量低于地壳丰度（25×10^{-6}，黎彤，1976），分布较分散，变化趋势不明显，大致有角岩型→斑岩型→矽卡岩型→大理岩型，Co含量降低的趋势。

Cd含量变化较小（$0.5\times10^{-6}\sim14.6\times10^{-6}$），且仅略高于地壳丰度（$0.15\times10^{-6}$，黎彤，1976）。在Cu矿石中，Cd与Cu呈现一定的正相关性。尤其是角岩型Cu矿石中，Co含量变化与Cu呈很好的正相关线性变化，随Cu的增加而增加。

Te含量为$0.13\times10^{-6}\sim0.97\times10^{-6}$之间，相对地壳丰度（$0.00055\times10^{-6}$，黎彤，1976）富集上千倍。Te与Cu呈正相关趋势，但缓倾斜。8线斑岩型Cu矿石中Te含量最高，为0.97×10^{-6}。

W含量变化于$11.34\times10^{-6}\sim1210.22\times10^{-6}$，高于地壳丰度（$1.1\times10^{-6}$，黎彤，1976）。W与Cu的变化关系不明显，最高值出现在Mo矿石中。Cu矿石中W含量变化范围略小于Mo矿石，W含量在各类矿石在存在Mo矿石→Cu-Mo矿石→Cu矿石逐渐降低的趋势。

甲玛矿床总体属于半隐伏矿床，矿石如按氧化程度可划分为硫化矿石、氧化矿石和混合矿石三类，甲玛矿床氧化带和次生富集带均不发育，氧化深度不大，矿石主要为硫化矿石；按赋矿岩石可划分为矽卡岩型矿石、角岩型矿石、斑岩型矿石、大理岩型矿石及构造角砾岩型矿石等，以前三类矿石为主；按矿石构造划分，主要有浸染状矿石和细脉－浸染状矿石，约占总体储量的95%以上，次要类型为稠密浸染状矿石、块状矿石等。从工业类型角度，依据矿区主要有用矿物及组合对矿石进行分类，主要类型有：黄铜矿矿石、黄铜矿－斑铜矿－黝铜矿矿石、黄铜矿－辉钼矿矿石、辉钼矿矿石、方铅矿－闪锌矿矿石等六大类；次要类型为：黄铜矿－黄铁矿矿石等；根据矿石有用组分进行分类主要有铜矿石、铅锌（铜）矿石、铅矿石、铜钼矿石或钼铜矿石、铜铅锌矿石或铅锌铜矿石等六类。

按估算资源量/储量的工业指标，将矿区矿石划分为工业矿石和低品位矿石两个品级。工业矿石为达到工业品位的矿石，低品位矿石为大于边界品位低于工业品位的矿石。按照工业类型分类，矿区主要矿石类型总体上可分为铅锌矿石和铜钼矿石，以铜钼矿石为例说明品级划分原则。

铜矿石：Cu≥0.3%，Mo＜0.01%；

铜钼矿石：Cu≥0.3%，Mo≥0.03%；

铜伴生钼矿石：Cu≥0.3%，Mo 0.01%～0.03%；

钼伴生铜矿石：Mo≥0.03%，Cu 0.1%～0.3%；

钼矿石：Mo≥0.03%，Cu＜0.1%。

Ⅰ-1号矽卡岩主矿体矿石品级变化主要表现在平面上，铅山矿段主要为铅锌工业矿石与铜低品位矿石，夏工普沟与则古朗之间主要为铜工业矿石与钼低品位矿石，则古朗以北主要为钼工业矿石；Ⅱ-1号矽卡岩主矿体矿石品位较高，主要为铜工业矿石，4700米以上共生有铅锌低品位矿石；Ⅲ号角岩矿体矿石品级变化主要表现在垂向上，4700米以上主要为铜工业矿石与钼低品位矿石，4700米以下为铜低品位矿石与钼工业矿石；Ⅳ号斑岩矿体主要为铜低品位矿石与钼工业矿石。

2.5 小结

根据对甲玛铜多金属矿所在的冈底斯成矿带开展成矿构造背“景”分析，冈底斯成矿带先后经历了三个历史演化阶段，包括：元古宙－古生代冈瓦纳构造成矿域、中生代新特提斯构造成矿域多岛洋体系和新生代印度－欧亚陆陆碰撞体系。对成矿构造聚敛“场”的分析表明，在地质历史上形成的会聚型大陆边缘和对接型大陆边缘中，发育壳幔混源成因花岗岩的部位是成矿构造聚敛场的所在。

甲玛铜多金属矿床是一个典型的斑岩型矿床。由产于深部隐伏的斑岩型钼（铜）矿体，围绕斑岩体并沿下白垩统林布宗组砂板岩－角岩与上侏罗统多底沟组灰岩－大理岩层间构造带产出的矽卡岩型铜多金属矿体，产于斑岩体上部裂隙系统中的角岩型铜钼矿体，以及产于外围构造破碎带中的独立金矿体构成的“四位一体”矿体组合形式。斑岩型矿体主要受控于矿区褶皱、断裂构造，矽卡岩矿体主要受岩体接触带及推覆构造导致的层间扩容空间控制，角岩矿体主要受控于斑岩体侵位过程中导致顶部脆性角岩破碎产生裂隙系统，而外围独立金矿体主要受岩体外围的张性断层控制。

甲玛铜多金属矿床的“景”、“场”、“相”、“床”四个等级体制发生耦合的激发因素为：中新世时，俯冲至拉萨地体之下的印度岩石圈板片发生断离，引起软流圈上涌。在地表的表现即为发生于18Ma～13Ma的喜马拉雅运动。

3 矿山环境保护技术

3.1 引言

矿业活动对社会发展和人类生活水平提高的推动作用毋庸置疑。随着人类对生活质量的更高追求，矿业活动对生态环境的负面影响已经引起人类社会高度重视。初期由于环境承载力能够承载当时规模并不高的矿业活动产生的污染，故没有表现出矿业活动对环境的负面影响。但是，随着矿业规模化生产，落后的勘查开发技术和环境理念等原因导致的矿山环境问题，不仅增加了矿业活动成本，而且威胁到人类生活环境。

矿山环境问题是指在矿山开采过程中，由于管理、技术、工艺等主观和客观问题导致的对环境的破坏，包括植被覆盖的减少、地形地貌的破坏、地质灾害的发生和环境介质的污染等，对生态环境和人类安全造成了极大的威胁（Aguilar et al.，2004；Sastre et al.，2004）。根据“在开发中保护，在保护中开发”的原则，我国在统筹矿产资源开发与环境保护方面做了大量工作（Yang et al.，2004；刘敬勇等，2006；郝瑞娟等，2010；何芳等，2010；林庞锟，2011）。20世纪90年代中后期，特别是国土资源部成立以来，我国开展了较为系统的矿山环境调查研究工作。

矿山环境的影响因素涉及方方面面，有企业管理、生产监督方面的问题，有仪器设备、生产工艺方面的因素，也有政策制度、法律法规方面的影响。多数矿山环境问题是由不科学、不严谨的采、选工艺过程，以及无责任心、违规排放污染物造成的。矿山开采过程势必会扰动原地质体，从而改变其本身所携带元素和物质的物化性质，进而影响生态环境系统，所以在矿山开采之前就要针对矿业活动对当地环境可能产生的影响进行评价，科学合理地选取适用的采选技术，并在生产过程中对设备情况、工艺技术、人员操作等情况进行实时监控，建立完善的监督、管理制度，从源头、过程和末端多个环节进行防控，减少和防止矿山环境问题的发生。在保护矿山环境，建设绿色矿山的同时，为建设生态文明社会扫除矿山污染源这一障碍。

3.2 矿山环境问题

根据问题性质，矿山环境问题主要包括三个方面：一是地面变形问题，包括开采沉陷、地面沉降、地面岩溶塌陷、边坡失稳、泥石流、崩塌、地裂缝、地形地貌景观破坏；二是“三废”污染，包括固相废弃物、液相废弃物和气相废弃物污染；三是生态环境破坏，包括植被破坏、生物多样性破坏、沙漠化和水土流失问题。根据环境介质划分，矿山环境污染主要包括：①岩土破坏和污染；②水系破坏和污染；③气体污染；④生物污染。矿业活动对主要环境介质的影响及产生的相关环境问题列于表3.1。

表3.1 矿业活动与主要环境问题综合表

环境介质	矿业活动对矿山环境的作用形式	产生的主要环境问题
岩土	地面及边坡开挖 地下采空 尾矿堆放、三废排放	滑坡、泥石流、水土流失、土地沙化、土壤污染、山体开裂、崩塌、采空区地面沉陷（塌陷）、 侵占土地、地表景观破坏
水体	攫取地下水 尾矿堆放、三废排放	水均衡遭受破坏、海水入侵、地面沉陷、水质污染
大气	废气排放、粉尘产生、高温副产品	大气污染、酸雨
生物	砍伐植被、破坏生态环境	生物多样性破坏、生物数量非自然降低、水土流失、沙漠化

3.2.1 地面变形问题

矿山不合理开采导致地面变形问题由来已久，如开采沉陷、地面沉降、地面岩溶塌陷、边坡稳定、泥石流、崩塌、地裂缝、地形地貌景观破坏等问题（武强等，2005）。由于其影响明显，且对生态和人群的作用较为直接，早已引起了社会各界的重视。

（1）开采沉陷

矿产资源被采出后，开采区域周围的岩体原始应力平衡状态受到破坏，随着开采的进行，应力重新分布以达到新的平衡。在此过程中，岩层和地表发生连续移动、变形和非连续的破坏（开裂、冒落等）。这种现象称为“开采沉陷”。开采沉陷作为一种外生地质灾害，破坏耕地，损坏地面建筑物，给工农业生产带来严重威胁，并严重影响着生态环境，产生十分突出的经济社会矛盾。更严重的是它不仅表现为近期的经济损失与危害，由此引起地貌改造和地质作用过程造成的环境问题将影响到子孙后代，目前已成为环境地质工程地质学和环境岩土工程学研究的重要课题。

（2）矿区岩溶塌陷

矿区岩溶塌陷和岩溶发育程度有着对应关系。塌陷坑与地下岩溶发育普遍存在垂向对应关系，塌陷坑下一般都发育有溶洞或较大的裂隙带。岩溶发育的规模、形态影响岩溶塌陷规模、形态（梁相盛，2010）。

矿区岩溶塌陷灾害是地下岩溶发育、覆盖土层薄且粗颗粒含量高和地下水在基岩面附近活动强烈等因素综合作用的结果，只要存在上述因素，岩溶塌陷是难以避免的。地下岩溶和覆盖土层是地质营力形成的产物，其特征是变化相对缓慢，因而对塌陷形成的控制和影响也相对明显和稳定。地下水活动是塌陷形成过程中最活跃的因素，其变化迅速，对土洞和塌陷的形成影响较大，矿山开采人为抽排地下水使其变化速度加快，幅度更大，对塌陷产生和发展更为明显，成为勘查区塌陷产生和形成规模的主导影响因素。

（3）矿区地面沉降

地面沉陷是一种地质灾害。其形成的原因是复杂和多种多样。地下采矿就是其诱因之一。矿区地面沉降主要是由于开采地下矿产资源或过度开采地下水而造成的。由地下开采引起的岩层和地面沉降，是一个复杂的时间－空间过程。在过去几十年里，为了揭示岩层和地表移动的内在规律，世界各国岩石移动与地学工作者进行了大量的理论研究与实地监测分析，提出了众多的地面沉降预计方法，以求尽可能提高预计精度、减少地面沉降对地面设施的损害与自然环境的破坏。总体而言，开采地下矿产资源引起的地面沉降预测方法可分为两类：①地面沉降空间分布规律的预测；②地面沉降时间变化规律的预测。

（4）矿山泥石流

矿山泥石流是山区特有的一种地质灾害，往往是构造、地形地貌、气象水文、植被等自然因素和人类工程活动因素共同作用的结果。其形成条件与一般泥石流一样，须具备高陡的地形地貌、强降雨或其他水动力激发条件及丰富而松散的固体物源三个基本条件，故而山地丘陵区必然是泥石流的易发区。我国除油气、砖瓦黏土以外，绝大多数金属矿产、非金属矿产产于山区，因而山区矿山泥石流是在具备地形高差、强降雨条件下因矿产资源开发引发和加剧的人工泥石流。矿山筑路、工业场地修建、采矿及选矿等矿业活动过程中，产生的废石渣、尾砂为矿山泥石流形成提供了丰富而松散的固体物质，矿山泥石流成为山区最常见、危害最严重的地质灾害类型之一（何芳等，2010；徐友宁，2010）。

（5）矿山滑坡

矿山从投产到开采结束，滑坡的影响贯穿始终，对露天边坡的治理一直延续到开采结束，其投资巨大。矿山滑坡活动是在各种动力作用下岩土体发生变形崩落的现象。它的形成可分为三个阶段：第一阶段为不稳定因素积累阶段。第二阶段为重力崩坠阶段；第三阶段为平衡恢复阶段。第一阶段：岩土体在长期的地质应力作用下，产生节理、裂隙或断裂，完整性受到破坏，甚至破裂分割成支离破碎的块体，为滑坡活动奠定了基础。此阶段历时长短随岩石性质与结构构造活动程度、边坡形状、外应力强度等而不同。第二阶段是滑坡体脱离母岩：沿最大重力梯度方向急剧而猛烈地崩落，然后堆积于坡麓。第三阶段是平衡恢复阶段，同时又是下一次可能滑坡的准备阶段，如此周期变化（梁亚林等，2008）。

3.2.2 “三废”污染问题

矿业活动的环境地球化学问题主要表现在矿业活动中各个环节有意无意向环境中释放的污染物质对环境的影响，集中表现为生产“三废”排入环境介质中后，在环境中迁移过程中对生态系统以及人群健康的影响。环境地球化学问题由于其影响的隐蔽性、潜伏性，不易引起人们的觉察，但是在其潜移默化地影响下，其覆盖的范围往往较大，持续时间较长，其危害一旦表现出来就会产生不可逆转的负面影响，对生态系统和人群安全带来不可估量的损失。

环境介质中污染物的迁移过程非常复杂，并且相互联系、相互制约，最终会达到一个动态平衡，污染源汇之间存在相互转化的可能。矿山携带重金属污染物的粉尘随风迁移，最终随大气沉降会降落到地面和水体中，污染物即由大气中转移到土壤和水体中；酸性矿山废水被排入地表水体中，在下渗污染地下水的同时会通过下渗、侧渗、灌溉等过程，对沉积物、土壤、农田等环境介质形成污染；含有多种重金属的矿山采选废弃物，堆放在尾矿库中，甚至是随意堆放，如果防渗处理不到位，极易形成下渗后对地下水的污染及雨水冲刷后对地表径流的污染。所有这些不同形式污染物都可能随着食物链传播富集，最终威胁人类健康。矿山废水、废气、废渣的不合理排放是矿区污染的重要原因，也是区域性环境污染物的重要来源，不但影响土壤质量、水体质量、大气质量，还可能影响到动植物和整个生态系统，甚至进入食物链，影响到人群的身体健康和生命安全（刘敬勇等，2006；林庞锟，2011）。所以，对矿山环境地球化学问题应该从矿业活动的每个环节入手，严格控制污染物的产生、排放。对已经形成的矿山环境污染，应该本着“廉价、高效、无污染、易推广”的原则，研究和应用合理的修复技术进行处置，创建绿色矿山是未来矿山建设的方向。

（1）固体废物排放

矿山的固体废弃物（尤其采矿的围岩废石和选矿的尾砂尾矿）由于经营管理及生产地理位置的限制，废石的堆场和尾矿坝选址的不合理，会经过渗滤、扬尘等途径污染土壤、地下水甚至是大气环境。据统计，全国矿山因采矿、尾矿、废石堆积，直接占用和破坏土地140万~200万公顷，并以每年2万公顷的速度增加（赵仕玲，2007）。这些受到污染后的固体废物就变成了一些点污染源或者线污染源，甚至是面污染源，不断向周边环境介质释放污染物，即使在某些地质类型和气象条件下污染物释放不明显，但这些也都是潜在的危害，形成了所谓的“化学定时炸弹”，长期威胁生态环境和人群安全。

（2）液体废物排放

矿业活动在采、选过程中要用到许多化学物质，对地质体内本身的物质进行分离、富集，从而收集得到需要的物质。液体作为所有物质的主要载体成为产品和污染物的运输工具，得到产品的同时，污染物会在工艺流程中由于运输、存储、处理过程中的跑冒滴漏导致环境介质受到污染，进而随环境介质的迁移向周边区域扩散，成为重要的环境污染源。

金属、非金属矿业的废水以酸性为主，并多含大量重金属及有毒有害元素(如铅、砷、镉、氰化物等)，众多废水未经达标处理就任意排放，使土壤或地表水和地下水体受到严重污染。全国每年采矿产生的废水、废液排放量约为3.6亿吨，占全国工业总排放量的10%（赵仕玲，2007）。目前，矿山进行大规模开发，矿区排放出的废水主要来自于建设矿山和生产中的矿坑排水，洗矿过程中会加入有机或者无机药剂，形成了尾矿水。矿区中受污染的水，大部分没有经过处理，排放后直接或者间接地污染了地表水、地下水，甚至可能污染饮用水，周围的农田、土地也受到影响，间接地污染了农作物，部分有害元素经过挥发污染了空气。矿山废水，大约每年排放总量有36亿吨，这些废水几乎都没有达到“工业废水排放标准”，大多数含有有害金属离子，固体悬浮物的浓度也远远超过标准。我国北方每年都要排矿坑水约12亿吨，都受到了不同程度的污染，其中30%左右能够经过处理后使用，但剩下的70%都是自然排放（曹学兵，2012）。

矿山开采排放的废水排放量大，且持续时间长；矿山废水污染范围大，影响地区广；矿山废水成分复杂，浓度极不稳定。矿山废水污染的主要途径是：

1）矿井排水。矿山地下采掘工作会使地表降水及蓄水层的水大量涌入井下，由于采矿产生的废水中含有大量的矿物微粒和油垢、残留的炸药等有机污染物，故在排放过程中造成地表和地下水源的严重污染。

2）渗透污染。采矿废水和选矿废水排入尾矿池后，通过土壤及岩石层的裂隙渗透而进入含水层，将废水中的酸性物质、重金属物质、有机污染物、富营养化物质等污染物带入水系统中，污染地表水和地下水，进而污染土壤等其他环境介质。

3）径流污染。采矿工作会破坏地表或山头植被，剥离表土，造成矿区地质体被破坏，地表固水能力降低，降雨或雪融后，水流携带矿物污染物向下游运输，不但造成水蚀和水土流失，堵塞河流渠道，而且还有可能造成下游环境的污染。

（3）气体废物排放

在矿业生产过程中，产生的含粉尘、烟尘和SO_2、CO、氮氧化物等废气，如不经过很好的处理以达标排放，会对矿区造成严重的大气污染，通过大气沉降，这些污染物会沉降到土壤中、水体里，随水体迁移，最终会影响更大范围的生态系统。据统计，我国每年约有50～60亿立方米的煤层瓦斯逸散于大气。煤炭行业年排二氧化硫57万吨，加上矿区粉尘排放，严重污染、损害了矿区环境及居民身体健康（赵仕玲，2007）。

3.2.3 生物多样性破坏问题

在矿山建设和生产过程中，通常要清除植被和进行“三废”排放，导致土壤退化与水土污染，影响生物的生存环境，对矿区生物多样性以及合理生物数量的维持都是致命打击。而生物多样性丧失后，虽然某些耐性物种能在矿地实现植物的自然定居，但由于矿山废弃地土层薄、微生物活性差，受损生态系统的恢复非常缓慢，通常要50～100年，即使形成植被，质量也相对低劣。因此，矿山生物多样性的损失往往是不可逆的。

3.3 矿山环境污染修复技术综述

矿业生产和所有存在污染现象的生产过程一样，要想对其污染进行防治，进而避免进一步的环境地球化学问题的产生和蔓延，就应该从企业管理和污染防治两部分统一着手，齐头并举，才能取得好的效果。

在生产环节，需要根据生产工艺的特点，利用“产品生命周期”思路进行全过程控制，对各个环节和整个过程进行源头控制、过程控制、末端控制，达到清洁生产的要求：①无跑、冒、滴、漏现象，生产区域无不净之处；②原材料和生产过程绿色化；③提高资源、能源利用率，减少污染物的产生。将整个矿业生产过程作为一个周期，进行全过程控制，加强源头控制、过程控制和末端控制。

1）源头控制：对采选冶过程中的设备、药剂加强质量审核，保证科学、环保、高效地使用。

2）过程控制：加强企业管理，及时对设备进行维修维护，尽量杜绝不必要的跑冒滴漏现象发生；加强尾矿库的防渗、防溢设计和施工。

3）末端控制：对工业“三废”要进行合理回收利用或排放，不得乱排乱放。

矿山开采及选矿过程对环境会产生较大的污染，且污染类型比较复杂，有机污染和无机污染都存在，金属和非金属污染兼顾；被污染环境介质多种多样，大气、土壤、水体，甚至是动植物、人体都受到了矿山污染的影响。目前矿业活动已经成为对环境污染的重要因素。其中有机污染多为降解能力较强的链状烃类，其对环境影响不大，且通过环境的自净过程，该类物质不会产生大面积的环境地球化学问题，可能产生的少量有害物质，如酚类物质，不会形成规模。通过查阅文献，鲜有矿山有机污染破坏生态环境的报道出现。而矿山无机污染对环境影响巨大，矿业活动已经成为环境污染的主要因素，尤其是重金属污染则成为矿山环境最为严重的污染类型，并且已经产生了重大的环境地球化学问题亟待解决。据统计，我国农田污染中90%以上与重金属污染有关。各环境介质中，土壤和水体成为污染物的主要受体，包括大气污染物在内的物质最终会汇集到土壤和水体中，土壤和水体中污染物的产生、迁移、转化、富集等地球化学行为决定了污染物影响的范围和程度，所以解决矿山环境污染问题关键在于解决土壤和水体中重金属的地球化学问题。

3.3.1 重金属污染土壤的修复

目前，国内外治理土壤重金属污染的途径归纳起来主要有三种，一是改变重金属在土壤中的存在形态，使其固定，降低其在环境中的迁移性和生物可利用性；二是从土壤中去除重金属；三是将污染地区与未污染地区隔离。修复方法主要有：物理方法、生物方法、化学方法、地球化学工程技术法和多技术联合修复。物理方法包括客土法、换土法、翻土法、玻璃化技术、热处理法等，治理费用高，实施复杂，仅适用于小面积、重污染的地方；生物方法是指利用生物的某些习性来适应、抑制和改良重金属污染。虽然费用低，实施方便，但效率不高，并且常具有专一性；化学方法是利用化学物质来降低土壤中重金属的迁移性和生物可利用率，从而达到污染土壤的治理和修复。它包括化学固定、化学淋洗、电动修复等。化学淋洗法成本低、处理量大，但会导致土壤结构破坏，土壤养分流失及地下水污染。地球化学工程技术法指通过添加某些改良剂（如有机物料、碱性物质、磷酸盐、黏土矿物等）进行离子交换、吸附、沉淀等钝化作用，改变重金属在土壤中的存在形态，降低重金属在土壤中的移动性及生物有效性。这种方法因其取材方便，适用范围广等优点，具有较好的实际应用前景。重金属污染土壤修复方法总结于表3.2（崔德杰等，2004；胡振琪等，2004；周东美等，2004；周启星等，2004；于颖等，2005；郑良永等，2006；李玲等，2007；赵美微等，2007；Simóna et al.，2008； Susan Tandy et al.，2009；张海燕等，2010；徐铁兵等，2013；陈桂荣等，2010）。

3.3.2 重金属污染水体的修复

水体重金属污染修复方法也主要包括物理方法、化学方法、生物方法、地球化学工程技术法和多技术联合修复。但由于介质不同，对应的方法有所差异。物理方法包括：吸附法、换水法和稀释法等，主要是通过物理过程降低水体中污染物的总量或浓度，使其危害降低或便于进一步处理。化学方法包括：沉淀法、电解法、离子还原法和离子交换法等，是一种通过化学反应降低水中污染物的活性或毒性，从而降低环境风险的方法。生物方法包括：植物修复和微生物修复等，通过生物的活动对污染物进行吸附、吸收或“食用”，从而达到去除污染物的目的。地球化学工程技术法是将地质材料与PRB技术（渗透反应格栅）相结合，通过污染水体中重金属的降解、吸附、沉淀达到去除污染的目的。重金属污染水体修复方法总结于表3.3（Snape，2001；薛晓菲等，2006；许秀琴等，2007；张琪等，2007；朱映川等，2008；井柳新等，2010）。

表3.2 重金属污染土壤修复方法

<table>
<tr><th colspan="3">修复方法</th><th colspan="2">原理，操作</th><th>优点</th><th>缺点</th><th>成熟度</th></tr>
<tr><td rowspan="2">物理方法</td><td colspan="2">换土法</td><td colspan="2">深翻或覆盖新土</td><td>有效地减小重金属污染土壤对环境的影响</td><td>工程量大，费用高；只适用于小面积场地</td><td rowspan="2">较早进入实用的技术</td></tr>
<tr><td colspan="2">热处理法</td><td colspan="2">加热使重金属挥发并收集起来进行回收或处理</td><td>可用于土壤污染严重的状况；工艺简单</td><td>只有汞、砷等易挥发性金属才使用；能耗大；操作费用高</td></tr>
<tr><td rowspan="3">化学方法</td><td colspan="2">电化学动力修复技术</td><td colspan="2">通直流电形成电场电解</td><td rowspan="3">高效性、针对性</td><td rowspan="3">需要许多电能，大量的试剂，费用高，只适用于小面积的修复</td><td rowspan="3">相对来说比较成熟</td></tr>
<tr><td colspan="2">化学淋洗修复技术</td><td colspan="2">用化学/生物化学溶剂清洗</td></tr>
<tr><td colspan="2">土壤性能化学改良修复技术</td><td colspan="2">施加某些化学改良剂和吸附剂使重金属形成沉淀</td></tr>
<tr><td rowspan="7">生物方法</td><td rowspan="3">植物方法</td><td>植物提取</td><td colspan="2" rowspan="3">利用自然生长或遗传培育植物对土壤中的污染物进行固定和吸收</td><td rowspan="3">经济、有效；对技术及设备要求不高；非破坏性的</td><td rowspan="3">见效慢，所需修复时间较长、受污染物类型限制；未进入实用化</td><td rowspan="3">逐步走向商业化，但该技术目前还处于田间试验和示范阶段</td></tr>
<tr><td>植物挥发</td></tr>
<tr><td>植物稳定</td></tr>
<tr><td colspan="2" rowspan="4">微生物方法</td><td rowspan="3">对土壤重金属离子的吸附和反应</td><td>生物吸附和富集</td><td rowspan="3">可以降低土壤中重金属的毒性</td><td rowspan="4">不能降解和破坏重金属</td><td rowspan="4">研究和应用虽然有一定的发展，仍尚处在试验阶段</td></tr>
<tr><td>溶解</td></tr>
<tr><td>氧化还原</td></tr>
<tr><td colspan="2">菌根真菌度土壤重金属的生物有效性的影响</td><td>吸附积累重金属；改变根际微环境，从而提高植物对重金属的吸收，挥发或固定效率</td></tr>
<tr><td>地球化学工程技术法</td><td colspan="2">离子交换法
吸附法
沉淀法
隔离法等</td><td colspan="2">利用地质体本身或土壤的地球化学性质，改变重金属在土壤中的存在形态，降低重金属在土壤中的移动性及生物有效性</td><td>经济、适用、可就地取材、无二次污染</td><td>没有系统理论支持，修复机理待研究</td><td>国外已经成功用于矿山环境污染控制、防止垃圾填埋场的泄漏等工程。国内在土壤重金属污染防治中做了大量的研究工作，建立了小型示范区，尚未有大型工程实施</td></tr>
</table>

表3.3 重金属污染水体修复方法

修复方法		原理，操作	优点	缺点	成熟度
物理方法	吸附法	受污染水体通过吸附性能较强的物体或材料，使污染物被吸附在材料中，从而起到净化水体的作用	原理简单，操作方便	不能改变重金属本身	比较成熟
	换水法	用未受污染的水体将需要修复的水体更换掉，以达到净化该区域水体的目的	方法简单	工程量大，费用高，治标不治本；只适宜用于小面积水体	方法成熟，但由于不能根治，故越来越少被使用
	稀释法	将未受污染的水体加入到污染水体中，以达到降低其污染物浓度的目的	方法简单		
化学方法	沉淀法	利用添加试剂，使水体中重金属形成沉淀，从而从水体中去除	高效性、针对性	需要消耗试剂，容易引入外来污染	比较成熟
	电解法	通过电解的方法将水体中的重金属元素析出，从而从水体中去除	高效性、针对性	需要消耗大量电能，且只适宜应用于较小水体的修复	比较成熟
	离子交换法	通过加入离子交换剂或通过渗透膜，将水体中的重金属元素交换出来，从而去除掉	高效性	耗材较为贵重，只适宜应用于较小水体的修复	应用较少
生物方法	植物方法	利用自然生长或遗传培育植物对土壤中的污染物进行固定和吸收	经济、非破坏性	见效慢，受污染类型限制	应用较少
	微生物方法	对重金属进行吸附、富集，或影响其生物有效性，从而降低其毒性	可以降低水体中重金属的毒性	不能降解和破坏重金属	研究和应用虽然有一定的发展，但尚处于试验阶段
地球化学工程技术法	物理吸附氧化还原生物降解	PRB由透水的反应介质组成，通常将其置于地下水污染羽状物的下游，当污染地下水通过PRB时，通过产生沉淀、吸附、氧化还原等作用来去除水体中的污染物，从而得到清洁的地下水	是一项无需外加动力的被动系统；该处理系统的运转在地下进行，不占地面空间，比原来的泵取地下水的地面处理技术要经济、便捷；由于其在原地直接处理，无需储存、运输及清理工作，可以节省开支	目前对地下水复杂行为的了解及研究不够深入，研究对象较单一，对多组分、多相有机物共同作用的污染研究较少；修复机理研究不系统	在我国，目前已逐步开展了透水性反应墙技术的研究，但绝大部分还属于实验室的基础理论研究，实地应用研究非常少，尚未有大型工程实施

3.3.3 重金属污染修复技术优缺点

物理方法、化学方法、生物方法修复污染各有特点，各有其针对性。物理工程多用于污染严重、修复难度较大的区域，将原污染介质全部替换掉，或者加入新鲜介质进行稀释，以满足以后的利用，这种方法操作简单、见效快，几乎对所有污染都有效。化学方法是通过加入外来物质，使其与污染物质进行反应，从而降低其危害，该方法的实施需要选取合理的修复剂，并且对添加的量有要求，比较有针对性，对活性较强的污染物几乎都能找到效果显著的修复剂，工程实施比较简单，工程量较小。生物方法是利用植物或者微生物去除污染的方法，其顺利实施的关键在于选取合适的植物或者驯化合适的菌种，实施过程简单，成本低，几乎不会引入任何污染。不同修复方法也各有其弊端。物理方法，如，土壤中的翻土、客土、去表土，水体中的吸附、换水、稀释等，见效较快，但耗资巨大，并且存在二次污染和土壤肥力降低等问题，仅适用于小面积重度污染土壤或水体治理。化学方法在加入外来试剂过程中可能带来污染，并且有的修复材料价格较高，修复成本较大。生物方法虽然投入较低，操作简单，引入外来污染较少，但是其见效往往很慢，并且超富集植物及微生物体内的重金属的处理也是该方法应该考虑的进一步处理工作。

地球化学工程技术是依据地球化学原理，充分利用地质体或自然介质的作用，通过对修复材料、修复工艺和控制技术中的关键问题的研究，建立具有对重金属元素有特征吸附、固定、隔离作用的地球化学障，阻断污染元素向生态链的运移，达到改善土壤的环境质量，使农作物符合国家食品卫生标准，实现最佳修复效果。

地球化学工程技术修复重金属污染土壤有几大优势：

1）使用的非金属矿物材料低成本、高效益。可以根据不同的土壤条件和污染物质，选择不同的矿物材料，非金属矿物在我国分布很广，来源于天然，原矿成本低，许多企业都具备矿物加工生产的能力，可以根据用户的不同需求制备不同改性条件、不同粒度的产品。

2）非金属矿物自身的重金属含量微乎其微，进入土壤后可以在自然条件下与土壤中的组分结合，不会改变原有的土壤性质。吸附重金属后将其固定在土壤中，不会对环境造成二次污染，可以认为是一种清洁材料。

3）产业化的前景广阔，由于非金属矿物价格低，目前我国土壤重金属污染的面积比较大，特别是镉污染产生的“镉米”等问题已经影响到农作物的质量和人们的身体健康，使粮食的销售和出口受到严重影响。土壤重金属污染的控制和修复已经迫在眉睫，国家急需成熟的修复技术，尽快推向市场。

在过去的30 年期间，欧、美、日、澳等国家纷纷制定了土壤修复计划，巨额投资研究了土壤修复技术与设备，积累了丰富的现场修复技术与工程应用经验，成立了许多土壤修复公司和网络组织，使土壤修复技术得到了快速的发展。

国际上有许多利用地球化学工程学治理环境的实例，如荷兰使用地球化学工程学技术治理高砷土壤；乌克兰科学家按照地球化学工程学思路治理矿山废水收到了很好的效果；利用黏土矿物具吸附核裂变产物的能力来处理核废料；用缓释技术防止过量施肥、用固定法净化垃圾场、用土地处理系统净化污染水、防治地方病、控制矿山污染、农业地下水污染治理等。

国外现在有一些先行的环境治理公司，以其良好的经济效益和市场前景，正在受到越来越多的关注，行业规模也在逐渐扩大。如美国的ADT，就是一个专业的有害物质处理公司，拥有多年的重金属修复经验，因地制宜，根据客户要求进行原位或异位的有害物质修复，使用天然反应物质配方将Pb、Cr、Cd、As及其他重金属元素降低到安全的，管理规定内的水平。又如美国的Environmental Bio-Systems（EBS）公司，成立于1989年，专业于受碳氢化合物、溶剂和金属污染的土壤和水的原位处理修复技术。在土壤重金属的原位地球化学固定方面，EBS拥有使用硫化钙、偏亚硫酸氢钠及含铁硫酸盐等环境安全材料的专利注入技术，安全设计是EBS各项工程中的重要环节。类似专业的环境污染修复（包括土壤污染）公司在国外还有较多。

我国地球化学工程技术的研究在近年做了一些室内模拟试验、盆栽试验、小规模的野外示范工程，取得了宝贵、丰富的基础数据和实践经验。目前急需把这项技术系统化、规范化。针对区域性的重金属污染，应尽快将现有技术在面上推广，使科学技术落地，实现产业化，以产生更好的社会、经济、环境效应。

在修复技术应用的过程中，应该根据污染的特性、污染介质的特点、污染区域的地理情况、污染区域的气象条件等，对技术进行筛选和应用，并且应该因地制宜地将多种修复技术联合运用进行环境污染的修复。譬如，污染非常严重的土壤推荐运用客土法将其替换掉，这样虽然一次性投入较大，但是可以使该区域的污染迅速去除，迅速恢复耕地功能；大面积污染，投入重资并不一定会将其修复的污染，可以通过合理规划，将其土地利用类型改变，在使污染不扩散的基础上，合理利用该区域，最大限度地发挥其经济价值和社会价值；浓度较高的污染水体，可以用物理吸附和化学反应及电化学相结合的方式联合处理，可能会起到事半功倍的效果。

针对已经形成的矿山环境地球化学问题，需要开展有针对性的修复工作，恢复环境介质的生态功能，保护人群健康。目前矿山的主要环境地球化学问题就是重金属的污染和扩散，在不同地理条件、不同气象条件、不同经济发展、不同居民区分布、不同污染特性的情况下，运用的修复技术也不相同。目前对修复技术的应用并无标准规范遵循，需要相关专家和工程实施单位根据实际情况进行工作开展，需要考虑哪种技术更可以因地制宜地修复环境，也要考虑其中的多种影响因素。

影响环境地球化学问题修复工作开展的客观因素及其对修复技术应用的制约情况如下：

1）污染特性。环境修复工作是根据环境介质中污染物的特性进行的，针对不同污染物，有对应的修复技术，同种污染物，不同的污染浓度也应该采取针对性强的方法。

2）地理条件。地理条件包括很多方面，会制约着部分环境修复技术的应用。譬如，海拔不同，土壤的氧化还原电位就会不一样，对于化学修复法的修复效果就会产生影响。因此，高海拔地区通过化学修复法进行环境修复时，所添加的材料反应情况应该与平原地区的试验结果有出入，为确保修复效果，应该在高原当地再进行相应的试验。

3）气候条件。不同气候条件对不同技术的应用有着不同的影响。譬如，寒冷少雨的地方不太适合植物修复的应用；干旱地区不太适合微生物修复技术的应用。

4）植被情况。植被情况对水土保持、区域小环境的产生有着重要的作用，对修复工作的开展、工程的实施和材料的添加都有影响。

5）岩石类型。不同岩石类型，影响到成土母质的类型，也决定了当地的土壤背景的高低和土壤性质的差异。如岩浆岩和碳酸盐岩形成的土壤性质差异是很大的，对其进行环境修复，尤其是化学修复，所用的材料试剂随之就需要有所区别。

6）土壤类型。不同土壤类型有着其自身不同的特性，酸碱度、有机质含量、氧化还原电位、含水率，这些因素都是制约修复工作开展的要素。譬如，酸性土壤会抑制某些植物的生长，增加有害重金属在农作物可食用部分中的含量，降低农产品质量，在对其进行修复的过程中，要添加一些能够中和酸性物质的材料，这样才能从本质上降低土壤中重金属的活性，降低其危害性。

7）土地利用类型。土地的利用类型决定了该部分土壤修复的目的和手段，在确保污染物不扩散、不增加的情况下，可以利用最简便的方式保持该部分区域土地的利用类型。譬如，某地块被污染后，如需将其建成公园，则对其污染物的渗漏和挥发做处理即可；如果想将其用于耕地，则需要将其中的污染物移除，或者原地固定，保证其中的污染物不扩散，还要保证农作物产品中污染物的浓度达标。

8）废水受体类型。不同的水体受体有着不同的限制标准，在废水处理过程中可以有不同的处置目标，譬如，最终流入水源地的水和进入市政管网的水，其污染物的含量限制有很大的差别。

9）居民聚集地距离。居民聚集区距离污染源的远近，也是影响修复工作开展的因素。譬如，如果周边没有居民聚集，即可以考虑自然衰减法，即依靠大自然自身的自净能力修复环境介质；如果周边距离很近就有居民居住，则不能采取该方法，应该采取能够阻隔并迅速降低污染物危害的技术。

10）交通便利程度。部分修复技术的应用需要结合大的工程进行，交通不太便利的地方就会限制大工程的开展，并且增加修复工作的资金投入。偏远山区受污染的土壤或水体采取异位修复远不如采取原位修复便利和可操作。

11）修复成本。修复工作的开展需要资金的投入，成本涉及多个方面，机器租用、人力劳务、材料成本、水电费用等，都需要计入总工作的支出中。各种修复技术的应用，在不同成本支出方面显然有着很大的差别，不同地区开展修复工作，不同资金支出方面显然也有区别。例如，人力资源过剩的地方，人力劳务价格较低，这就相对适应重人力轻机械的技术的应用；而水资源丰富的地区，就适用好水较多的方法；工程机械较少，需要从外地租用的区域，租用机械平添了许多资金投入，就不太适用上大量的机器进行环境修复。

3.4 铜矿山环境污染分析

在特定矿区所在的生态环境以及地质条件下，矿业活动没有进一步开展或者相对已经稳定的情况下，生物多样性和地质灾害的发生已经经过前期评定，相对变化不大，此时矿山环境问题就集中体现在矿业活动造成的环境污染方面。矿业活动由于是采集地质体中相对富集的金属和非金属元素，接触大气、土壤和水体各种环境介质，各个环节都有可能产生污染。针对生产的各个过程，分析其可能产生的污染，对其进行节点分析，将环境因素贯穿于矿业活动过程，保持矿山绿色经营。矿山的采选过程可能出现的对大气、土壤、地表水和地下水等环境介质的污染，对其中可能产生的污染物进行定期监测，就可以有效控制整个过程的无害化，保证做到清洁生产。

下面对采矿和选矿过程中，对环境污染产生过程进行分析。

3.4.1 采矿

在铜矿开采的过程中会把许多共生、伴生元素开采离开地质体，进入到环境介质里，参与到地球化学行为中来。铜矿开采方式主要是地下采矿和露天采矿。在开采过程中采用的钻井、爆破技术，以及矿石堆放运输的环节都会产生大量含有共生、伴生元素的粉尘，在绿化并不完善的矿区，粉尘随风飘散，会将其中的有害物质传播到较长的距离以外，被污染的环境介质也由矿区的大气，扩展到矿区周边的大气、土壤、水体等环境介质，传播速度快，影响范围广，其中的主要污染物是地质体中有毒有害的重金属元素及其化合物。

在铜矿的开发过程中，会产生大量含铜废石、氧化矿、表外矿及尾矿。这些含铜废石、氧化矿、表外矿、尾矿及露天开采改井下开采后露天采场的边坡和围岩、坑采的旧采区塌陷区等中不但含有数量可观的铜，其共生、伴生有害金属依然存在，在自然降水等因素的影响下，会产生酸性废水，在地表径流、生物搬运等作用下，会进入到生态系统中，影响环境质量和人群健康。

3.4.2 选矿

铜矿的选矿工艺主要是破碎－球磨（李启衡，2002）－分级－浮选－精选等（王湘英等，2000；武培勇等，2004；彭会清等，2006；赵福刚，2006；卢世杰等，2008），过程比较复杂，根据不同的铜矿石还会采取不同的操作。铜矿石可简单分为三类：①硫化矿，如黄铜矿（$CuFeS_2$）、斑铜矿（Cu_5FeS_4）和辉铜矿（Cu_2S）等；②氧化矿，如赤铜矿（Cu_2O）、孔雀石[$CuCO_3 \cdot Cu(OH)_2$]、蓝铜矿[$2CuCO_3 \cdot Cu(OH)_2$]、硅孔雀石（$CuSiO_3 \cdot 2H_2O$）等；③自然铜。

硫化铜矿作为铜的主要矿物，浮选是其主要选别方法。浮选硫化铜矿石常用的捕收剂是黄药类，其次是黑药类及酯类。黄药类捕收剂以乙基、异丙基和丁基用得最多；我国黑药类捕收剂以甲酚黑药、丁钠黑药为主；酯类捕收剂用得最多的有Z-200（异丙基丁基甲醇）、S-3302（戊黄酸烯丙酯）。硫化铜浮选常用的起泡剂有松醇油、MIBC（甲基异丁基甲醇）、合成醇类起泡剂和重吡啶等。

氧化铜矿和混合铜矿处理的方法有两类。

（1）浮选法

又可按技术方案不同而分为：①硫化浮选法。加硫化剂使氧化矿硫化，然后用普通硫化铜浮选的药方进行浮选。此法适用于处理以孔雀石、蓝铜矿、氯铜矿为主的矿石。②脂肪酸浮选法。用脂肪酸作捕收剂进行浮选，通常还要添加碳酸钠、水玻璃和磷酸盐作脉石的抑制剂和矿浆的调整剂。此法只适用于脉石不是碳酸盐的氧化铜矿。当脉石中含有大量铁、锰矿物时，其指标就会变坏。国外过去曾用此法的选矿厂，除少数外（如扎伊尔的丹加选矿厂），多数的选厂近年来都补加硫化钠及黄药。③胺类浮选法。用胺类作捕收剂进行浮选，适用于处理孔雀石、蓝铜矿、氯铜矿等，含矿泥多时应加脉石抑制剂；如果一般的抑制剂无效时，可选用海藻粉、木素磺酸盐或纤维素木素磺酸盐，聚丙烯酸等作脉石抑制剂。④螯合剂－中性油浮选法。硅孔雀石可用上述方法回收，但因效果较差，所以选用特殊捕收剂，如辛基取代的碱性染料孔雀绿，辛基氧肪酸钾，苯并三唑及中性油乳化剂，N-取代亚胺二乙酸盐，多元胺和有机卤化物的缩合物，以及季铵盐和季磷盐等。⑤乳浊液浮选法。氧化铜矿物先经硫化，然后加铜络合剂，造成稳定的亲油性矿物表面，再用中性油乳浊液盖在其表面，造成强疏水的可浮状态，牢固地吸附在气泡上浮。脉石抑制剂可用丙烯酸聚合物和硅酸钠。铜络合剂用苯并三唑、甲苯酰三唑、巯基苯并唑、二苯胍等；非极性油浮化剂可用汽油、煤油、柴油等。

（2）化学选矿或与浮选联合处理

氧化和混合矿多采用浮选法处理，但浮选效果很差的，可用化学选矿法处理。化学选矿法又可分为浸出法（包括酸浸和氨浸）；浸出－萃取－电积法法；浸出－置换－浮选法（即LPF法）；磨矿－浸出－置换－浮选法（即GLPF法）；浸出－置换－磁选法（即LCMS法）；磨矿－浸出－浮选法；哈尔兰法（即氧化铜矿直接电解法）；焙烧－浸出－电解法；氯化焙烧－浮选法；离析－浮选法（氯化还原焙烧－浮选法）；还原焙烧－氨浸法等（金鸣，2008；曹惠昌，2011）。

从纷繁复杂的选矿工艺可以看出，在整个过程中，会有很多的化学药剂添加到选矿系统中去，这就为矿山环境带来了安全隐患，稍有不慎，化学试剂进入到生产系统之外，就会产生环境地球化学问题，进而产生一系列涉及环境质量、动植物数量甚至是人群健康的问题。

铜矿采选过程中的化学污染问题主要表现在：

1）采矿过程中，含重金属的粉尘对大气、土壤和水体的污染；

2）选矿过程中，最终产物以链状烃类物质及其衍生物为主的有机物可能进入生态环境中；

3）化学选矿中，酸浸过程存在酸性腐蚀和重金属污染影响环境的可能；

4）化学选矿中，氨浸过程存在增加环境介质中氨氮含量，进而可能导致水体富营养化；

5）含大量重金属物质的废矿石、尾矿及因其产生的酸性矿山废水对土壤、水体产生污染。

铜矿矿业活动过程可能产生污染的节点分析见图3.1。

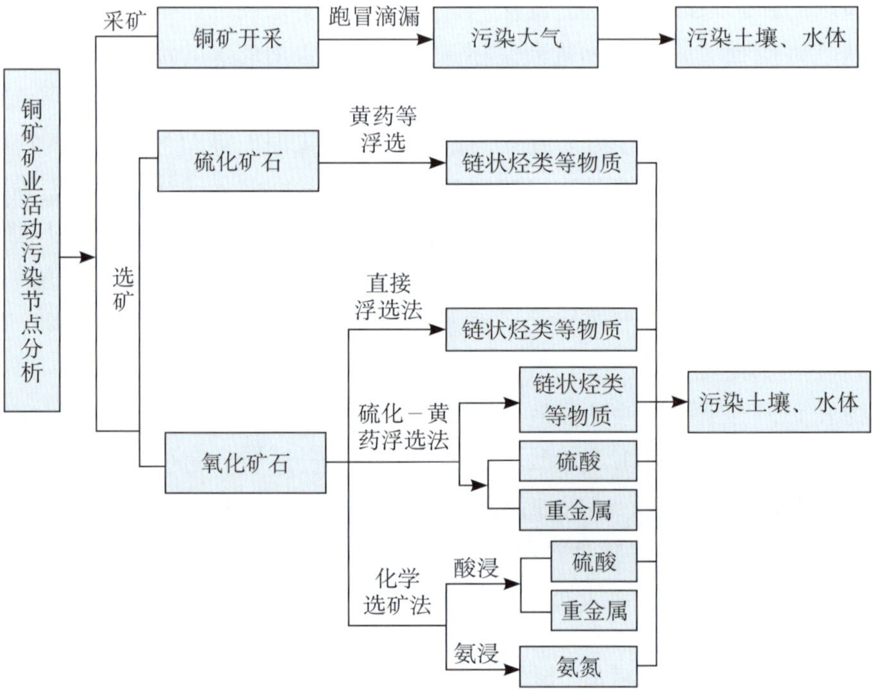

图3.1　铜矿矿业活动污染节点分析

从图中可以看出，采矿、选矿过程均有可能造成环境介质的污染，进而会威胁到人类健康。

根据现行的国家环境质量标准，结合多目标调查的部分数据，将铜矿开采可能产生的典型污染及其限值列表（表3.4）。

表3.4 铜矿矿业活动典型污染及其限值

铜矿污染及其限值分析	大气污染	限值要求	二氧化硫（24小时平均）≤150μg/m^3
			总悬浮颗粒物（24小时平均）≤300μg/m^3
			颗粒物（粒径小于等于2.5微米）（24小时平均）≤75μg/m^3
			氮氧化物（24小时平均）≤100μg/m^3
			一氧化碳（24小时平均）≤4mg/m^3
			铅（季均值）≤1μg/m^3
	土壤污染	限值要求	pH：5.5～8.5
			铜≤400mg/kg
			镉≤1.0mg/kg
			汞≤1.5 mg/kg
			铅≤300mg/kg
			砷≤30mg/kg
			铬≤300mg/kg
	地表水污染	限值要求	pH：6～9
			硫化物≤0.5mg/L
			氨氮≤1.5 mg/L
			铜≤1.0 mg/L
			镉≤0.005mg/L
			汞≤0.001 mg/L
			铅≤0.05mg/L
			砷≤0.1mg/L
			铬（六价）≤0.05mg/L
	地下水污染	限值要求	pH：5.5～9
			硫酸盐≤350 mg/L
			氨氮≤0.5 mg/L
			铜≤1.5 mg/L
			镉≤0.01 mg/L
			汞≤0.001 mg/L
			铅≤0.1 mg/L
			砷≤0.05 mg/L
			铬（六价）≤0.1 mg/L

根据表3.4中的标准限值，按照环境一票否决的原则，如果某检测数值超过限值，应立即停止生产，按照生命周期评价方法检查产生污染的节点进行整改，待污染源消除后再行生产。铜矿生产中环境污染制约因素分析如下。

1）环境介质污染影响程度分析。针对特定区域的矿山开采活动，环境约束因素主要表现在人为活动对环境介质的污染，对矿业活动过程接触的四类环境介质进行分析，利用层次分析法判断几种介质污染后对环境影响的严重程度顺序，即确定环境介质污染对矿业活动的制约程度。制定矩阵A（其中，A_1：大气污染；A_2：土壤污染；A_3：地表水污染；A_4：地下水污染）。

$$\begin{bmatrix} A_1/A_1 & A_1/A_2 & A_1/A_3 & A_1/A_4 \\ A_2/A_1 & A_2/A_2 & A_2/A_3 & A_2/A_4 \\ A_3/A_1 & A_3/A_2 & A_3/A_3 & A_3/A_4 \\ A_4/A_1 & A_4/A_2 & A_4/A_3 & A_4/A_4 \end{bmatrix}$$

2）针对铜矿采矿和选矿，对各个环境介质的污染指标进行整理，选出其中比较有代表性的指标的超标度（监测浓度/标准浓度）（监测浓度为未检出的，以仪器最低检出限计），进行两两比较得出以下多个矩阵B：

a）针对大气污染（B_{11}：二氧化硫超标度；B_{12}：总悬浮颗粒物超标度；B_{13}：可吸入颗粒物超标度；B_{14}：氮氧化物超标度；B_{15}：一氧化碳超标度；B_{16}：铅超标度）：

$$\begin{bmatrix} B_{11}/B_{11} & B_{11}/B_{12} & B_{11}/B_{13} & B_{11}/B_{14} & B_{11}/B_{15} & B_{11}/B_{16} \\ B_{12}/B_{11} & B_{12}/B_{12} & B_{12}/B_{13} & B_{12}/B_{14} & B_{12}/B_{15} & B_{12}/B_{16} \\ B_{13}/B_{11} & B_{13}/B_{12} & B_{13}/B_{13} & B_{13}/B_{14} & B_{13}/B_{15} & B_{13}/B_{16} \\ B_{14}/B_{11} & B_{14}/B_{12} & B_{14}/B_{13} & B_{14}/B_{14} & B_{14}/B_{15} & B_{14}/B_{16} \\ B_{15}/B_{11} & B_{15}/B_{12} & B_{15}/B_{13} & B_{15}/B_{14} & B_{15}/B_{15} & B_{15}/B_{16} \\ B_{16}/B_{11} & B_{16}/B_{12} & B_{16}/B_{13} & B_{16}/B_{14} & B_{16}/B_{15} & B_{16}/B_{16} \end{bmatrix}$$

b）针对土壤污染（B_{21}：pH超标度；B_{22}：镉超标度；B_{23}：汞超标度；B_{24}：铅超标度；B_{25}：砷超标度；B_{26}：铬超标度）：

$$\begin{bmatrix} B_{21}/B_{21} & B_{21}/B_{22} & B_{21}/B_{23} & B_{21}/B_{24} & B_{21}/B_{25} & B_{21}/B_{26} \\ B_{22}/B_{21} & B_{22}/B_{22} & B_{22}/B_{23} & B_{22}/B_{24} & B_{22}/B_{25} & B_{22}/B_{26} \\ B_{23}/B_{21} & B_{23}/B_{22} & B_{23}/B_{23} & B_{23}/B_{24} & B_{23}/B_{25} & B_{23}/B_{26} \\ B_{24}/B_{21} & B_{24}/B_{22} & B_{24}/B_{23} & B_{24}/B_{24} & B_{24}/B_{25} & B_{24}/B_{26} \\ B_{25}/B_{21} & B_{25}/B_{22} & B_{25}/B_{23} & B_{25}/B_{24} & B_{25}/B_{25} & B_{25}/B_{26} \\ B_{26}/B_{21} & B_{26}/B_{22} & B_{26}/B_{23} & B_{26}/B_{24} & B_{26}/B_{25} & B_{26}/B_{26} \end{bmatrix}$$

c）针对地表水污染（B_{31}：pH超标度；B_{32}：硫化物超标度；B_{33}：氨氮超标度；B_{34}：铜超标度；B_{35}：镉超标度；B_{36}：汞超标度；B_{37}：铅超标度；B_{38}：砷超标度；B_{39}：铬超标度）：

$$\begin{bmatrix}
B_{31}/B_{31} & B_{31}/B_{32} & B_{31}/B_{33} & B_{31}/B_{34} & B_{31}/B_{35} & B_{31}/B_{36} & B_{31}/B_{37} & B_{31}/B_{38} & B_{31}/B_{39} \\
B_{32}/B_{31} & B_{32}/B_{32} & B_{32}/B_{33} & B_{32}/B_{34} & B_{32}/B_{35} & B_{32}/B_{36} & B_{32}/B_{37} & B_{32}/B_{38} & B_{32}/B_{39} \\
B_{33}/B_{31} & B_{33}/B_{32} & B_{33}/B_{33} & B_{33}/B_{34} & B_{33}/B_{35} & B_{33}/B_{36} & B_{33}/B_{37} & B_{33}/B_{38} & B_{33}/B_{39} \\
B_{34}/B_{31} & B_{34}/B_{32} & B_{34}/B_{33} & B_{34}/B_{34} & B_{34}/B_{35} & B_{34}/B_{36} & B_{34}/B_{37} & B_{34}/B_{38} & B_{34}/B_{39} \\
B_{35}/B_{31} & B_{35}/B_{32} & B_{35}/B_{33} & B_{35}/B_{34} & B_{35}/B_{35} & B_{35}/B_{36} & B_{35}/B_{37} & B_{35}/B_{38} & B_{35}/B_{39} \\
B_{36}/B_{31} & B_{36}/B_{32} & B_{36}/B_{33} & B_{36}/B_{34} & B_{36}/B_{35} & B_{36}/B_{36} & B_{36}/B_{37} & B_{36}/B_{38} & B_{36}/B_{39} \\
B_{37}/B_{31} & B_{37}/B_{32} & B_{37}/B_{33} & B_{37}/B_{34} & B_{37}/B_{35} & B_{37}/B_{36} & B_{37}/B_{37} & B_{37}/B_{38} & B_{37}/B_{39} \\
B_{38}/B_{31} & B_{38}/B_{32} & B_{38}/B_{33} & B_{38}/B_{34} & B_{38}/B_{35} & B_{38}/B_{36} & B_{38}/B_{37} & B_{38}/B_{38} & B_{38}/B_{39} \\
B_{39}/B_{31} & B_{39}/B_{32} & B_{39}/B_{33} & B_{39}/B_{34} & B_{39}/B_{35} & B_{39}/B_{36} & B_{39}/B_{37} & B_{39}/B_{38} & B_{39}/B_{39}
\end{bmatrix}$$

d）针对地下水污染（B_{41}：pH超标度；B_{42}：硫酸盐超标度；B_{43}：氨氮超标度；B_{44}：铜超标度；B_{45}：镉超标度；B_{46}：汞超标度；B_{47}：铅超标度；B_{48}：砷超标度；B_{49}：铬超标度）：

$$\begin{bmatrix}
B_{41}/B_{41} & B_{41}/B_{42} & B_{41}/B_{43} & B_{41}/B_{44} & B_{41}/B_{45} & B_{41}/B_{46} & B_{41}/B_{47} & B_{41}/B_{48} & B_{41}/B_{49} \\
B_{42}/B_{41} & B_{42}/B_{42} & B_{42}/B_{43} & B_{42}/B_{44} & B_{42}/B_{45} & B_{42}/B_{46} & B_{42}/B_{47} & B_{42}/B_{48} & B_{42}/B_{49} \\
B_{44}/B_{41} & B_{43}/B_{42} & B_{43}/B_{43} & B_{43}/B_{44} & B_{43}/B_{45} & B_{43}/B_{46} & B_{43}/B_{47} & B_{43}/B_{48} & B_{43}/B_{49} \\
B_{44}/B_{41} & B_{44}/B_{42} & B_{44}/B_{43} & B_{44}/B_{44} & B_{44}/B_{45} & B_{44}/B_{46} & B_{44}/B_{47} & B_{44}/B_{48} & B_{44}/B_{49} \\
B_{45}/B_{41} & B_{45}/B_{42} & B_{45}/B_{43} & B_{45}/B_{44} & B_{45}/B_{45} & B_{45}/B_{46} & B_{45}/B_{47} & B_{45}/B_{48} & B_{45}/B_{49} \\
B_{46}/B_{41} & B_{46}/B_{42} & B_{46}/B_{43} & B_{46}/B_{44} & B_{46}/B_{45} & B_{46}/B_{46} & B_{46}/B_{47} & B_{46}/B_{48} & B_{46}/B_{49} \\
B_{47}/B_{41} & B_{47}/B_{42} & B_{47}/B_{43} & B_{47}/B_{44} & B_{47}/B_{45} & B_{47}/B_{46} & B_{47}/B_{47} & B_{47}/B_{48} & B_{47}/B_{49} \\
B_{48}/B_{41} & B_{48}/B_{42} & B_{48}/B_{43} & B_{48}/B_{44} & B_{48}/B_{45} & B_{48}/B_{46} & B_{48}/B_{47} & B_{48}/B_{48} & B_{48}/B_{49} \\
B_{49}/B_{41} & B_{49}/B_{42} & B_{49}/B_{43} & B_{49}/B_{44} & B_{49}/B_{45} & B_{49}/B_{46} & B_{49}/B_{47} & B_{49}/B_{48} & B_{49}/B_{49}
\end{bmatrix}$$

利用专家加权法对矩阵A进行加权，对环境介质污染影响矿业活动的程度进行分析，评价在特定矿区不同环境介质污染对环境的影响程度大小。用不同环境介质中不同污染物的监测值和标准限值进行比较，得出各污染物的超标度，对各个矩阵B进行赋值，然后利用方根法计算出矩阵的特征向量，在矩阵的一致性良好的情况下，判断各种污染物的污染影响程度顺序，则可以判断重要污染的环境介质和污染物是什么，从而确定是哪个环节的污染对环境“贡献”最大，进而开展有针对性的措施。这就是矿业活动中用层次分析法的意义所在。

3.5 西藏冈底斯成矿带环境现状

我国西部地区是生态环境极其脆弱的地区，矿业环境污染已成为制约西部资源开发和社会经济可持续发展的重要因素。我们必须确立新的资源开发观，实行矿床开采与环境保护一体化，重视矿床开采的环境效应，实现无破坏或将破坏降低到最低限度的“生态矿业”。因此建设生态矿业是西部矿产资源可持续开发利用和社会可持续发展的必经之路。

青藏高原被称为我国环境保护“最后的绿洲”。青藏高原原本清洁的环境已经受到工业发展特别是矿业发展的影响，如再施行掠夺式的大规模开发矿产资源，就可能使青藏高原生态环境雪上加霜，该区域生态环境对矿业开发所带来的环境承受力是非常有限的，而生态环境一旦破坏，极难自然恢复，治理也是相当困难的。2011年6月，国务院公布了《关于印发青藏高原区域生态建设与环境保护规划（2011—2030年）的通知》（以下简称《规划》）。《规划》提出，青藏高原区域生态建设与环保目标分为三个阶段：近期（2011—2015年）主要目标是着力解决重点地区生态退化和环境污染问题，使生态环境改善，部分地区环境质量明显好转；中期（2016—2020年）主要目标是巩固已有治理成果，生态治理范围扩大,环境污染防治力度加大，使生态安全屏障建设取得明显成效，经济社会和生态环境协调发展格局基本形成，区域生态环境总体改善，达到全面建成小康社会的环境要求；远期（2021—2030年）主要目标是自然生态系统趋于良性循环，城乡环境清洁优美，人与自然和谐相处。

3.5.1 青藏高原自然条件特点

青藏高原是我国第一个地形阶梯，其海拔高度均在3000米以上。这里温度低，气候寒冷，太阳辐射强，尤其是紫外线辐射高，风大、风多，植物生长期很短。较为恶劣的自然条件使得当地植被质量差，西藏寒旱气候特征使地表存在丰富的疏松物质，稀疏的地表覆被使疏松物质处于不固定状态，频繁的大风是沙漠化的基本动力，大量风成沙的形成，覆盖了本就稀疏的植被，使得环境承载力差，生态敏感度高，易出现严重的地质灾害和生态灾害，被破坏的环境不容易恢复，且具有日益加重的趋势。

藏民族千百年来形成的传统文化和传统观念对藏区自然环境的保护起到了积极的作用。藏族传统文化对本民族的生态环境有着比较清醒的认识，它提倡人类注意人与自然环境之间的协调，保护生态、珍惜资源，时时考虑子孙后代的利益。在藏族历史上，一般通过传统习惯、道德约束、宗教信仰和禁忌习俗来保护自然、爱护生态。同时用不成文的环境保护习惯法来自觉规范全体社会成员的行动，禁忌破坏山川，禁忌污染水源，这都是当地流传已久的优秀民俗，在人口不断增多，开发力度不断加大的今天，西藏仍保持着较好的生态状况，这不得不说是与藏民族的信仰和习俗有很大关系。

3.5.2 西藏矿山环境现状

西藏自治区矿山矿体埋藏较浅，矿山多以地面露天开采为主，极少数为地下开采（于慧等，2011）。露天开采大多采用推土机、挖掘机等重型机械设备及土制溜槽等进行掠夺性开采，生产工艺粗放，技术水平落后，采掘人员普遍缺乏经验和训练。这种破坏性开采，采富弃贫，资源利用率低，浪费严重，草场植被破坏严重，尾矿及矿渣乱堆乱放现象相当普遍，绝大部分矿山开挖后没有进行回填和植被恢复工作，对矿区生态环境和地质环境造成了较大破坏。这在造成大量草场退化、土质恶化、水土流失、土壤沙化的同时，也可能带来了一系列环境地球化学问题。

（1）大气污染

高原地区风大且周边遮挡物不多，如果形成大气污染会迅速向周边扩散，影响范围广。短期内大风会对污染物的扩散有推动的作用，但是时间长了，总量多了，对环境的污染是会非常严重的。由酸性气体产生的酸性降雨，会影响土壤环境和水体环境的酸碱性，并且会增加土壤中重金属污染物的活性，进而会影响生态系统，甚至会进入食物链影响人群健康。

（2）土壤污染

高原地区植被稀少，土壤质量较低，可耕作面积小，加之大量的风成沙，使得植物更加难以生存。如果土壤遭受到污染，势必会影响到本来能生存的植物的生存条件，使得植被退化加剧，土壤肥力下降，土壤质量降低，进而影响植被的生存。这就形成了一个恶性循环，严重威胁着高原地区本就很脆弱的生态环境和人群健康。

（3）水体污染

高原地区水资源分布极不均匀，且大部分高山湖泊没有太多的补给水源，主要靠降水来维持水位，自净能力很低，如果受到污染，将很难在短时间内恢复水体质量，严重影响生态环境质量和周边人群饮用水安全。高原地区很多河流都是下游大江大河的源头，一旦遭受污染，将会把污染物带到下游大的水域中去，影响范围广，危害性大。特别是流往境外的河流，一旦污染，容易引起区域争端。据文献介绍，羊八井局部地区水质已经存在了砷污染现象（王旭等，2010），砷可形成阳离子和阴离子，并且随水迁移的能力很强，其无机化合物和有机化合物都有剧毒，对周边的动物特别是人群有着巨大的威胁。

3.5.3 冈底斯成矿带环境特点

冈底斯铜铅锌多金属成矿带地处西藏腹地拉萨地体南缘的冈底斯造山带中。拉萨地体南北缘分别以印度河－雅鲁藏布江缝合带和斑公湖－怒江缝合带为界。该成矿带已发现矿床主要有铜、铁、铅、锌、金、银、锑、铬、锂、钛铁矿、铯和盐类矿产，其中铜、铅、锌、铬矿是工作区最重要的内生金属矿产。

冈底斯山脉南侧即通称的藏南地区，气候温凉稍干燥，海拔4000米以下的雅鲁藏布江河谷地区为灌丛草原，较高地区为亚高山草原。这一地区草场辽阔，耕地集中，为西藏自治区人口集中，农牧业发达的地域。其北侧为羌塘高原内流区，气候严寒干燥，以高山草原为主。绝大部分土地只宜牧绵羊和牦牛或为无人居住的荒寂原野。冈底斯山脉的垂直自然带谱属大陆性半干旱类型，基带为高山草原带（北坡）和亚高山草原带（西段南坡）或山地灌丛草原带（东段南坡），往上依次为高山草甸带、高山冰缘植被带及高山永久冰雪带等。

冈底斯地区生态环境系统相对开放，加之地处高寒地带，植被稀少，环境容量较低，且多条河流发源于该区域附近，一旦污染，不仅会影响到当地环境，还将对河流下游区域产生危害。在当地进行矿业活动，将会对环境保护提出严重考验。当地高大乔木非常少，对风的阻截能力较低，污染的空气会很快扩散到周边地区，增加污染面积；由于当地气候条件较为恶劣，致使可以用于耕作的土地较少，一旦造成耕地污染，将会严重影响当地居民的农业生产和粮食安全；该区域的河流多为河流源头，污染之后会产生一连串的问题，波及面广、影响力大。鉴于此，在该区域开展矿业活动就更需要注意环境影响和环境效应，将环境问题作为重要的评价指标，严格遵守环境保护相关规定，项目启动前做好必要的环评工作，项目开展过程中要严格执行环境法律法规，违者必究，违者严究。

3.6 综合评价方法

复杂问题的影响因素通常是多元的。常用的多因素综合评价法包括层次分析法、模糊综合评价法、人工神经网络法、灰色综合评价法、逻辑框架法和专家打分评价法等。本章主要采用层次分析法和模糊综合评价法研究矿业可持续勘查开发问题。

3.6.1 层次分析法

层次分析法（analytic hierarchy process，简称AHP）是美国运筹学教授T. L. Saaty在20世纪70年代提出的一种新的系统分析方法。这种方法适用于结构较为复杂、决策准则较多而且不宜量化的决策问题。由于其思路简单明了，尤其是紧密地与决策者的主观判断及推理联系起来，对决策者的推理进行量化的描述，可以避免决策者在结构复杂和方案较多时的逻辑推理失误。

评价的问题不同，评价指标体系的构成也不同。将反映问题的多个评价指标按属性不同分组，每组作为一个层次。对于一般的评价问题，评价指标体系由最高层和第一层构成。对于复杂的评价问题，评价指标的层次还要排列下去，形成多层次的评价指标体系。图3.2给出了三层次的评价指标体系的构成。其中，最高层B表示要进行综合评价的问题，第一层A_1，A_2，…，A_k表示一级评价指标,第二层A_{kq}表示二级评价指标（张辉等，2008）。

评价指标应相互联系、相互作用，并按照一定层次结构组成有机整体。而评价指标的选取对整个评价体系往往起着决定性的作用，并遵循如下原则。

1）独立性原则。各个指标内容明确、相对独立；隶属于同一等级的各个评价指标尽量不重复，也不应存在因果关系。

2）代表性和差异性原则。所选取的指标应在某方面具备一定的代表性，能反映研究对象某些方面的特征；指标间也应具有差异性，便于比较。

3）可行性原则。指标应与实际情况相符，数据来源可靠稳定，有较好的可操作性和可测性。

4）科学性原则。评价指标的选取必须是科学的，能客观地反映该总图设计方案自身的特点。

5）实效性原则。指标体系不仅要反映一定时期实际情况，还要考虑未来可能的影响，因为随着各项技术的发展，评价指标的相对重要性会发生变化。

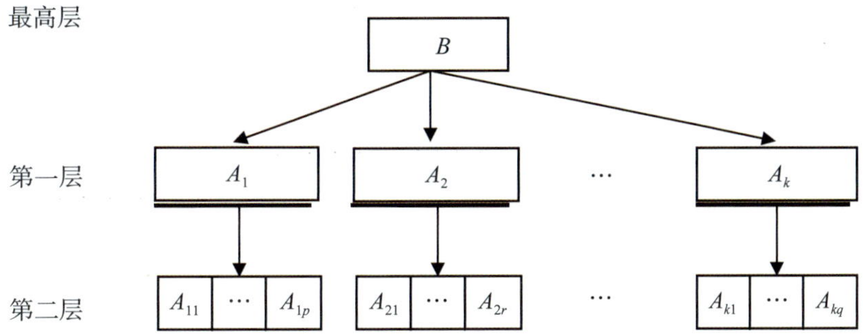

图3.2　多层次评价指标体系

3.6.2　模糊综合评判理论

1965年，美国自动控制学家L. A. Zadch 首先提出了用“模糊集合”描述模糊事物的数学模型。它的理论和方法从20世纪70年代开始受到重视并得到迅速发展。由于它突破了传统精确数学绝不允许模棱两可的约束，使过去那些与数学毫不相关或关系不大的学科（如生物学、心理学、语言学、社会科学等）都有可能用定量化和数学化加以描述和处理，从而显示了强大的生命力和渗透力，使数学的应用范围大大扩展，并且对传统的科学方法论产生很大的冲击。特别是在计算机科学与技术的支撑下，更使得模糊数学飞速发展。

近年来，模糊数学被广泛用于工程学科建模。多层次模糊数学方法，就是在对决策系统划分层次，建立多层次结构模型的基础上，对原本仅具有模糊和非定量化特征的指标，经过某种数学处理，使其具有某种量化的表达形式，从而为决策提供可以进行比较和判别的依据。该方法把定量分析与定性分析相结合，把数学处理与人的经验和主观判断相结合，能够有效地分析目标准则体系层次间的非序列关系，既认识到事物“非此即彼”的明晰性形态，又认识到事物的“亦此亦彼”的过渡性形态，因而具有广泛的使用范围。该方法自20世纪80年代引入我国以来，在各行各业得到了广泛的应用。

模糊综合评价法是一种出于模糊数学的综合评判方法。能较好地解决模糊的、难以量化的问题，适合应用于各种非确定性问题的解决，它具有结果清晰，系统性强的特点。（谢华等，2001；宋晓秋，2004）

3.6.2.1 模糊综合评判的基本思想与步骤

模糊综合评判的基本思想是利用模糊线性变换原理和最大隶属度原则，充分考虑与被评价事物相关的各个因素，然后对其作出合理的综合评价。具体步骤如下。

1）确定因素集。既然是综合评价，必然涉及多种因素，设由n个因素组成的因素集为$U=\{u_1, \cdots, u_n\}$。

2）选择评价集。评价的结果会按照被评判的事物本身制约要求，按照不同等级、评语来表示。设有m种不同的评价等级（或评语），然后由它们组成评价集$V=\{v_1, \cdots, v_m\}$。

3）确定各因素权重。一般来说，在综合评价工作中，不同的评价因素起着不同的重要程度。因此，给各因素u_i赋予一个权重。且要求满足归一条件：$\sum_{i=1}^{n} w_i=1$。权重分配不同，综合评价的结果也不相同。各个影响因素的权重分配$\widetilde{W}=(w_1, \cdots, w_n)$。我们把它看作论域$U$上的模糊集。

4）单因素评判。决定评判过程中每个影响因素对于各个评价等级的隶属度，第i个等级v_i对$\widetilde{B}$的隶属度b_i，可以理解为v_i在综合评价结果中所占的份额。m个单因素评价集作为行，从而即得一个总的评价矩阵$\widetilde{R}$：$\widetilde{R}=(T_{ij})_{n\times m}$，称它为综合评价矩阵。

5）综合评价。为了从给定的权重分配集$\widetilde{W}\in F(U)$，得到一个相应的评价结果$\widetilde{B}\in F(V)$，需要建立一个把U上模糊集转换成V上模糊集的变换$\widetilde{B}=\widetilde{W}\cdot\widetilde{R}\in F(V)$，模糊集$\widetilde{B}=(b_1, \cdots, b_m)\in F(V)$就是对此事物的模糊综合评判。

3.6.2.2 模糊综合评判的数学模型

模糊综合评判是在对实际生产和生活中的重要评判方法。对每个因素u_i $(i\leqslant n)$作出单因素评价，单因素评价结果$f(u_i)$是V上模糊集。设

$$u_i \mapsto f(u_i)=(T_{i1}, T_{i2}, \cdots, T_{im})\in F(V)$$

所有的单因素评价构成U到V的模糊关系$\widetilde{R}$：$\widetilde{R}=(T_{ij})_{n\times m}$，（其中$T_{ij}=f(u_i)(v_j)$）。

于是，我们得到模糊综合评判的数学模型如下：

三元组 (U, V, R) 称为综合评价空间，其中$U=\{u_1, \cdots, u_n\}$表示评价因素集，$V=\{v_1, \cdots, v_m\}$表示评价等级的集，$\widetilde{R}\in F(U\times V)$ 表示单因素评价矩阵。

若$\widetilde{W}=(a_1, \cdots, a_n)\in F(U)$ 是各因素的权重分配，则

$$\widetilde{B}=\widetilde{W}\cdot\widetilde{R}\in F(V)$$

是综合评价结果。当输入$\widetilde{W}\in F(U)$ 时，输出就为$\widetilde{B}\in F(V)$。

3.6.2.3 常见的模糊评判类型

在对受到多种因素影响的问题进行综合评价时，为了不使多数影响因素白白浪费，不应该在建立评判模型时只考虑主观因素，其余因素的影响也不能忽略。四种常用的类型：

1）乘积取大型：$\widetilde{B}=\widetilde{A}\cdot\widetilde{W}$，即$b_j=\bigvee_{i=1}^{n}(a_i\cdot w_{ij})$，$(j=1, \cdots, m)$。这种评判模型在某种程度上来看主要目的是为了突出影响因素中的主要因素。

2）加权平均型：$\widetilde{B}=\widetilde{A}\times\widetilde{W}$，即$b_j=\sum_{i=1}^{n}(a_i\cdot w_{ij})$，$(j=1, \cdots, m)$。其中$\widetilde{A}$是归一化模糊集。在这种评判模型中，不能忽视任何一个影响评判因素的作用，各个评判因素对于评判结果的科学性都有不可忽视的作用。

3）全面制约型：$\widetilde{B}=\widetilde{A}\otimes\widetilde{R}$，即$b_j=\bigwedge_{i=1}^{n}(r_{ij}^{a_i})$，$(j=1, \cdots, m, a_i\in[0, 1]$是有理数)。把原因素指标$r_{ij}$修正为$r_{ij}^{a_i}$，即$\widetilde{A}=(a_1, \cdots, a_n)$ 具有可以制约的功能。这种评判模型把影响因素中的次要因素着重地突出来，然后进行评判，这种评判模型本身是与∨－∧模型及乘积－取大型相反。

4）均衡平均型：$\widetilde{B}=\widetilde{A}/\widetilde{R}$

$$b_j=\sum_{i=1}^{n}\left(a_i\wedge\frac{r_{ij}}{\sum_{k=1}^{n}r_{kj}}\right),\quad j=1, \cdots, m$$

这个评判模型进行评判时，开始是把模糊评判矩阵的列向量归一化，然后再用a_i进行限制而得到评判结果。

3.6.2.4 模糊综合评判的过程

模糊综合评判拓宽了经典的综合评判，使综合评判升华到了一个新的层次，所以它并不像经典的综合评判方法那样可以用一些不是很复杂的数值来表示，然后用加权平均数的方法或总分法（求和）来得出一个总分，之后进行逐步排序，然后选择优者来完成，模糊综合评判法须建立对评判对象形成影响因素的因素集$F=\{f_1, f_2, \cdots, f_n\}$，接着建立合理

评价影响因素的评语集合$C=\{c_1, \cdots, c_m\}$，然后采用进行专家评定或其他方法来生成评判矩阵$\widetilde{R}=(r_{ij})_{n\times m}\in F(F\times C)$及通过适合的模糊算子进行综合评判等步骤。

3.6.3 多层次模糊综合评价法

多层次模糊综合评判法是一种将模糊综合评价法和层次分析法相结合的评价方法，在体系评价、效能评估、系统优化等方面有着广泛的应用，是一种定性与定量相结合的评价模型。一般是先用层次分析法确定因素集，然后用模糊综合评判确定评判效果。模糊法是在层次法之上，两者相互融合，对评价有着很好的可靠性。

3.7 甲玛矿区环境污染修复案例分析

以甲玛铜矿为例，利用层次分析法分析高原地区铜矿开采可能产生的环境地球化学问题修复技术的应用。

甲玛矿区位于西藏自治区墨竹工卡县，平均海拔在4780米左右，海拔最低处近4000米，最高海拔到了5360米，是一个典型的高海拔矿区，空气中的含氧量只为平原地区的40%～60%，气候常年非常恶劣，而甲玛矿区所在地是在拉萨河的上游，地势呈现出东高西低的态势。由于这样特殊的地理原因，当地自然灾害频发。

青藏高原目前已经开展了多个矿山开采，并且也报道出许多矿山环境问题，但这些环境问题多集中在滑坡、塌陷、泥石流等物理因素的危害，对于环境地球化学的问题报道也有，但是不多。但鉴于其环境承载力差的特点，如果对其矿山继续进行破坏性开采，而不注重环境管理和污染防治，一旦爆发大规模的环境污染，导致重大的环境地球化学问题产生，其作为“最后的净土”、多个大江大河的源头，后果不堪设想。而对其导致的环境地球化学问题进行修复治理，也应该根据其本身的特点进行选用，因地制宜，既保护当地环境，又减少资金投入，事半功倍。

鉴于矿区正在试运转，并没有完全投入全面生产，故现在根据所获得简单的信息，防微杜渐，运用层次分析法，针对甲玛矿区以及西藏独特的生态环境状况，简单筛选一旦矿区发生重金属污染问题应该采取的修复措施。

3.7.1 分解

将利用不同技术手段修复甲玛矿区环境污染的事件进行分解，确定目标层、方案层、准则层。将矿山环境修复设定为目标层，多种修复技术设定为方案层，不同影响因素设定为准则层。本部分的目标层即为修复在甲玛这个特定区域产生的环境地球化学问题。方案层为几种常用的修复技术：物理工程法（包括换土法/换水法、热处理法等）、化学法（包括电解法、离子交换法、改良剂法等）、生物法（包括植物修复法、微生物修复法）。准则层即为该区域的特定客观因素，冈底斯成矿带所在区域气候高寒、空气稀薄、人口稀少、植被稀疏，可分类总结为：①污染浓度低；②高原地区；③寒冷少雨；④植被以高原草甸为主；⑤岩石类型包括花岗斑岩、黑云母二长花岗斑岩、花岗闪长斑岩、石英闪长玢岩、闪长玢岩、闪长岩、闪斜煌斑岩、角闪辉绿(玢)岩、石英辉长岩等；⑥土壤类型为亚高山草甸土；⑦土地利用类型为半农半牧；⑧矿山流出废水进入地表水中；⑨周边居民较少，分布稀疏；⑩交通较为便利；⑪高原地区物资缺乏，用工、机器、材料等成本较高。

层次分析评价指标体系建立如下（图3.3）：

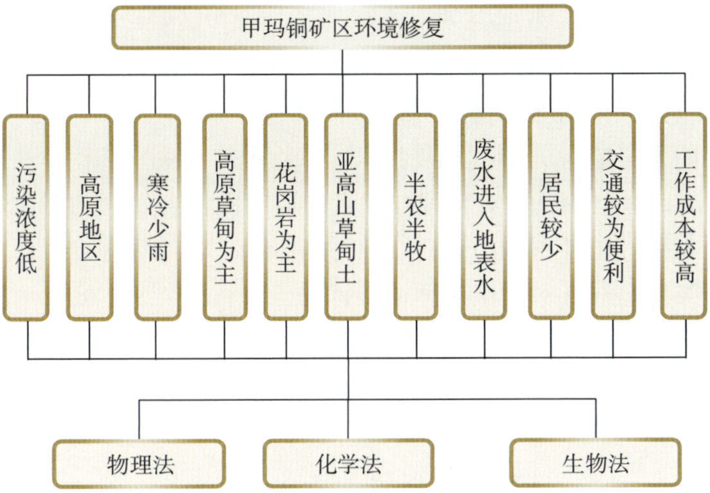

图3.3　甲玛铜矿区环境修复框架图

3.7.2　加权

应用专家评价法对上述因素进行加权，确定三种因素对修复工作影响的贡献程度。

（1）准则层对目标层的权重分析

将准则层中的元素定为A，11个影响因素（①低污染；②高海拔；③寒冷少雨；④植被类型；⑤岩石类型；⑥土壤类型；⑦土地利用类型；⑧废水受体为地表水；⑨居民稀少；⑩交通较为便利；⑪施工成本较高）分别记为A_1、A_2、A_3、A_4、A_5、A_6、A_7、A_8、A_9、A_{10}、A_{11}。

得到各因素针对该区域进行环境修复影响程度大小的两两对比矩阵（A_n，n=1～11）：

$$\begin{bmatrix} A_1/A_1 & A_1/A_2 & A_1/A_3 & A_1/A_4 & A_1/A_5 & A_1/A_6 & A_1/A_7 & A_1/A_8 & A_1/A_9 & A_1/A_{10} & A_1/A_{11} \\ A_2/A_1 & A_2/A_2 & A_2/A_3 & A_2/A_4 & A_2/A_5 & A_2/A_6 & A_2/A_7 & A_2/A_8 & A_2/A_9 & A_2/A_{10} & A_2/A_{11} \\ A_3/A_1 & A_3/A_2 & A_3/A_3 & A_3/A_4 & A_3/A_5 & A_3/A_6 & A_3/A_7 & A_3/A_8 & A_3/A_9 & A_3/A_{10} & A_3/A_{11} \\ A_4/A_1 & A_4/A_2 & A_4/A_3 & A_4/A_4 & A_4/A_5 & A_4/A_6 & A_4/A_7 & A_4/A_8 & A_4/A_9 & A_4/A_{10} & A_4/A_{11} \\ A_5/A_1 & A_5/A_2 & A_5/A_3 & A_5/A_4 & A_5/A_5 & A_5/A_6 & A_5/A_7 & A_5/A_8 & A_5/A_9 & A_5/A_{10} & A_5/A_{11} \\ A_6/A_1 & A_6/A_2 & A_6/A_3 & A_6/A_4 & A_6/A_5 & A_6/A_6 & A_6/A_7 & A_6/A_8 & A_6/A_9 & A_6/A_{10} & A_6/A_{11} \\ A_7/A_1 & A_7/A_2 & A_7/A_3 & A_7/A_4 & A_7/A_5 & A_7/A_6 & A_7/A_7 & A_7/A_8 & A_7/A_9 & A_7/A_{10} & A_7/A_{11} \\ A_8/A_1 & A_8/A_2 & A_8/A_3 & A_8/A_4 & A_8/A_5 & A_8/A_6 & A_8/A_7 & A_8/A_8 & A_8/A_9 & A_8/A_{10} & A_8/A_{11} \\ A_9/A_1 & A_9/A_2 & A_9/A_3 & A_9/A_4 & A_9/A_5 & A_9/A_6 & A_9/A_7 & A_9/A_8 & A_9/A_9 & A_9/A_{10} & A_9/A_{11} \\ A_{10}/A_1 & A_{10}/A_2 & A_{10}/A_3 & A_{10}/A_4 & A_{10}/A_5 & A_{10}/A_6 & A_{10}/A_7 & A_{10}/A_8 & A_{10}/A_9 & A_{10}/A_{10} & A_{10}/A_{11} \\ A_{11}/A_1 & A_{11}/A_2 & A_{11}/A_3 & A_{11}/A_4 & A_{11}/A_5 & A_{11}/A_6 & A_{11}/A_7 & A_{11}/A_8 & A_{11}/A_9 & A_{11}/A_{10} & A_{11}/A_{11} \end{bmatrix}$$

（2）方案层对准则层影响要素的适应性权重分析

将方案层中的元素定为B，3类修复技术（①物理工程法、②化学法、③生物法）分别记为B_1、B_2、B_3。得出各技术对各客观因素的适应性程度的两两对比表格，共11个影响因素，共11个表格。①针对低污染；②针对高海拔；③针对寒冷少雨；④针对植被类型；⑤针对岩石类型；⑥针对土壤类型；⑦针对土地利用类型；⑧针对废水受体为地表水；⑨针对居民稀少；⑩针对交通较为便利；⑪针对施工成本较高。得到各技术对各客观因素的适应性程度的两两对比矩阵（B_n，n=1～11），共11个矩阵（B_1、B_2～B_{11}），格式相同，如下：

$$\begin{bmatrix} B_1/B_1 & B_1/B_2 & \cdots & B_1/B_n \\ B_2/B_1 & B_2/B_2 & \cdots & B_2/B_n \\ B_3/B_1 & B_3/B_2 & \cdots & B_3/B_n \\ \vdots & \vdots & & \vdots \\ B_n/B_1 & B_n/B_2 & \cdots & B_n/B_n \end{bmatrix}$$

应用专家评价法对上述矩阵中各比值进行加权。比较各个因素两两之间的重要性，从而确定它们在目标中占的权重。利用Saaty提出的成对比较法，将两两因素做对比，对比取值按照Saaty的1～9取值，见表3.5。

剔除异常权重值，使各矩阵一致性可接受。一致性检验比例公式为：

$$CR = \frac{CI}{RI} \tag{3.1}$$

当$CR < 0.10$时，认为判断矩阵的一致性可以接受，否则应对判断矩阵作适当修正。

其中：

1）CI的计算公式为：

$$CI=\frac{\lambda_{max}-n}{n-1} \tag{3.2}$$

λ_{max}为最大特征根。

表3.5 各个判断赋值含义说明

标度	含义
1	两种因素同等重要
3	一种因素较另一种因素稍微重要
5	一种因素较另一种因素明显重要
7	一种因素较另一种因素非常重要
9	一种因素较另一种因素极端重要
2，4，6，8	两种相邻判断的中间值

2）*RI*需要查找相应的平均随机一致性指标*RI*。对$n=1, 2, \cdots, 9$，Saaty给出了*RI*的值，如表3.6所示。

表3.6 *RI*与矩阵维数的关系

矩阵阶数	1	2	3	4	5	6	7	8
RI	0	0	0.52	0.89	1.12	1.26	1.36	1.41
矩阵阶数	9	10	11	12	13	14	15	
RI	1.46	1.49	1.52	1.54	1.56	1.58	1.59	

层次总排序及一致性检验：根据层次分析法，总排序权重要自上而下地将单准则下的权重进行合成，并计算总权重：$CR=\frac{\sum CI}{\sum RI}$。当$CR<0.10$ 时，认为判断矩阵的一致性可以接受。

利用方根法计算得出各个修复技术之间的相对权重分和各种制约因素之间的相对权重分。

利用专家加权法，对矩阵中的变量进行赋值。对不同地区（北京和青岛）、不同单位（科研院所和高校）的具有高级职称以上专家进行问卷调研。

3.7.3 评估

将加权后的诸因子进行处理，计算出各种修复技术应用的理想度。

由于该方法受专家学科特长、研究方向、思维模式、交往人群等因素影响，故加权值有所差异，对数据进行分析，取其均值进行方根法处理，得出三种修复技术处理甲玛铜矿开采可能带来的环境地球化学问题的相对理想度。计算过程及结果如下。

根据专家加权赋值结果，为尽量规避专家主观判断的差别，取其平均值进行计算，得出以下不同因素对环境修复开展的影响，以及针对各种影响因素不同修复技术在该区域运用的满意度两两判断矩阵（表3.7）。

表3.7　两两判断矩阵表

环境修复	A_1	A_2	A_3	A_4	A_5	A_6	A_7	A_8	A_9	A_{10}	A_{11}
A_1	1.00	0.24	0.40	0.47	0.31	0.99	0.44	0.67	0.85	1.73	0.38
A_2	4.71	1.00	1.92	3.14	1.08	3.33	2.57	2.49	3.86	4.00	1.85
A_3	4.71	1.91	1.00	3.14	1.95	2.71	3.00	1.66	3.29	4.14	0.85
A_4	2.71	0.41	0.84	1.00	0.34	1.50	0.90	1.97	1.48	2.19	1.66
A_5	4.57	1.57	2.34	3.14	1.00	3.43	2.57	2.46	3.05	4.19	1.83
A_6	2.83	0.82	0.58	1.17	0.47	1.00	0.67	0.44	1.86	2.76	0.26
A_7	3.29	0.45	0.84	1.29	0.45	1.86	1.00	0.99	1.64	2.29	0.68
A_8	5.14	3.18	1.73	3.95	3.32	3.86	3.95	1.00	3.68	4.16	1.11
A_9	2.19	0.37	0.86	1.05	0.76	1.55	0.88	2.24	1.00	1.86	0.69
A_{10}	1.73	0.34	1.24	0.91	0.61	1.13	0.61	1.94	0.68	1.00	0.68
A_{11}	5.71	4.19	2.90	5.00	4.62	5.43	4.86	2.18	4.57	4.86	1.00

B_1	物理工程	化学方法	生物方法
物理工程	1	1	2/7
化学方法	2 1/5	1	1 1/5
生物方法	4 3/7	2 3/4	1

B_2	物理工程	化学方法	生物方法
物理工程	1	4/7	1 4/7
化学方法	3 1/7	1	2
生物方法	3	1 7/8	1

B_3	物理工程	化学方法	生物方法
物理工程	1	2/3	1 2/5
化学方法	3 1/2	1	1 1/3
生物方法	2	2 1/5	1

B_4	物理工程	化学方法	生物方法
物理工程	1	3/5	1/3
化学方法	2 6/7	1	2 2/3
生物方法	3 5/7	1	1

B_5	物理工程	化学方法	生物方法
物理工程	1	5/6	4/5
化学方法	3 1/5	1	6/7
生物方法	2 2/3	1 2/7	1

B_6	物理工程	化学方法	生物方法
物理工程	1	1	1 4/5
化学方法	1 6/7	1	2 1/3
生物方法	2 1/2	1 5/7	1

B_7	物理工程	化学方法	生物方法
物理工程	1	3/5	4/7
化学方法	2 5/7	1	2
生物方法	2 5/7	2 1/9	1

B_8	物理工程	化学方法	生物方法
物理工程	1	7/8	2 3/8
化学方法	3	1	2 7/9
生物方法	1 5/6	2/3	1

B_9	物理工程	化学方法	生物方法
物理工程	1	2/3	1
化学方法	1 5/7	1	1
生物方法	2 3/5	2	1

B_{10}	物理工程	化学方法	生物方法
物理工程	1	1	1
化学方法	2	1	1 1/2
生物方法	1 3/4	1	1

B_{11}	物理工程	化学方法	生物方法
物理工程	1	1/3	1 1/2
化学方法	3 4/7	1	2 1/4
生物方法	3 5/9	1 3/4	1

11种影响因素对环境修复的影响贡献度计算结果列于权重表3.8。

表3.8 影响因素权重表

影响因素	A_1	A_2	A_3	A_4	A_5	A_6	A_7	A_8	A_9	A_{10}	A_{11}
权重	0.139	0.046	0.082	0.079	0.056	0.093	0.069	0.123	0.100	0.104	0.107

3种修复技术分别对11种影响因素的理想度计算结果列于表3.9。

表3.9 理想度比较计算结果

	A_1	A_2	A_3	A_4	A_5	A_6	A_7	A_8	A_9	A_{10}	A_{11}
物理工程	0.152	0.210	0.230	0.142	0.231	0.279	0.165	0.292	0.228	0.274	0.170
化学方法	0.317	0.404	0.386	0.477	0.370	0.361	0.411	0.460	0.319	0.403	0.433
生物方法	0.531	0.386	0.384	0.381	0.398	0.360	0.424	0.248	0.453	0.323	0.397

3.7.4 选择

根据三种技术的理想度比较排列顺序并选出相对适用的技术。

根据上述评估结果，得出影响该区域环境修复因素的贡献度排名靠前的是A_1低污染、A_8废水受体为地表水、A_{11}施工成本较高、A_{10}交通较为便利、A_9居民稀少。对3种修复技术对该区域环境修复的理想度比较进行计算，结果列于表3.10。

表3.10 修复技术理想度比较结果

方案	贡献度	排序
物理工程	0.217	3
化学方法	0.392	1
生物方法	0.391	2

从表中可以看出，三种修复技术中，专家普遍认为化学方法与生物方法在该区域进行污染修复的实施相对比较现实和有效，物理工程不太适合在该区域进行环境修复。但是由于甲玛矿区特殊的地理位置，海拔高、氧含量低，有限的交通条件，使用化学法和生物法同样存在困难。

3.7.5 地球化学工程技术在甲玛矿区环境污染和控制中的应用

在环境修复领域中，近些年来由以上各种方法延伸、优化发展起来的地球化学工程学方法以其高效、环保和良好的经济效益受到人们的关注和重视。地球化学工程学修复技术的要义在于将地球化学作用用于改造环境，即利用自然的地球化学作用，尽可能地不干扰自然界，靠元素自然循环来去除有关的化学元素。

用地球化学工程学方法来治理环境的措施一般归结为五类：①离解、中和或分解；②浓集；③稀释；④隔离；⑤固定。每一种方法在自然界都有其对应的现象，它们合起来便提供出一套将有害于环境的组分收容抑制下来的方法。通过研究这些过程在自然界进行的方式途径，我们就能掌握如何设计出有效、不昂贵的且在环境上安全的技术。

（1）离解、中和或分解

离解可以是自然发生的，或它可以在由于紫外线照射、温度升高、臭氧化作用，或者因氧化环境而实现。由于细菌或真菌的活动，离解作用常常能非常有效地进行。用离解方法一般用来治理有机污染物，如用“固态”供氧来离解存在于弱渗透性的介质（黏土或污泥）中的污染物。

中和方法一般用来处理已污染的工业用酸，一般用于该项技术的中和剂有苏打、苛性苏打、$Ca(OH)_2$或者粉碎的灰岩，近年来MgO或$Mg(OH)_2$也越来越多地被使用。例如，Schuiling等（1986）设计出的借助化学风化达到中和目的的技术。

（2）浓集

被污染的环境区段，可以通过将污染物浓集在小而高浓度的体积里，并将其移离而得到净化。该方法尤其适合于处理液态废水流，在固体废弃物的处理中也有使用到浓集处理。因在阿姆斯特丹遗迹中发现因自然浓集沉淀形成鸟粪石受到启发而研究出来的从粪便中排除磷酸盐的技术，及将由此过程产生的生成物再次投入使用并带来经济效益的例子，就是用地球化学工程学浓集方法处理环境问题的最好诠释。

（3）稀释

稀释是很少被人们有意识地应用的环境技术，以为通常认为“稀释不是解决污染问题的方法”，但是从实际的观点看，任何持久性污染物的最后结局都是分散，任何物质终究将转入地球化学循环，稀释应该被认为是一种实际的，或起码是不可避免的最终解决办法。因此，在一定情况下，用稀释原理对污染物进行有节制、有控制的消散即可部分解决问题。例如将粪便撒在海洋的生物荒漠区解决超量粪便的方法（Schuiling et al.，1992），即廉价有效又能带来减弱温室效应等倍增效应。

（4）隔离

隔离即用一个不渗透的障把废弃物包围起来，防止它散失和与生物圈的接触。虽然没有“永恒的”隔离，但考虑到废弃物随时间的延续会减少其毒性时，例如会慢慢降解的有机化合物，或者放射性物质，还是可以采用隔离的办法。对不能离解的污染物来说，环境保护的目标应有不同的表述：我们怎样才能使有毒物质以非常慢的速度跑出来，以致在未来的任何时候，这种物质的活动态浓度都不会超过一定的安全水平。因此按这样的方式来设计我们的隔离障，即从一开始就要使排毒作用按缓慢而可控的方式进行（可控渗漏），这是另一种隔离概念。隔离的应用研究（Ding et al.，1998），如将黄钾铁矾（重金属含量很高的锌工业废弃物）置于煤飞灰的顶部，因两者能在短时间内形成一个反应层，渗透性随着反应大大降低，从而减少重金属的淋滤和污染。

（5）固定

固定作用可降低潜在有害物质的活动性，它可以通过化学的或物理的，抑或两者结合的方式来实施。化学固定包括使在一定的环境状态范围内不溶或不易被溶解的稳定化合物沉淀下来，或通过某种污染金属在不溶矿物晶格中作类质同象代换来实现，或通过它的共沉淀或在黏土或沸石上的吸附作用来达到。化学固定是降低污染物的溶解度。物理固定主要是防止对废弃物的溶解，以及继之而来的淋滤。它包括加水泥或沥青使之胶结，或将废弃物转化成玻璃、烧结物，以及通过缓慢而循序的冷却再从玻璃质形成结晶产物。

将固定作用作为环境保护的手段，同样受到很多争议，因为污染物依然存在，担心在堆积场地条件变化时它们会再次游离出来。但是同可控渗漏的隔离概念一样，我们可以通过一定措施增加固定作用的稳定性，并让其排毒作用按缓慢而有序的方式进行，保证活动相态的污染物浓度不得超过一定的安全限。

鉴于甲玛矿区目前还没有进入大规模开采阶段，未对生态环境造成破坏性的大面积区域性污染，利用地球化学工程技术，采取源头控制污染的措施，使矿山生产成为绿色、环保、可持续发展的新型矿山。具体建议如下：

1）为解决矿山周边因开采造成的滑坡、泥石流等地质环境问题，就地取材建护坡的同时，将当地可以吸附重金属的矿物材料固定在护坡体中，防止因降雨携带重金属进入生态环境中。

2）在矿山的酸性废水池、矿山配套的选矿厂、冶炼车间、矿石堆放场地等地，利用地球化学障技术，修建滤水池等设施，阻止污染物向环境中排放。

3）在矿山周边地表水体沿途，修建一级或几级地球化学坝，坝体填充材料选用当地的非金属矿物材料，目的是阻止矿山排出的污染物进入下游水系。

4）利用地球化学工程技术，就地取材源头控制，可以大大降低甲玛矿区的环境保护建设成本。

3.8 小结

我国矿山开采为社会发展、人民生活水平提高和国防建设做出了重大贡献，同时也带来了很多的环境问题和社会问题。这些问题的产生由多种因素导致，解决的方法也要从多个方面考虑。追本溯源，从生产的各个环节出发，从问题的各个表现手段入手，环境管理结合环境治理，矿山环境的问题是可以得到有效控制甚至是根本解决的。

西藏作为我国环境质量相对较好的区域，环境问题受到国家高度重视，工矿企业的发展尤其应该考虑对环境因素的影响，减少甚至避免污染事件的发生，如果一旦发生污染，在这种高寒地区的修复方法选取是较少有经验借鉴的。本研究分析了冈底斯成矿带矿山环境预防措施，并针对甲玛铜矿进行了矿山污染修复技术研究，通过层次分析法，聘请多位相关学科领域的专家进行加权打分，根据甲玛矿区的地理位置和生态环境特点，指出化学方法与生物方法可用于西藏污染修复，物理方法不太适合西藏地区环境修复。为该区域可能产生污染后的修复方式提供参考。结合地学特点，专家提出利用地球化学工程技术，就地取材源头控制和修复污染的技术，为在没有污染修复经验的区域开展工作提供了借鉴。

4 固体矿产资源勘查开发技术

4.1 引言

地质、地球物理、地球化学、遥感地质手段在现代矿产勘查技术手段发展过程中得到了很好的应用。随着科学技术的不断创新，勘查技术方法和手段也随之补充更新。所谓勘查技术方法组合，就是地质勘探技术、地球物理勘探技术、地球化学探测技术及遥感解译技术的合理组合。这些方法都是在矿产勘查工作中经常使用的，具有重要的应用地位。其中地质勘探技术方法包括岩性填图、蚀变填图、构造填图等；地球物理勘探技术包括重力测量、磁法测量、电法测量、地震测量及放射性测量等；地球化学探测技术包括重砂测量、岩石测量、水系沉积物测量、生物测量、同位素测量、水化学测量及气体测量等；遥感解译技术是近年来随着卫星信息技术发展而逐渐形成的高新技术，包括岩性-构造解译、蚀变矿物信息提取等。优选勘查技术方法组合一直以来都是矿产勘查的重中之重。

近20年来，采矿技术存在新的发展方向：一是采矿装备的大型化和智能化；二是采矿作业走向规模化和连续化；三是深部采矿技术不断创新与发展；四是高效充填法推广应用。回顾采矿历史，生产率的阶梯式增长主要就是由设备的进步而实现的。采矿机械化程度在过去20多年里得到快速发展，极大改变了采矿方法和工艺，推动了采矿技术的发展（王运敏，2012）。我国采矿技术在许多方面已经接近或达到了国际先进水平，差距主要体现在资源效率低、资源损失严重、设备大型化、自动化程度不足、软科学技术在矿山中的应用不够等方面（古德生等，2009；2011）。

近几年，通过大量的铜矿选矿技术研究和攻关，我国铜矿选矿技术取得了重大发展。铜矿浮选的研究重点主要集中在高效药剂或组合药剂的研制与应用上，这在铜矿石的生产实践中越来越发挥着重要的作用。铜矿石的化学处理技术研究较为活跃，正不断呈现出多样化的特点。然而关于选矿理论层面的研究则不够深入和系统，有待于借助溶液化学、量子力学等研究手段进一步加强。

4.2 固体矿产资源勘查开发技术研究进展

4.2.1 勘探技术进展

4.2.1.1 地球物理勘探方法

地球物理勘探简称“物探”，即用物理的原理研究地质构造和解决找矿勘探问题。它以各种岩石和矿石的密度、磁性、电性、弹性、放射性等物理性质的差异为研究基础，用不同的物理方法和物探仪器，探测天然或人工地球物理场的变化，通过分析、研究所获得的物探资料，推断、解释地质构造和矿产分布情况。目前主要的物探方法有：重力勘探、磁法勘探、电法勘探、地震勘探、放射性勘探等。依据工作空间的不同，又可分为：地面物探、航空物探、海洋物探、井中物探等。

综合物理、数学、计算机和互联网等科学的应用，物测技术越来越成熟，地球物理勘探技术发展的趋势主要表现可以分为以下7个方面：①计算机和数字化技术的发展，使物探技术向自动化、数字化、轻便化和多功能化发展；②基于三维和高分辨率勘探的需求，勘探装备和采集技术不断发展；③地震资料处理从传统批处理向勘探、开发交互处理方向演变；④面临当今信息爆炸的情况下，地震解释将综合更多的信息以降低勘探开发的风险；⑤地球物理反演近年来取得长足的进展；⑥网络化多学科综合与先进适用配套地震技术的集成，将成为物探技术未来解决复杂地质问题的主流；⑦其他学科的一些新理论和新算法已在地球物理中得到应用。

4.2.1.2 地球化学勘探方法

地球化学勘查是通过系统测量天然物质的地球化学性质，发现各种类型的地球化学异常的一种调查方法。天然物质可以是岩石、铁帽、土壤、水、水系沉积物、冰积物、植物或气体等。所测量的地球化学性质主要是元素的含量。地球化学勘查的目的是通过地球化学异常的线索来找寻矿床，它的应用正在逐步扩大，不仅可用于找矿，还可为解决环境污染、农业、畜牧业、地方病及各种地质问题提供有价值的资料。

现有的各种地球化学勘查方法主要是根据采样对象来划分的。如岩石地球化学测量、土壤地球化学测量、水地球化学测量、水系沉积物地球化学测量、湖积物地球化学测量、气体地球化学测量和生物地球化学勘查等。因地质地理条件不同及选用的具体采样物质不同，测量方法发展成若干方法的变种。

我国地球化学勘查新技术研究主要围绕生产急需的区域地球化学勘查方法技术开展，取得了重大突破和进展。一是成功解决了几个特殊景观区的区域化探扫面方法技术，包括森林沼泽区、高寒干旱半干旱山区、高寒湖沼丘陵区等，开创了资源勘查的新局面。二是建立了覆盖区多目标区域地球化学调查方法技术体系和农业、环境、城市地球化学异常评价方法，完成了中国勘查地球化学向环境调查领域的成功转型，开创了环境地球化学勘查的新局面，使我国环境生态地球化学研究达到国际领先水平。三是完善了区域化探39种元素的微量、量测试方法技术体系，极大提高了样品分析的灵敏度、精密度和准确度，建立了多目标区域地球化学调查54种元素和指标测试方法技术体系，完成了76种元素测试方法技术体系的初步研究。四是地球化学勘查数据库信息系统与制图技术得到了长足的进步。五是寻找隐伏矿的地球化学新方法新技术研究取得了一些进展。六是通过地球化学勘查实践和研究，提出了地球化学块体理论。七是中国研究的国际地球化学填图方法技术得到了国际勘查地球化学界的认可，这些技术和理论总体上位居国际先进水平。八是油气化探方法技术在曲折中发展前进，建立起完整的勘查方法技术体系，在油气勘查领域得到一定程度的推广应用，但总体来说，化探方法技术在油气勘查领域中的地位并不显著。

4.2.1.3 遥感技术研究进展

遥感技术是从人造卫星、飞机或其他飞行器上收集地面目标的电磁辐射信息，判认地球环境和资源的技术。

基于遥感影像的线性构造和遥感蚀变异常信息可以作为找矿预测的标志，遥感技术在地质找矿的直接应用包括构造信息提取、蚀变信息提取及岩石矿物识别等。遥感技术可以运用各种图像处理技术增强和提取与成矿有关的构造信息和蚀变信息，以达到识别矿床的目的。高光谱遥感的发展，可以实现对矿物的直接识别。

遥感地质找矿技术作为矿产勘查的一种辅助手段，取得了较好的成效。今后的发展趋势将主要体现在以下4个方面：①高光谱遥感技术。高光谱遥感技术起步晚，但发展迅速，是遥感技术找矿领域的后起之秀。目前，高光谱遥感技术发展呈现出以下趋势：成像光谱仪的光谱探测能力不断提高，获取影像的空间分辨率亦不断提高，正由航空遥感为主转为航空和航天遥感相结合的阶段，逐步从遥感定性分析阶段发展到定量分析阶段。高光谱遥感技术与高空间分辨率遥感技术的发展，使遥感技术能更直接地应用于地质找矿。②遥感植物地球化学。在高植被覆盖区实现遥感波谱数据与矿致植物地球化学异常的有机融合，将会较好地推进遥感找矿技术在植被覆盖区的应用。③地物化遥的有机融合。矿床的形成是多种地质作用综合的结果，矿床形成后又会经历后期的破坏或者叠加成矿作用，因此，任何一种单一的找矿手段都不可避免地遭遇地质多解性的困扰，实现地物化遥多种找矿方法的有机融合，能有效地提高找矿效果，并从总体上降低找矿成本。目前，以遥感信息为主体，结合地质、地球物理、地球化学等多源地学数据的综合信息找矿法已经形成。④遥感数据处理技术。在遥感数据规模越来越大、精度越来越高的今天，高效的计算机数据处理技术显得越来越重要。遥感抗干扰信息的处理仍是当前的研究难点和热点。基于对提高找矿过程及结果的人性化和真实可靠性，近些年发展起来的一些新兴技术越来越被重视，如使用智能计算方法进行RSI分类、遗传算法、蚁群算法、基于粒子群智能的遥感找矿方法、基于支持向量机的遥感矿化蚀变信息提取方法、基于小波分析的遥感图像特征信息提取方法等。

4.2.1.4 钻探技术研究进展

在地质勘探和建筑基础勘查中，按一定设计角度和方向用钻机施工钻孔，通过钻孔采取岩芯（或矿芯）、岩屑，或在孔内下入测试仪器，以探查地下岩层、矿体、油气和地热等的工程，简称钻探。钻探工程按钻孔用途可分为：①固体矿产钻探，钻孔直径小（46～91毫米），按矿种的不同，深度从几十米到两千多米。②石油天然气钻探，钻孔一般开孔915毫米，终孔216毫米，孔深1000～7000米，通常井口要安装防喷器具。③水文地质钻探，普查孔直径小于150毫米，勘探孔直径150～350毫米，水井直径150～550毫米，孔深300米。④地热钻探，井深1000～3000米。⑤工程地质钻探，为勘察坝基、水库、渠道、港口工程、高层建筑及铁路、公路沿线的工程地质情况。

综观国际固体矿产钻探发展趋势，结合我国国情，在钻探技术发展上，有以下几个方面值得重视：①高效、综合钻探技术的研究开发。总体目标是完善现有钻探技术，以进一步提高钻探效率和质量，并扩展现有钻探技术的适应能力。在钻探设备上，或增大钻机功率强力钻进，或轻便高效且运移方便，或钻机多功能以适应钻进多工艺和工作多用途的要求。②深部钻探技术研究。深部勘探钻进可能是增加矿物储量平衡开发费用的唯一途径。为了浅部矿产减少，以及保护生态环境和资源的需要，深部勘探钻进在钻探中的比例越来越高。2000米以深钻探关键设备、器具和钻探工艺的研究应予以重视。与地表钻探相比，对某些成矿模式的地层，在数百米深的地下坑道或采区内进行岩芯钻探可采用小规格设备进行深部工作，可节约钻探费用和时间。所以应研究坑道内新的岩芯钻探技术，钻进深度1000米左右。③海洋及水域钻探技术。陆地浅部大部分矿产资源已被探明部分矿产资源已被开采枯竭，全球资源勘探在转向深部的同时，也转向海洋和其他水域。我国有6000多个湖泊，海岸线长约18000千米，这些水域中极为丰富的矿产资源有待勘探开发，但至今仍无正规的水域取样钻探设备和完整配套的施工工艺技术。研究内容包括：浅海平台，船上安装的适合水域钻探的钻探设备，水域钻探取芯取样技术及器具，新型洋底及水下沉没式钻探和取样装置。④计算机在探矿工程中的开发应用。钻探技术要与高新技术接轨，全面提高钻探技术的水平，就一定要对计算机技术进行系统开发，以全方位地拉动行业的技术创新和进步。主要研究内容包括：钻探工作自动化和智能化，自动化钻机，钻探设备、器具等的计算机辅助设计和制造，钻探设备设计及钻进过程控制的专家系统等。

我国近年新发现的金属矿床大多在500～1000米以深。国家资源潜力评价表明，深部1000～3000米隐藏着巨大的矿产资源潜力，我国200万平方千米覆盖区勘查程度低下，甚至空白，被称为找矿新大陆，尚待勘查。但是，我国高端勘查装备大量依赖进口，核心技术受制于人，深部资源能源勘查面临目标复杂、深度隐蔽、示矿示藏信息微弱的挑战，现有的勘查技术远远不能满足勘查深度、精度和分辨能力的需求，严重制约了我国资源发现与国际资源市场的开拓。20世纪90年代以来，全球矿产勘查已转向大陆深部、

“难进入”地区及覆盖层之下（森林、水域、沙漠戈壁等）。世界资源大国已将深部资源作为新增储量的主要目标。深部资源勘查促进了勘查技术与手段不断进步与发展，移动平台和大深部透视探测技术成为现代资源能源勘查的主导手段，正在改变传统资源勘查模式。对地球深部地球物理探测、地球化学示踪、成矿动力学系统和多元信息综合评价等多学科集成，提升了对深部成矿系统时空分布规律的认知，指导了深部资源能源勘查发现和突破。我国钻探技术的发展目标是：依赖科技进步，研究深地资源的时空分布规律与控制因素，创新资源评价模式，建立深地资源勘查开采技术体系，突破关键深地勘查、开采技术与装备，构建2000米采矿新空间，进军3000米勘查新深度，开辟覆盖区找矿“新大陆”，大幅提升资源发现率和资源获取能力，形成一批国家级大型资源基地，全面支撑国家找矿突破战略行动，缓解我国资源巨大压力，保障国家资源安全。

经过“十一五”“十二五”攻关研究，特别是地质矿产调查评价专项以及一批“973”资源基础研究的成果，我国成矿理论基础研究与勘查技术取得重大进展。碰撞造山与成矿、陆内造山过程与成矿和区域成矿规律、深层碳酸盐岩及前陆盆地碎屑岩大油气田成藏理论等形成优势。在一批“863”重点项目和深部探测技术与实验研究专项支持下，深部探测技术与装备得到空前发展，在资源勘查领域，如矿集区立体探测、重磁电全三维反演解释、多数据类型联合反演和三维填图等取得技术突破，基本实现2000米矿产探测能力；航空重力、航磁梯度、航空电磁、航空伽马能谱等取得重要进展；宽频电磁传感器、大功率电磁观测、阵列大地电磁测深等取得突破。与国际相比，我国航空探测技术具备从“跟跑”到“并跑”，深部探测技术具备从“并跑”到“领跑”的潜力。青藏高原已成为我国主要矿产资源储备基地，为加快高寒、高海拔地区矿产资源的勘查开发，应综合运用地质和物、化、遥、钻勘探技术，提高矿产资源发现效率。毛景文提出了针对高寒高海拔地区快速找矿简单流程，如图4.1所示。

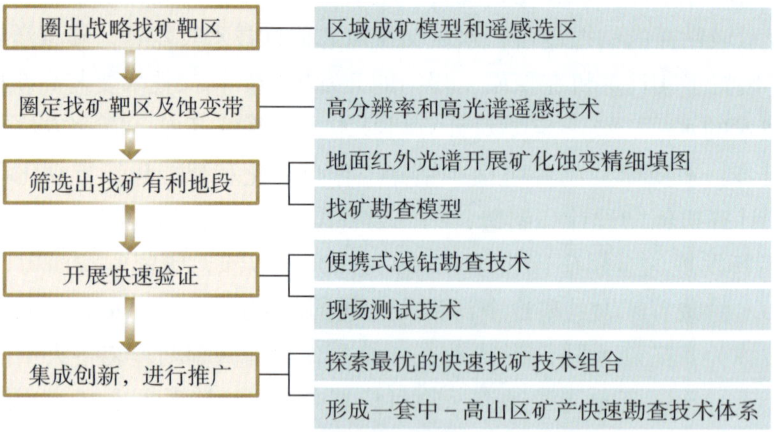

图4.1 高寒高海拔地区快速找矿简单流程
（据毛景文演讲文稿）

4.2.2 采矿技术进展

4.2.2.1 采矿方法概述

（1）露天采矿方法

露天开采是从地表直接采出有用矿物的矿床开采方式，有机械开采和水力开采两种。机械开采是用一定的采掘运输设备，在敞开的空间里从事的开采作业（王运敏，2012）；水力开采主要用于松散的砂矿床开采，借水枪喷出的高压水流冲采砂矿，通过砂泵输送砂浆，或用采沙船直接采掘。图4.2为甲玛铜矿露天采场，图4.3为甲玛铜矿总体布置图，图4.4为甲玛铜矿矿体开拓系统垂直纵投影图。

图4.2 甲玛铜矿露天采场

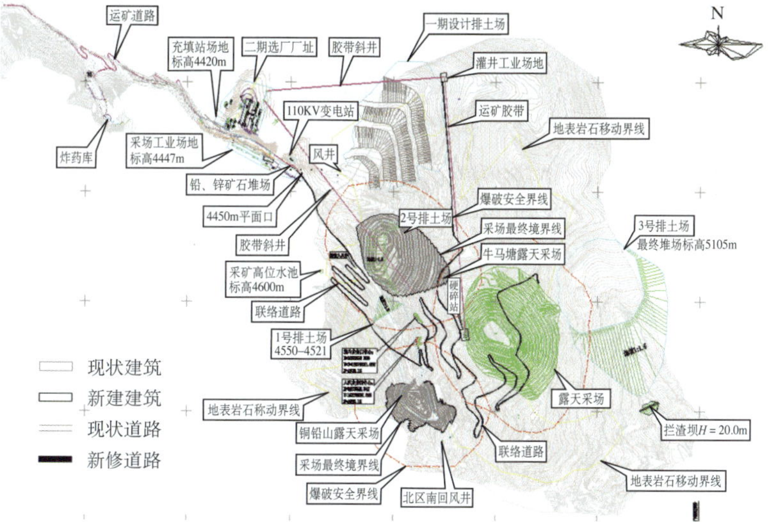

图4.3 甲玛铜矿总体布置图（比例尺1：10000）

（据长春黄金设计院，2012）

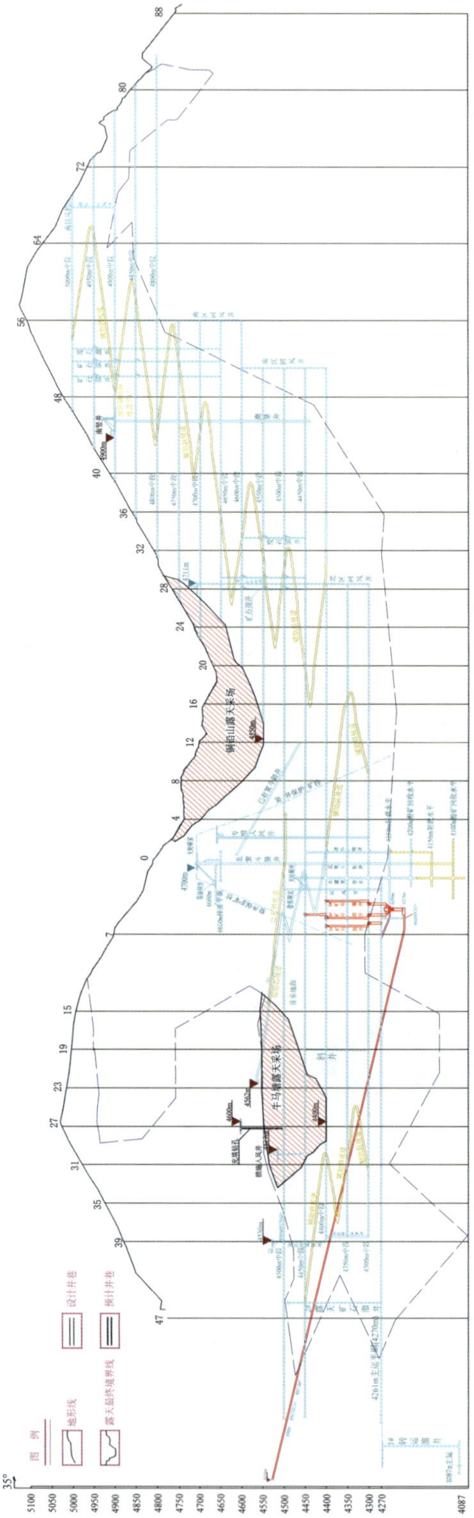

图4.4 甲玛铜矿矿体开拓系统垂直纵投影图（比例尺1：1000）
（据长春黄金设计院，2011）

露天采场位于露天开采境界封闭圈以上的称为山坡露天矿；位于露天开采境界封闭圈以下的称为凹陷露天矿。露天开采所形成的采坑、台阶和露天沟道合称为露天采场（于润沧，2009）。

露天开采时，通常是把矿岩划分成一定厚度的水平分层，自上而下逐层开采，并保持一定的超前关系。在开采过程中，各工作水平在空间上构成了阶梯状，每个阶梯就是一个台阶或称为阶段。台阶是露天采场的基本构成要素之一，是进行独立剥离岩石和采矿作业的单元体。露天采场构成要素如图4.5所示（于润沧，2009）。

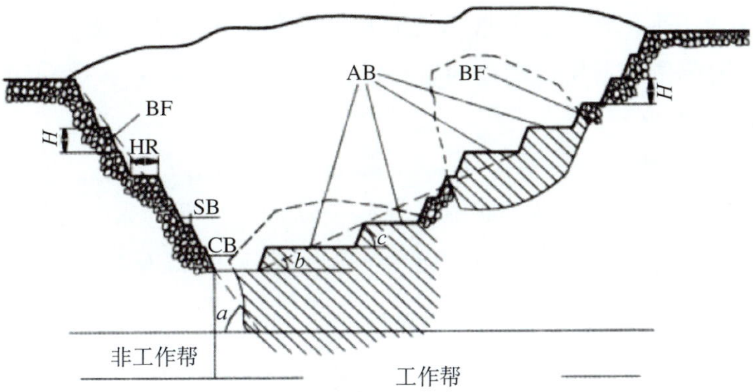

图4.5 露天采场构成要素图

a—最终边坡角；*b*—工作帮坡角；*c*—台阶坡面角；AB—工作平盘；*H*—台阶高度；HR—运输道路宽度；BF—台阶坡面；SB—安全平台；CB—清扫平台

由结束开采工作的台阶平台、坡面和出入沟底组成的露天采场的四周表面称为露天采场的非工作帮或最终边帮（图4.5中左侧边帮）。位于矿体下盘一侧的边帮叫作底帮，位于矿体上盘一侧的边帮叫作顶帮，位于矿体走向两端的边帮叫作端帮。

正在进行开采和将要进行开采的台阶所组成的边帮叫作露天采场的工作帮（图4.5中的右侧边帮）。工作帮的位置随开采工作进行不断改变。

通过非工作帮最上一个台阶的坡顶线和最下一个台阶的坡底线所做的假想斜面，叫作露天采场的非工作帮坡面或最终帮坡面。最终帮坡面与水平面的夹角叫作最终帮坡角或最终边坡角（图4.5中的*a*）。

最终帮坡面与地表交线，为露天采场的上部最终境界线。最终帮坡面与露天采场底平面的交线，为露天采场的下部最终境界线。上部最终境界线所在水平与下部最终境界线所在水平的垂直距离，为露天采场的最终深度。

通过工作帮最上一个台阶的坡顶线和最下一个台阶的坡底线所做的假想斜面，叫作作帮坡面。工作帮坡面与水平面的夹角叫作工作帮坡角（图4.5中的*b*）。工作帮的水平部分叫作工作平盘（图4.5中的AB），即工作台阶要素中的上部平盘和下部平盘，穿爆、采装和运输工作即在工作平盘上进行。

非工作帮上的平台，按其用途可分为安全平台、运输平台和清扫平台。

安全平台（图4.5中的SB）是缓冲和阻截滑落岩石，减缓边坡角以保证最终边坡稳定和下部水平工作安全的非工作平台。

运输平台（图4.5中的HR）是作为工作台阶与出入沟之间运输联系的通路，其宽度依所采用的运输方式和线路数目来确定。

清扫平台（图4.5中的CB）是用于阻截滑落岩石并用清扫设备进行清理的非工作平台，它同时也起到安全平台的作用。

在露天矿，为了采出矿石，一般需要剥离一定数量的岩石。剥离岩石量与采出矿石量之比，即每采出单位矿石所需剥离的岩石量，称作剥采比，单位可采用米^3/米^3、米^3/吨或吨/吨（于润沧，2009）。

（2）地下采矿方法

目前国内外地下采矿方法分类很多，比较公认的是按照回采时地压管理方法将地下采矿方法分为3类，即空场采矿法、充填采矿法和崩落采矿法（王运敏，2012；于润沧，2009）。

a. 空场采矿法

空场采矿法由于主要依靠围岩自身稳固性和留下的矿柱来管理地压，因此一般适用于矿岩稳固的矿体开采。其基本特点是：除沿走向布置的薄和极薄矿脉，以及少量房柱法外，矿块一般划分为矿房和矿柱两步骤回采，先采矿房，后采矿柱；矿房回采过程中留下的空场暂不处理并利用空场进行回采和出矿等作业；矿房开采结束后，根据开采顺序的要求，在空场下进行矿柱回采；根据所用采矿方法和矿岩特性，决定空场内是否留矿柱及其矿柱形式。

空场采矿法具体形式很多，但应用较为广泛的是房柱法（全面法）、留矿法、分段凿岩阶段矿房法和阶段凿岩阶段矿房法（图4.6）。

b. 充填采矿法

在回采过程中，按照回采工艺的要求，用充填料回填采空区的采矿方法称为充填法。

充填的目的是：支护岩层，控制采场地压活动；防止地表沉陷，保护地表地物；提供继续向上回采的工作平台（类似于留矿法功能）；改善矿柱受力状态（由单轴受压变为三轴受压），保证最大限度地回收矿产资源；保证安全回采有内因火灾危险的高硫矿床；控制深井开采岩爆，降低深部地温；保证露天、地下联合开采时生产安全；处理固体废料，保护环境。

由于充填采矿法能够最大限度地回收矿产资源，保护地下、地表环境，特别是近些年来，随着充填材料、充填工艺、管道输送装备和技术的不断进步，该方法在有色金属矿山和贵重金属矿山得到了广泛应用。在煤矿、铁矿等传统上不宜采用充填法的矿山，

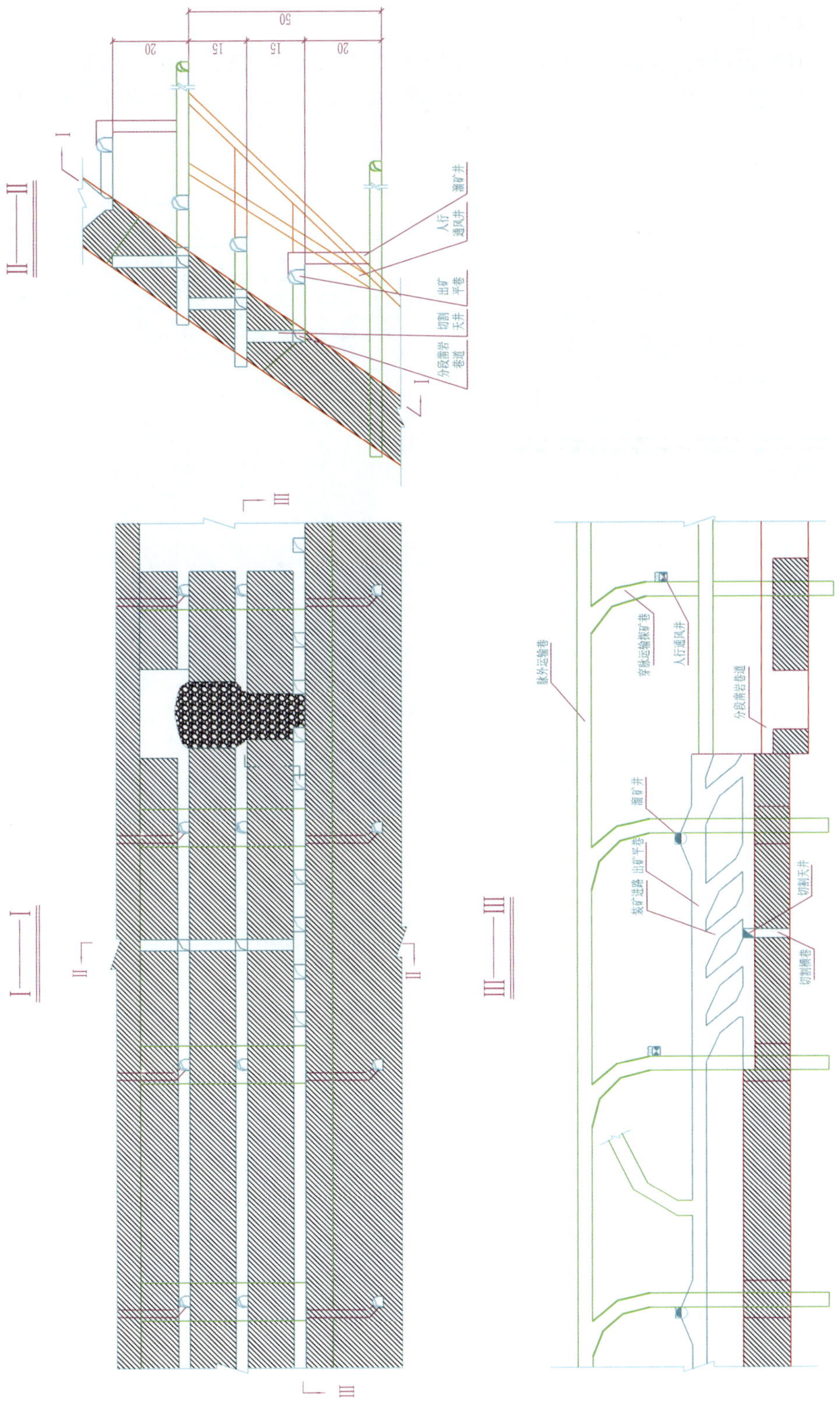

图4.6 空场采矿法示意图

充填法应用比重也越来越大。

根据采用的充填料、输送方式以及矿体回采方法和充填方式不同，充填采矿法分为上向分层（或进路）充填法、下向分层（或进路）充填法和嗣后充填采矿法（图4.7）。

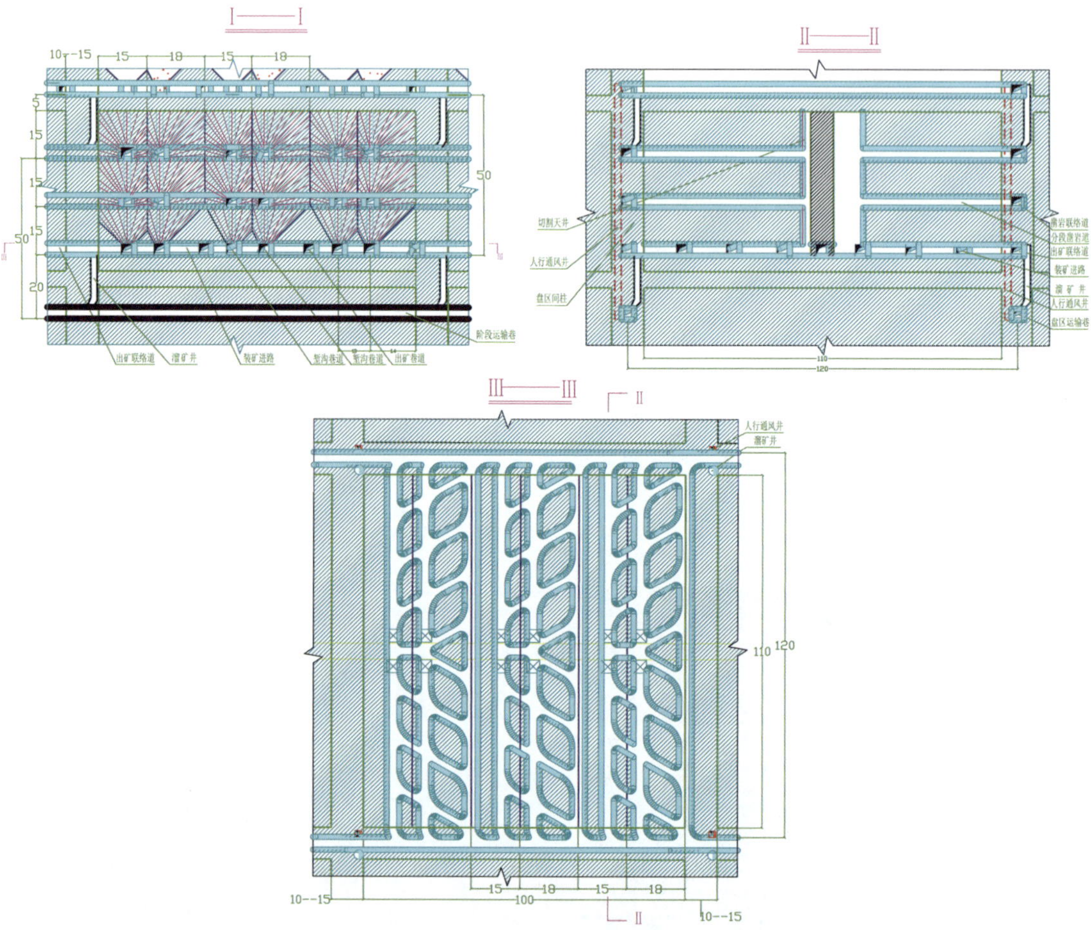

图4.7 充填采矿法示意图

c. 崩落采矿法

与空场法和充填法利用围岩本身稳固性和矿柱或充填体支撑顶板岩层、被动管理地压不同，崩落法是通过有计划地强制或自然崩落围岩，消除地压存在和产生的根源，主动管理地压。其主要特点是：随采矿工作面的推进，有计划地强制崩落，或借助自然应力崩落采场顶板或两帮围岩充填采空区，以控制和管理采场地压。

崩落采矿法能实现单步骤回采矿块，消除回采矿柱时安全条件差、损失与贫化大的弊端。该方法首要使用前提条件是地表允许陷落，而且由于放矿是在覆盖岩石下进行的，损失与贫化率较高，一般适用于价值不高的矿体或低品位矿体的回采。随着环保问题日益受到重视，该类采矿方法使用比重有越来越小的趋势。国内外常见的崩落法回采方法包括：有底柱分段崩落法、无底柱分段崩落法和自然崩落法三类（图4.8）。

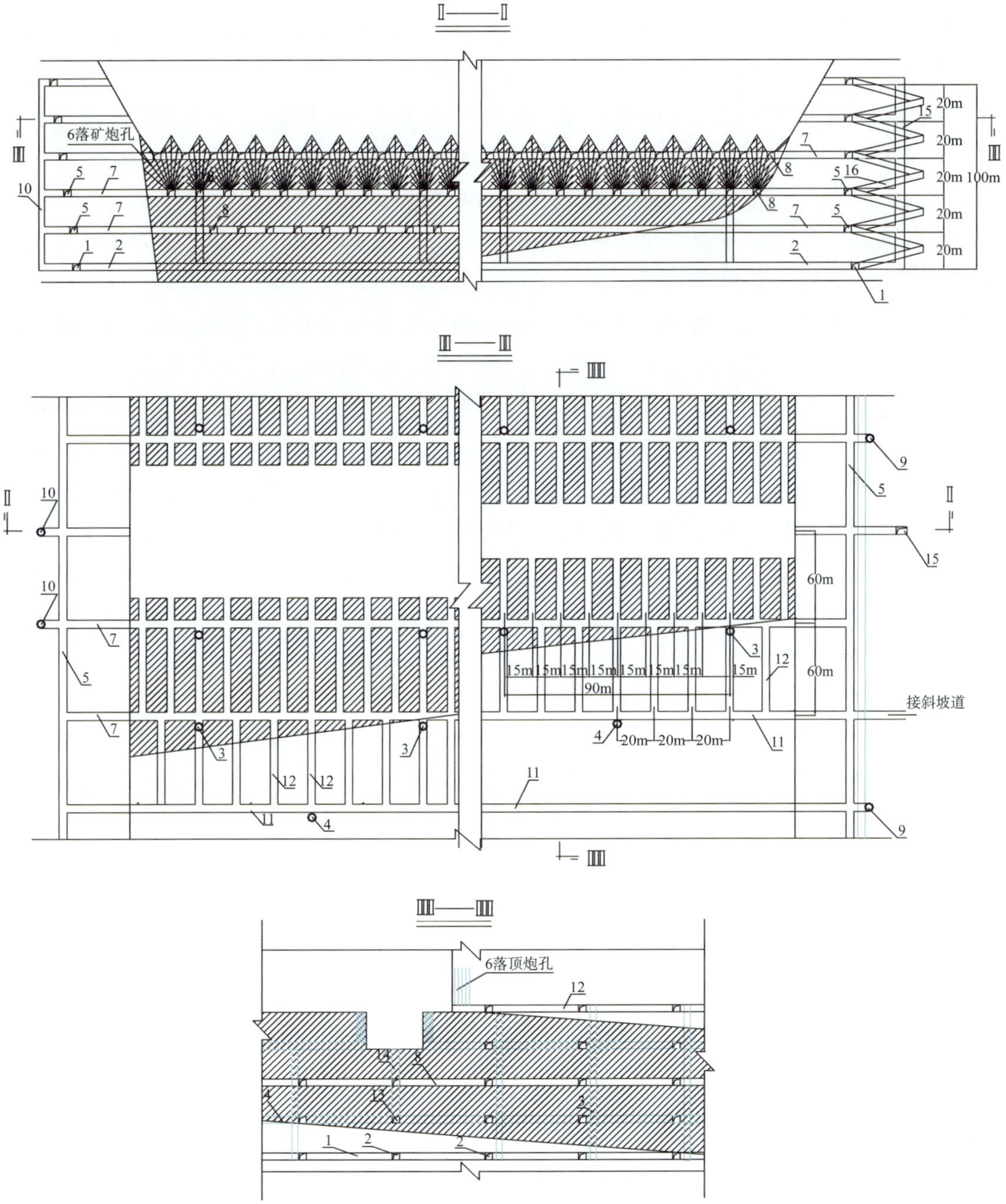

图4.8　崩落采矿法示意图

随着浅表资源的开采殆尽，矿山已逐步向深部（1000米以深）开采，深地资源勘查与开发已成必然。

4.2.2.2 采矿方法评价指标体系

采矿方法评价指标体系的建立需要对技术、经济、安全、环保等方面进行综合分析，达到技术可行、经济合理、安全可靠、符合法律法规等要求。优选指标体系必须科学、客观、合理、全面、多角度反映各因素对选取采矿方法的影响。这要求在构建指标体系的过程中遵循以下原则（张钦礼等，2008）：①系统性原则。采矿方法优选是一个综合复杂的系统，它是由多因素构成的多层次组织系统，同时又受到系统内外多因素的影响和制约。因此，在评价指标的筛选时务必做到总量指标、相对指标与平均指标相结合，从各侧面、各层次完整表达采矿方法开采效果的基本状况。②简明科学性原则。选取的评价指标要建立在科学基础之上，指标概念必须明确，能够充分反映评价对象的各项特征。③全面性原则。选取的指标要能够全面反映采矿方法生产和管理的综合情况，抓住主要因素，既反映直接效果，又反映间接效果；既反映经济与社会效益，又反映安全生产情况及资源回收利用情况。④突出性原则。评价指标系统要求遵循全面性原则，但并非选择指标面面俱到。指标的筛选应尽量考虑独立性和代表性，区别主次、轻重，要突出当前带全局性而又极为关键的因素，以保证重点和集中力量控制关键性因素避免指标间信息量的重复，从而增加评价的准确性和科学性。⑤定性与定量相结合原则。使决策具有客观性，便于数学模型处理，弥补单纯定量评价的不足及数据本身存在的缺陷。⑥灵活可操作性原则。决策指标体系在实际应用中应具有足够的灵活性，以供不了解指标体系建立过程的人员操作和使用。

与地下开采相比，露天开采更易于应用大型生产设备，从而可扩大生产能力，提高劳动生产率，降低工人劳动强度，保证回采作业安全，缩短基建时间，降低开采成本，提高经济效益。在开采技术、环境条件允许的情况下，应首先考虑采用露天开采。露天开采与地下开采技术特征差异显著，适用的地质条件迥异；因此，在采矿技术范畴内，采矿方法的优选一般针对地下采矿方法。

采矿方法在矿山生产中占有十分重要的地位，对矿山生产的许多技术经济指标，如矿山生产能力、矿石损失率和贫化率、劳动生产效率、成本及安全等都具有重要的影响，所以采矿方法选择的合理、正确与否，将直接关系到矿山企业的经济效果和安全生产状况。采矿方法的选择受多种因素的影响，主要包括（王运敏，2012）：

（1）矿床地质条件

矿床地质条件对采矿方法的选择起控制性作用，一般矿山根据矿体的产状、矿石和围岩的物理力学性质就可以优选出1～2种采矿方法。影响采矿方法选择的主要地质条件包括：①矿石和围岩的物理力学性质，尤其是矿石和围岩的稳固性；②矿体倾角和厚度，矿体倾角主要影响矿石在采场中的运搬方式，矿体厚度则主要影响落矿方法的选择以及矿块的布置方式等；③矿体形状、矿石与围岩的接触情况，主要影响落矿方法、矿石运搬方式、损失与贫化指标；④矿石的品位和价值，开采品位较高的富矿和贵重、稀有金属时，往往要求采用回收率高、贫化率低的采矿方法，即使这类采矿方法成本较高；⑤矿体埋藏深度，埋藏较深的矿体（如超过800米）开采时，地压增高，会出现岩爆现象。

（2）特殊要求

某些特殊要求可能是采矿方法选择的决定因素，如：①地表是否允许陷落，如果地表有重要工程（公路、铁路、村镇等）、水体（河流、湖泊等）及其他需要保护的因素（风景区、良田、文化遗址、森林），不允许陷落，则在采矿方法选择时应优先考虑能保护地表的采矿方法，如充填法；②加工部门对矿石质量的特殊要求，如贫化率指标、矿石块度等；③矿石中含硫高，会有结块、自燃现象，应避免采下矿石在采场中过久存放，若开采含放射性元素的矿石，则应采用通风效果好的采矿方法。

为了更客观地反映生产实际和矿山具体情况，多年来许多学者致力于采矿方法评价指标的研究，进行了大量的科研工作。

不管是采矿方法指标实例研究，还是《采矿手册》中关于采矿方法比选的基本要求，一般都包含技术、经济、安全及环保四大类指标，其中：

技术指标包含采场生产能力、采切比、方案的适应性、回采作业循环时间、实施难易程度、机械化程度等。

经济指标包含采充综合成本、矿石损失率、矿石贫化率、主要材料消耗等。

安全指标包含作业安全程度、允许暴露面积、通风条件、爆破影响程度等。

环境指标包含“三废”排放等情况。对于环境脆弱地区的矿业开发，尤其要注意优先考虑环境指标的比重。

一种采矿方法很难同时满足所有评价指标，在综合考虑技术、经济、安全、环保四方面，从服务矿山建设与生产的全面性、系统性出发，兼顾突出性与灵活性原则，需要根据矿山的实际情况按照其重要性逐项认真研究。在总结多位学者采矿评价指标体系的基础上，建立如下采矿方法评价指标体系（图4.9）：

需指出的是，在具体的综合评价分析过程中，应根据要求对技术指标有所增删。

4.2.2.3 采矿方法优选技术研究

（1）采矿方法优选评述

采矿方法的选择是矿山企业最迫切的任务，它关系到井下工人作业安全、企业生产的技术经济指标、地质资源保护等诸多问题，是一个多层次、多因素、多目标决策的系统工程问题。

影响采矿方法选择的因素有许多都是动态变化的，其重要性不容忽视。采矿生产一旦开始，在生产过程中再改变采矿方法通常是非常困难的，至少是要进行必要的试验，

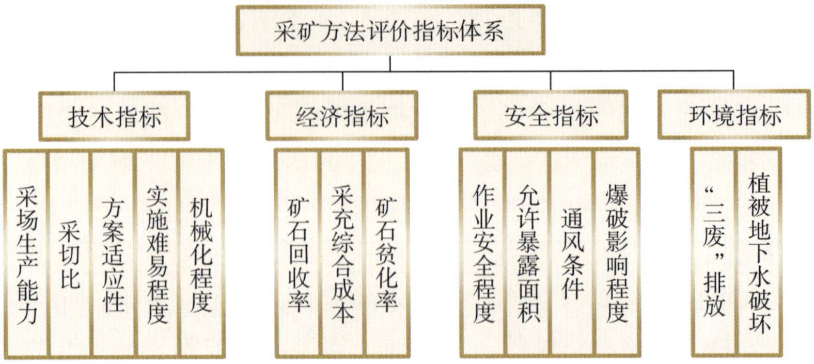

图4.9　采矿方法评价指标体系

再次增加投资，有时甚至影响生产或损失资源储量，而且有些灵活性差的采矿方法还难以改变。严格讲，正因为每一个矿体的开采条件都是独一无二的，有时固然可以选用某种传统的采矿方法，但更多的情况需要在不同类型方法结合、渗透的基础上，产生出一种更适合特定开采条件的新的采矿方法。采矿方法选择是矿山项目的基本决策，将影响矿山其他主要决策。

传统的采矿方法选择一般分三步进行，即：采矿方法初选、技术经济分析和综合分析比较。采矿方法选择要根据矿床地质特征和采矿技术条件，初选可行方案，然后进行技术经济分析，如果比较的方案之间差异不明显，还需进行细致的综合分析方可做出决策。在这个过程中，对人的经验依赖性较强，受限于人的能力，且主观随意性较大，容易得出主观、片面的结果。为了克服这些缺点，使采矿方法选择更可能地客观、科学，引入了许多新理论、新方法。这些理论与方法包括：模糊数学理论、灰色关联分析法、多目标决策选择理论、价值工程分析法、人工智能分析法等。

以上几种典型的采矿方法优选数学模型，一定程度上满足了采矿方法定量比选的需要。运用模糊数学理论对复杂采矿方法进行评价起步较早，且应用广泛。其中，主观因素作用较大，可能会使方案的选择偏离客观性，采用模糊数学层次分析法，将各自的优势（即评价模型的建立和层次的条理性）综合应用到采矿方法选择，既能克服专家的主观性、随意性，又可避免模糊数学方法中的模糊性所造成的误差，在实际中得到了采矿工作者的应用和认可。

（2）采矿方法选择技术路线

若矿体适用于露天开采，就采用露采；否则，需要根据矿体赋存条件（倾向、倾角、埋深、厚度、地质条件、岩体力学条件、岩体应力、矿石物理化学性质等）进行采矿方法初选；在此基础上，建立采矿方法评价指标体系，进行采矿方法优选，综合评判出较为合理的采矿方法（图4.10）。

露天采矿方法的确定关键在于能否圈定经济合理的露采境界。地下采矿方法初选，

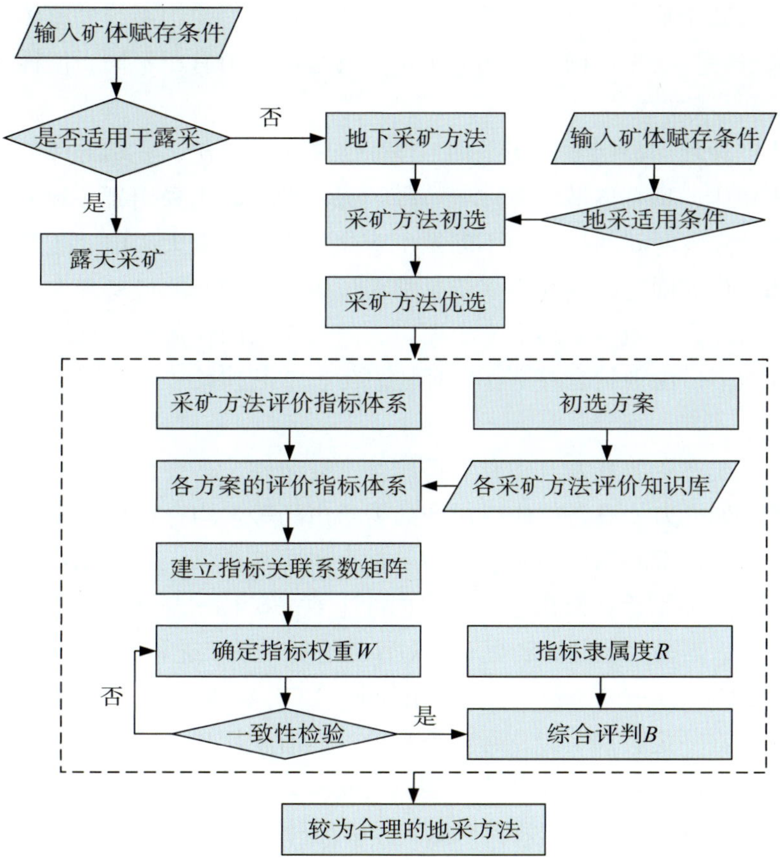

图4.10 采矿方法选择技术路线

是在地下采矿方法适用条件分析的基础上直接得出，其适用条件的得出是在多年采矿方法研究积累的基础上总结得到的，具有普遍适用性，可以满足快速确定初选采矿方法的要求；模糊聚类理论也可用于初选采矿方法，需要收集技术参数以及与设计矿山技术指标相差不大的方案，形成方案集，虽然有利于人机交互，但其初选过程更加复杂，需要定量化指标分析，归一化处理数据，并通过模糊聚类理论进行计算。

（3）矿山采矿方法复杂多变

赋存于地壳浅层中的矿产资源，不仅其所赋存的地质环境非常复杂，而且，对矿体本身而言，其空间位置、形态、元素品位分布等均极富变化。随着开采活动的进行，可供开采的资源量随之发生变化，人们对矿山资源情况的掌握程度也会随之发生变化，由掌握程度变化而引起的资源及其周围岩体的空间分布将可能出现变动。同时，在矿山企业生产经营过程中，由于市场的变化，其资源情况也需要及时变更和修正。

一个完整的地下矿山系统，由提升、运输、通风等多个子系统构成。矿山总系统不是这些子系统的简单叠加，其中任何一个子系统性能不良或出现问题，对整个系统的性能都会产生极大的影响。只有各子系统配套、协调运行，矿山系统的整体性能才能得到极大的提高和发挥。露天矿山系统构成上虽然与地下矿山有所不同，但性能上具有与之完全相同的特征。

正常的生产过程一般都要经历采切、凿岩、崩矿、出矿、充填等环节，与其他加工企业工艺流程相比，具有离散、分散等特征。无论地下矿山采用哪一种采矿方法，其主要作业场所都会随着时间的推移而不断发生变化。无论是露天矿山，还是地下矿山，在有固定设备和人员的同时，往往更多的是那些位置不断改变的设备和人员。矿山一般都位于比较偏僻的地方，相对于地下矿山而言，露天矿山的作业环境处于暴露状态，环境条件稍好。而地下矿山则具有井下作业环境恶劣、空间狭长、电磁屏蔽性强、噪声大等特征。

综上可知，矿产资源开发利用具有系统性、复杂性、多变性，生产作业条件差，同时与外部环境（如电力、设备供应、矿产品需求市场等）均存在信息交换与流动。在时间与空间上，采矿技术的综合选取存在多且复杂的可变因素。在矿山可研与设计阶段，采矿技术综合评价体系旨在给出达产年限内的主要采矿技术与基本工艺流程。在矿山实际建设与生产中，需要因地制宜和更有针对性地进行采矿工艺研究工作。

采矿技术的确定是矿产资源开发利用的基础工作。在矿山开发利用初期阶段进行采矿技术优选，在一定时期可以指导生产作业，具有实用价值。在资源开发利用的过程中，按照系统工程的观点，从企业生产运营的角度，采矿技术的研发贯穿始终，在不同生产时期，一个矿山的采矿技术需要根据实际情况科学、灵活地改进与变更。

4.2.2.4 大型矿山常用采矿方法

大型矿山一般矿体厚大，开采技术条件相对较好，对技术经济指标和环境安全控制有更严苛的要求。发挥大型矿山的资源优势，统一全矿体规划开采，要求其必须大产量、高效率、资源利用率高。对于环境脆弱区，应优先考虑环境承载力，在开采前就应统筹考虑复垦和地表绿化等工作；采用地下采矿方法时，应首先考虑采用充填法开采。

若矿体适宜露天开采，应优先选用露天采矿方法，其露天开采境界根据相应的方法确定。

当不具备露天开采的技术经济、环境政策等要求时，根据不同矿体条件、技术经济、环保条件和政策法律等要求，采用安全高效、生产能力大的地下采矿方法。机械化程度高、安全高效、产量大的地下采矿方法推荐如表4.1所示。

表4.1 大型矿山可能选用的采矿方法

采矿方法类别	空场采矿法	崩落采矿法	充填采矿法
采矿方法名称	中深孔无轨设备回采房柱法、分段采矿法、阶段矿房法	无底柱分段崩落法、有底柱分段崩落法、自然崩落法	阶段嗣后充填法、上向水平充填法

上述方法在选择时同样遵循上文所述的适用条件。在大型矿山，采矿方法设计中一般采用大采场结构参数。每个矿种、矿体的地质成矿作用、水文地质条件、开采技术条件及当地的社会环境等都会影响矿山生产和采矿方法的应用，即便是同样的采矿方法，在不同的矿山采矿工艺也各不相同。根据基本技术条件及上文所述，一般可完成采矿方法初选，具体的生产作业还需要围绕具体情况进行采矿方法优选与设计。

4.2.3 选矿技术进展

4.2.3.1 选矿技术与装备的新进展概述

在碎矿与磨矿方面用自磨和半自磨代替传统碎磨；针对复杂多金属矿，在选矿工艺方面，预选抛尾、闪速浮选、无氰浮选、电化学调控浮选和选冶联合流程等技术得到推广应用。已成功开发“多种力场”联合作用的分选技术与装备，多种原理“联合效应”的“综合分选技术”，无尾矿清洁选矿生产工艺和选冶联合流程。近年来浮选工艺出现了逐渐精细化的趋势，如泡沫中分选（粗粒浮选新方法）、载体浮选（细粒浮选）、无捕收剂浮选、电和磁及声波等物理作用与浮选、矿石磁脉冲预先处理技术、生物诱导浮选技术等新型选矿技术（孙传尧，2015）。

在选矿药剂方面，国外在开发高效低毒选矿药剂的同时，均注重药剂复配、混合用药和预处理技术的研究。近年来，国外研制了多种专属化选矿药剂并应用，如高效选择性硫化矿捕收剂、适于氧化矿浮选的改性脂肪酸类捕收剂、高效低耗起泡剂等。

国外选矿装备不断进步和完善，使选矿加工成本和能耗大幅度降低，具体体现在选矿设备实现大型、节能和多样化、选矿过程自动寻优和过程控制集成技术方面。美国、加拿大、瑞典等国家在大型颚式破碎机、圆锥破碎机、超细碎圆锥破碎机、球磨机、浮选机、浓密机等设备的大型化、节能和多样化方面取得了很大进展。适于粗、精、扫选和尾矿再选等不同作业的浮选、磁选和重选设备已研制开发出工业产品。

主要发展趋势：①研究开发高效预选设备、新型高效节能破磨与分级设备，以及固液分离新技术与设备，大幅度降低能耗，提高综合利用率；②研究开发与矿石物性相适应的精细矿物加工工艺技术，各种能场的预处理对矿石和分选的影响，向过程精细化、分选高效化方向发展，注重提供资源综合开发利用的整体解决方案；③在开发高效分选设备、高效无毒新药剂中，重点研究复合力场分选设备，如Slon高梯度脉动磁选机、尼尔森离心选矿机和法尔肯离心选矿机等；高效选择性新药剂及其多种成分协同作用的复配药剂，以及生物浮选技术，提高贫、细、杂难选矿石的分选精度；④在矿产资源综合利用研究中，注重矿产资源的开发利用与废物处置相结合，重点开发无废清洁工艺，加强尾矿中矿物分离、提纯、超细改性的研究，使其成为资源；加强矿山废物的循环利用及其无废排放，为矿物原料工业向矿物材料工业转化提供新技术。

4.2.3.2 选矿工艺的适用条件

选矿工艺的确定主要依据矿床类型及矿物组成。矿体矿床类型多样，特别是矿物组成千差万别，某种杂质矿物的含量偏差直接关系到主选金属的选矿工艺。针对某种金属的结晶状态及其化合物、矿石内矿物组分的不同，有与之对应的基本选矿工艺；但是针对不同特性的矿石，必须进行矿石可选性试验研究，即进行选矿试验。

选矿试验研究是矿产资源开发利用过程中一项不可或缺的科学实验活动，是必须进行的工作，是在熟练掌握了浮选、磁选、重选和电选等选矿工艺的基础上进行的综合性试验研究。选矿试验研究是针对有代表性矿石样品，在实验室或实验工厂中通过广泛探索和深入研究，得出针对特定矿石的高效回收有用矿物和有效分离的工艺流程、操作条件和药剂制度，制定出适应矿石特性的选矿工艺方案；根据试验深度和要求的不同，试验结果可以作为选矿厂设计的参考或依据，并为选矿厂生产提供技术保障。所以最终制定生产可行的选矿方案是在选矿试验后完成的。根据不同的矿物组成和金属，已经形成了一套选矿流程与思路，若要提高资源的综合利用率只能通过延长选矿流程；资源的回收率和综合利用指标与主要采用的选矿方法没有直接关系，关键在于具体的选矿工艺。同样的选矿方法，工艺不同，资源总回收率差别很大。

前期选矿方法选择时，针对不同矿物的处理有与之对应的基本方案，但是要确定高效回收矿物的工艺流程、操作条件和药剂制度，制定选矿工艺方案，就必须进行试验研究。这与采矿方法的选择有明显区别，采矿方法是通过研究分析基本确定采矿方法与工艺，再进行单体设计和试验采场。

选矿工艺的适用条件，仅能根据矿床类型和矿物组成以及安全环保等条件，确定浮选、磁选、重选、电选等最基础的选矿工艺；可以根据多年来选矿技术研究和选矿生产的经验确定。

4.2.3.3 铜矿选矿技术

按照氧化率（氧化率＝氧化铜含量÷总铜含量×100%）的不同，铜矿石分为硫化矿石（氧化率<10%）、氧化矿石（氧化率>30%）和混合矿石（氧化率10%～30%）三类。主要选矿方法是浮选法，重选和磁选也有运用。一般情况，硫化铜矿石、易选的混合铜矿石和易选的氧化铜矿石都采用浮选法处理。对于难选的混合铜矿石和难选的氧化铜矿石，则多采用湿法冶金或湿法冶金与浮选联合的方法处理。

铜矿石浮选常用的捕收剂是黄药类，其次是黑药类、硫氮类、酯类、黄药与其有机组合的组合药剂和一些代号捕收剂（MAC-12、EP、MOS系列、MA系列和MB系列）等。黄药类捕收剂主要有乙基、丁基、异丁基和异戊基黄药和Y89等。黑药类捕收剂主要有208号、238号、242号、甲酚黑药、丁胺黑药等。硫氮类捕收剂主要有SN-9#和OSN-43#等。酯类捕收剂主要有Z-200、S-3302等。常用的起泡剂有松醇油、111#油、MIBC、T-66、道-250、Aerofroth73、38y和重吡啶等。常用调整剂有硫化钠、石灰、腐植酸钠、亚硫酸钠、水玻璃、羧甲基纤维素和氰化物等。

铜矿石浮选常用工艺流程，主要是一段和多段选别流程，其中有代表性的是阶段磨矿阶段选别流程和阶段磨矿集中选别流程。就选别顺序而言，包括混合浮选法、优先浮选法、优先－混合分步浮选法、快速浮选、分步优先浮选、部分混合浮选、异步混合浮选等流程。

不同类型铜矿石的浮选方法各不相同，用得最多的是硫化－黄药浮选法。在该法选别易选混合铜矿石和易选氧化铜矿石的工艺中，往往添加无机铵盐、有机胺盐及其组合药剂等，以强化选别效果。对于难选混合铜矿石和难选氧化铜矿石，由于直接浮选的技术指标低，药剂消耗量大，常常采用湿法冶金或湿法冶金与浮选联合的方法处理。对于难选氧化铜矿石则采用湿法冶金处理。在湿法冶金工艺中，依据浸出剂的不同，又有酸浸、碱浸和微生物浸出等不同方法；在产品制取上，有化学沉淀、置换沉淀和萃取－电积等不同方法。对于难选混合铜矿石，一般采用湿法冶金与浮选联合的方法进行处理，这有利于提高铜的回收率和伴生有益元素的综合利用。

4.2.3.4 铜选矿发展趋势

国外的铜选厂虽有数百家，但大型选厂主要集中于智利、秘鲁、美国、加拿大、澳大利亚和赞比亚等几个产铜大国。近年来，尽管国外铜的选矿技术没有重大突破，但在选矿工艺、设备、浮选药剂、自动控制及联合流程的运用等方面还是取得了很大的进展。主要表现在：

1）选厂大型化。智利的丘基卡马塔铜钼矿选矿厂生产能力15300吨/天，年产铜50万吨；埃斯科地达铜矿几经扩建，目前其年产铜已超过100万吨，成为世界铜产量最大的矿山。

2）设备大型化。美国皮马选厂在11000吨/天规摸的扩建中，采用半自磨－球磨流程以处理中等硬度的矿石，扩建系统选用两台$\Phi 8500 \times 3600$毫米的自磨机及两台$\Phi 5000 \times 5800$毫米的溢流型球磨机；平托瓦利铜选厂安装了$\Phi 5400 \times 6400$毫米的球磨机，每台球磨机与8台$\Phi 660$毫米的旋流器构成闭路。100～200立方米大型浮选机在铜选厂中也大量推广使用。

3）自动化水平高。由于选厂规模和设备的大型化，对自动化要求也越来越高。据统计，自动化一般可使选厂设备能力提高10%～15%，劳动生产率增加25%～50%，生产成本降低3%～5%。新建的选厂中大都采用机组或生产工段的自动控制乃至全厂集中控制。计算机控制在美国、英国、加拿大、芬兰、瑞典、澳大利亚、赞比亚和菲律宾等国30多座浮选厂中得到了广泛的应用。通常用闭路电视来监控选矿各作业流程。

4）高效率药剂的研制。例如美国道尔公司生产的药剂，对硫化铜矿物捕收性能很强而对其他矿物捕收能力很弱；另外，包括改善过滤效果的助滤剂，改善磨矿效果的助磨剂等。

5）选冶联合流程的应用。为了充分地综合回收有用矿物，发展了联合流程。

目前，铜的选矿存在的主要问题是：①由于选矿厂规模的扩大和设备的大型化，给设备的制造、生产操作管理带来了新问题，要求机械化及自动化水平更高，否则单纯的设备大型化未必带来更好的经济效益。②新工艺及新设备在实践中出现许多新问题需要进行解决，例如絮凝浮选不仅需要新药剂，而且矿石需要细磨，工业上的应用尚存在一定的困难。③原有的模拟放大算法已不适用大型化及新设备。④复杂共生、低品位、微细粒嵌布的铜矿产资源比例日益增大，该类铜资源的大量开发和利用，也带来了很多需要解决的新问题。

4.2.3.5 铜选矿方法的确定

根据矿床类型和矿物组成确定选矿方案，一定要进行选矿试验来制定选矿工艺方案，不能像选择采矿方法一样，在前期就给出基本确定可行的技术方案。

针对选矿方法的评价，特别是以选矿回收率和资源综合利用率为评价指标时，要以具体选矿试验结果为依据。在选矿试验前，可以根据多年来选矿技术研究和生产经验来确定试验采用的基本选矿方法（如浮选、磁选、重选、电选等）。以铜矿石为例，主要选矿方法为浮选，难选的混合铜矿石和氧化铜矿石，多采用湿法冶金或湿法冶金与浮选联合的方法处理；对于含泥量高或嵌布粒度极细、品位很低的矿石可采用浸出法回收。

铜矿石选矿方法选择的技术路线如图4.11所示。

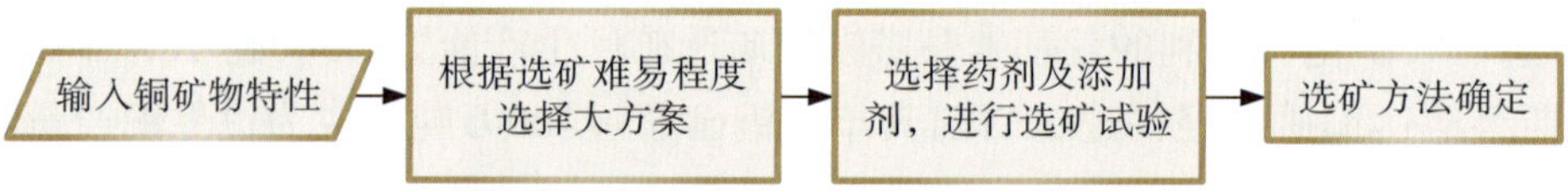

图4.11　铜矿石选矿方法选择技术路线

4.2.4 综合利用技术进展

矿产资源是人类宝贵的财富，在开发矿产资源的同时，应本着充分开发和利用的原则，尽可能减少损失和浪费。新中国成立以来我国矿业获得很大发展，但是矿产资源的勘查与开发仍存在不少问题。很多企业不够重视综合勘探、综合评价、综合开采、综合利用，采、选、冶回收率较低（《采矿手册》编辑委员会，2006）。

矿产资源综合利用具有重大意义：

1）矿产资源属于非再生资源，随着矿山大量开采，矿产资源逐渐减少；

2）我国矿产资源虽然丰富，但按人口平均占有矿产资源并不充足；

3）我国金属矿床中贫矿和难采矿床所占比例较大，有的矿种储量日益减少；

4）很多金属矿床属于多元素共生矿床，需要综合回收，尤其是许多稀贵金属都与其他元素共、伴生；

5）矿山企业搞好综合利用，可以一矿变多矿，可增加采、选、冶的产品种类和经济效益；

6）搞好综合回收对于建设三废污染具有很大的社会效益。

4.2.4.1 综合利用现状

世界各国都很重视矿产资源的保护与综合利用，进行了多方面的研究，取得了很好的成果。

以多种元素共生矿床为例，综合利用不仅充分利用矿产资源为社会增加了物质财富，而且为企业带来了巨大的经济效益（表4.2）。前苏联主要有色冶金加工企业综合利用得到的副产品价值占企业利润的30%～50%。

表4.2 回收共伴生元素的经济效益

矿床	主要元素	共伴生元素	共伴生元素价值占矿石总价值比率/%
多金属矿	Pb、Zn、Cu	S、Cd、Au、Ag、In、Te、Ga、Ge、Bi、Sb、Hg、Co、Ba、Se、Tl	38
铜矿	Cu	S、Au、Ag、Cd、Re、Se、Te	44
铜锌矿	Cu、Zn	S、Au、Ag、Cd、Se、Te	50
铜钼矿	Cu	Mo、S、Au、Ag、Re、Se、Te、Cd	45
氧化镍矿	Ni	Co	21
硫化铜矿	Ni、Cu	Co、S、Pt、Pd、Rn、Ru、Os、Ir、Au、Ag、Se、Te	34
铝土矿	Al	Ga、V	15
明矾岩	Al	Na、K、S、Ga、Si、V	44

（1）国外矿产资源综合利用现状

国外非常重视资源综合利用，综合利用程度较高。如美国杜拉尔铜矿综合利用系数达到83%～90%；阿密铜矿含铜0.5%、含钼0.005%，经浮选后获得品位27%的铜精矿（含钼0.6%）和品位为90%的MoS_2钼精矿（含铜1.25%），铜、钼的回收率分别为87%、54%。前苏联有色金属工业除生产12种主要金属外，还从原矿种提取62种元素。同时还利用低品位矿石提取铜、铅、锌、钼等金属，其产量占金属总量的10%以上，选厂金属回收率达90%。

（2）我国矿产资源综合利用现状

我国很多金属矿床除了主要元素外，还有多种共、伴生元素。白云鄂博、攀枝花、柿竹园、金川、滦川等矿区的矿物种类多，多种共伴生元素经济价值已经超过了主元素。

但是与世界工业发达国家比较，我国矿产资源综合利用水平还较低。如，我国铅锌矿选厂主要处理硫化矿，产出的铅精矿品位52%～73%，平均回收率88.3%。铅锌冶炼厂只注重主要金属的回收，伴生元素的综合回收率只有40%～70%，国外水平均在80%以上；硫的回收率一般为60%～70%，国外水平均在90%以上。

4.2.4.2 综合利用评价方法

矿产资源综合利用程度是评价矿山企业生产技术水平的重要标志，它不仅与矿石回采率有关，而且与选、冶的回收率有关。矿石综合利用系数是指矿石在选、冶过程中被回收的有用元素数量与矿石中有用元素数量之比。根据不同条件和要求，对矿石综合利用系数的计算方法也不同。

（1）产出率法

$$K = K_s K_y \tag{4.1}$$

式中：K_s——选矿过程中矿石综合利用系数。

$$K_s = (q_1 + q_2 + \cdots q_n)/Q \times 100\% = \sum_{i=1}^{n} \frac{a_i \varepsilon_i}{\beta_i} = \sum_{i=1}^{n} R_i \tag{4.2}$$

式中：q_1，q_2，$\cdots q_n$——各种精矿产量，吨；

Q——矿石量，吨；

a_i——矿石中有用元素含量，%；

β_i——精矿中有用元素含量，%；

ε_i——有用元素选矿回收率，%；

R_i——精矿产出率，%；

K_y——冶炼过程中矿石综合利用系数。

$$K_y = \sum_{i=1}^{n} r_i \tag{4.3}$$

式中：r_i——冶炼过程中各种产品产出率，%。

若不需要冶炼即可利用的精矿，取$K_y = 1$。当一种精矿时仅用主要成分进行计算，其他次要成分不参加计算。产出率法仅从产品重量出发，评价矿石中有用元素被综合利用的程度，而忽视了质量因素。

（2）元素回收法

$$K = K_{ys} K_{yy} \tag{4.4}$$

式中：K_{ys}——选矿过程中元素的利用系数；

K_{yy}——冶炼过程中元素的利用系数。

4.3 冈底斯成矿带铜多金属矿勘探开发技术优选

4.3.1 冈底斯成矿带铜多金属矿勘探方法确定原则

冈底斯成矿带位处高寒缺氧地块，应用物化遥综合勘探技术可提高冈底斯成矿带找矿效率。冈底斯成矿带勘探开发可遵循如下程序：

找矿标志：①地表矿化露头、老硐，大面积的“火烧皮”蚀变；②通过高精度磁测，寻找高磁中心的“去磁天窗”，是确定斑岩矿床位置的重要标志；③中高视极化率与中低视电阻率是寻找浅部矿体的标志；④根据元素异常组合及分带，矽卡岩铅锌矿或外围脉状铅锌矿是寻找深部矽卡岩铜钼矿或斑岩铜钼矿的标志；⑤斑岩铜矿外围（一般小于2千米）断层及硅化蚀变带的发现是寻找独立金矿体的标志；⑥矽卡岩由浅部至深部，石榴子石/辉石比值、石榴子石颜色变化以及石榴子石与辉石成分的变化都是寻找深部接触带及斑岩矿体的标志；⑦上部角岩矿体是寻找深部斑岩矿体的标志；⑧黑色碎屑岩层与碳酸盐岩之间的推覆滑脱面是寻找层状矽卡岩的标志；⑨滑覆构造前缘是寻找矽卡岩富矿体的标志；⑩线、环形构造的交叉部位是成矿的有利部位，铁染和羟基蚀变是寻找斑岩矿床系统的标志。

4.3.2 冈底斯成矿带铜多金属矿采矿方法确定原则

冈底斯成矿带的成矿环境和成矿规律并不是直接影响采矿方法选择的主要因素，所以铜、金等矿产资源并没有因为赋存于冈底斯成矿带，而改变前述研究确定的采矿方法评价机制。冈底斯成矿带由于其特殊的成矿环境和社会经济因素，对采矿方法评价指标体系中环境、安全指标有重要影响，对技术、经济指标提出了更高的要求，影响着采矿方法评价体系中指标层和准则层权重的评判。

我国冈底斯成矿带多地处高原，地理条件特殊，生态有脆弱性、难恢复性的特点。人们已经逐步认识到环境保护对可持续发展的重要性，无法容忍牺牲环境来获取短时经济利益的行为。环境因素在冈底斯成矿带采矿方法选择中将凸显“预防为主”的重要性和优先性，以最大限度减少资源开发对环境的直接破坏。在采矿方法评价体系准则层，环境指标的权重会明显高于其他经济指标。

冈底斯成矿带对提高我国主要矿产资源的自给率和资源储备具有重要意义，资源的开发利用需要更好的规划研究，这不仅是企业盈利和市场扩张行为，更是关系国家重要生产要素供给与保障、区域社会稳定和经济结构转型的国家战略，是处在“一带一路”战略重要关口的产业行为。评价资源开发利用的经济性，需要评估环境破坏及治理带来的损失、旅游等产业带来的效益、造福地方人民带来的福祉，算经济总账。由此可见，冈底斯成矿带资源开发利用要评估经济效益总账，经济因素依然十分重要。采矿方法评价体系中的经济指标为采矿直接经济指标，关注单体矿块或采场的经济性，对国家战略层面经济总量评估影响甚微，所以在采矿方法评价体系中经济性指标权重占比下降。整体资源开发的经济性需要在开发利用方案及可行性研究中完成。

西藏高寒地区，劳动力成本高、平均年工作时间短、体力消耗快，需要尽可能地提高采矿方法的机械化程度；东部地区适用的采矿技术随着工况环境的改变，可能已不再可行，如充填技术与装备等，所以在采矿方法选择的技术指标内，其指标层指标的权重也会受到影响（如机械化程度、采矿方案适应性、实施难易程度等权重提升）。

在采矿方法初选层面：地表允许崩落的区域，考虑到植被、生态的脆弱性，应尽量避免选择露天开采方式及地下开采方式中的崩落采矿法；同样考虑生态环境的影响，应尽量减少矿山废弃物的排放，在这种要求下充填采矿法在安全性及废弃物消纳等方面的优势凸显；在技术及经济可行的情况下，尽量采用充填采矿法进行开采。

因此，对冈底斯成矿带的特殊条件，在采矿方法选择上，应增加安全及环境因素的比重，采矿方法评价体系中其余多评价指标权重也将受到影响。

4.3.3 冈底斯成矿带铜多金属矿选矿方法确定原则

冈底斯成矿环境与成矿规律对矿体构造形成有影响，但并没有形成新的铜、金矿物，在选矿方法评价机制中，并不影响铜金矿石选矿方法选择的技术路线。根据类似矿山进行初选后，仍需通过各个阶段的选矿试验予以确认。

根据冈底斯成矿带的特殊环境，在选矿方法选择上同样应重视生态及环境保护，应尽量选择低耗高效的设备及低污染的选矿药剂，选矿用水最大限度循环利用，实现“零排放”。

冈底斯成矿带特殊的环境影响也可能对选矿药剂性能、选矿装备产生影响，这些都需要在试验中进行研究、改进和优化。

4.4 西藏甲玛铜多金属矿勘查开发技术案例研究

4.4.1 甲玛铜多金属矿概述

西藏华泰龙公司甲玛特大型铜多金属矿是冈底斯成矿带上一个代表性矿床。矿区位于拉萨市墨竹工卡县甲玛乡境内，距拉萨市68千米，海拔4000～5407米，矿权面积144平方千米。矿区地处“一江两河”开发区中部，面临高寒高海拔生态脆弱区矿山大规模地下开采的通风，大规模高效采矿，矿山安全监测与预警，多种类矿石铜、铅、锌、钼、金、银选矿分离与回水回用，酸性废水处理，生态保护和修复等多方面的共性技术难题，严重制约了资源的开发利用。

甲玛项目是西藏自治区2008年八大重点项目之一，也是中国黄金集团公司重点建设项目，主要开发甲玛铜多金属矿区资源，并将以此为基地全面开发西藏及其周边矿产资源。按照“整体规划、分步实施”的原则，2009年底建成了规模为6000吨/天的一期工程，主要开发浅部适于露天开采的资源。2010年7月19日甲玛一期采选工程（日处理6000吨矿石）建成投产，同年12月1日在香港联合交易所主板成功上市。2012年建成采选规模20000吨/天能力矿山：露天开采回采率达97%；地下开采回采率92%；铜选矿回收率不小于91%，铅选矿回收率不小于86%，锌选矿回收率不小于83%，伴生金选矿回收率不小于56%，伴生银选矿回收率不小于71%。

4.4.2 甲玛铜多金属矿勘探方法选择

甲玛矿区在勘查过程中使用的勘查技术方法主要包括地球物理（1：1万高精度磁测与1：1万激电探测）、地球化学（1：5万水系沉积物测量、1：1万土壤地球化学与典型剖面岩石地球化学测量）以及遥感解译工作。

4.4.2.1 勘查地球物理

（1）矿区1：1万高精度磁测

对于含有磁铁矿、雌黄铁矿等磁性矿物的岩矿石或岩体，采用磁测的方法比较有效。甲玛矿区1：1万高精度磁测范围近30平方千米（图4.12），磁测结果表明（图4.13）：高磁区主要分布在牛马塘、铅山、铜山以东（后山），该部分主要为炭质板岩、砂板岩组成，磁黄铁矿含量较高，一般具有200～400纳特的高磁异常；上述高磁异常区内，铜山—则古朗之间，出现了非常特征的近南北向中低磁异常区，介于0～200纳特之间，该区域正好是矿区角岩化、硅化程度最强的区域。此种现象被称之为“去磁天窗”，即在炭质板岩覆盖为主的矿区，由于岩体侵位使炭质板岩发生热蚀变而转变为角岩，在这一过程中磁性矿物常发生退磁作用转变为非磁性新矿物，从而在岩体上部形成中低磁区，而围绕岩体至外围仍为高磁区。因此，中低磁区域即为隐伏岩体所在。

（2）矿区1：1万激电探测

根据高精度磁测结果，选择牛马塘矽卡岩矿体露头、铜－铅山矽卡岩矿体露头以及中低磁异常区围成的近10平方千米范围开展1：1万激电探测（图4.12）。结果显示：牛马塘、铜铅山矽卡岩露头至夏工普沟，目标物矽卡岩铜多金属矿体所反映出的异常特征为中高视极化率（6%～12%）与中低视电阻率（一般小于700欧·米）；中低磁异常区以中等视极化率（6%～10%）与中低视电阻率（介于100～300欧·米之间）为特征，依据后期勘探结果，该异常特征主要反映的是上部角岩铜矿体，矿石品位较低（Cu品位一般0.4%左右），黄铁矿含量中等，为甲玛斑岩矿床的组成部分，因此表现出的激电异常也与斑岩铜矿类似。

铅山至牛马塘炭质板岩分布区，表现出较高的视极化率（一般大于10%）与视电阻率异常（大于1000欧·米）（图4.13，图4.14，图4.15）。

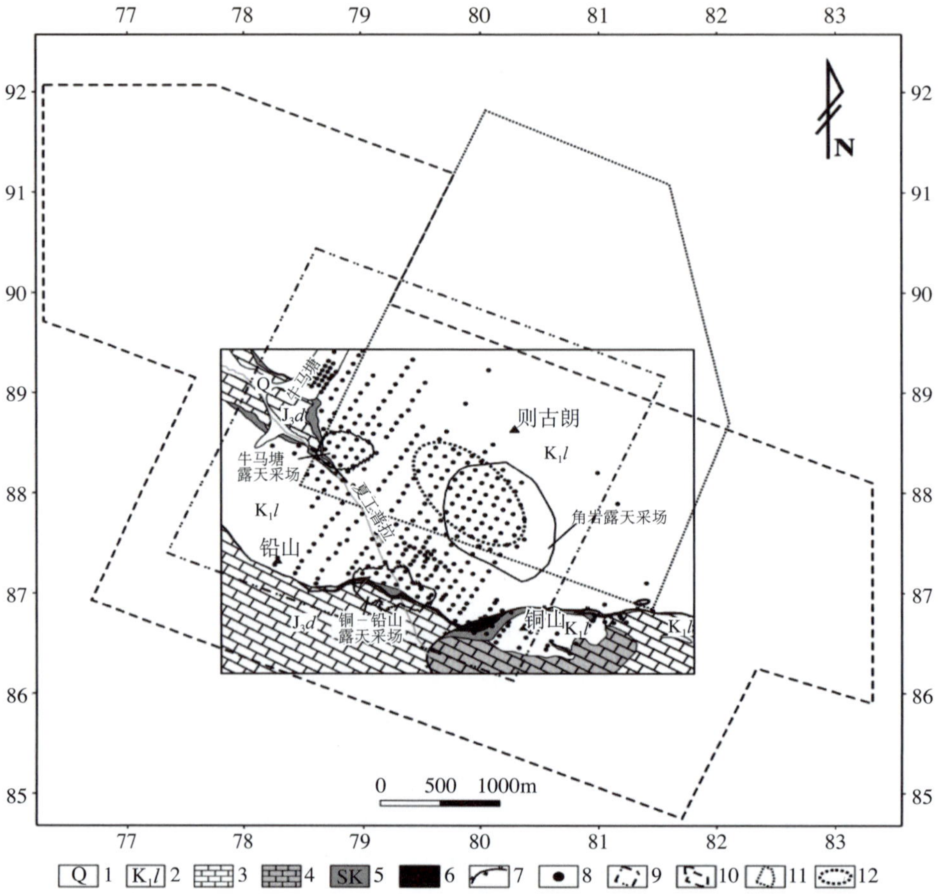

图4.12 甲玛矿区物化探测量范围与地质叠合图

（据唐菊兴等，2011）

1—第四系残、坡积物；2—林布宗组砂板岩、角岩；3—多底沟组灰岩、大理岩；4—矽卡岩化大理岩；5—矽卡岩；6—矽卡岩矿体露头；7—滑覆断裂；8—钻孔；9—1∶1万激电探测范围；10—1∶1万高精度磁测范围；11—1∶1万土壤测量范围；12—角岩矿体、矽卡岩厚大矿体与斑岩矿体平面投影位置

4.4.2.2 勘查地球化学

（1）区域地球化学

地球化学勘查的有效性在冈底斯成矿带多个矿床勘查过程中已经被证实，如甲玛－驱龙矿集区、雄村矿集区、厅宫－冲江矿集区等。就冈底斯东段地球化学异常情况看，已发现的矿床与早期圈定地球化学异常区吻合程度较高，如甲玛－驱龙对应的强铜异常区、洞中啦－蒙亚啊对应的强铅锌异常区等（图4.16）。此外，据区域地球化学异常，甲玛地区还具有极高的金异常，这与目前探明的矿床超过150吨金资源量相符。

（2）1∶5万水系沉积物测量

甲玛地区1∶5万水系沉积物测量成果对甲玛矿床的勘查及象背山铜矿的普查工作都

图4.13 甲玛矿区1：1万高精度磁测异常
（据郑文宝，2012）

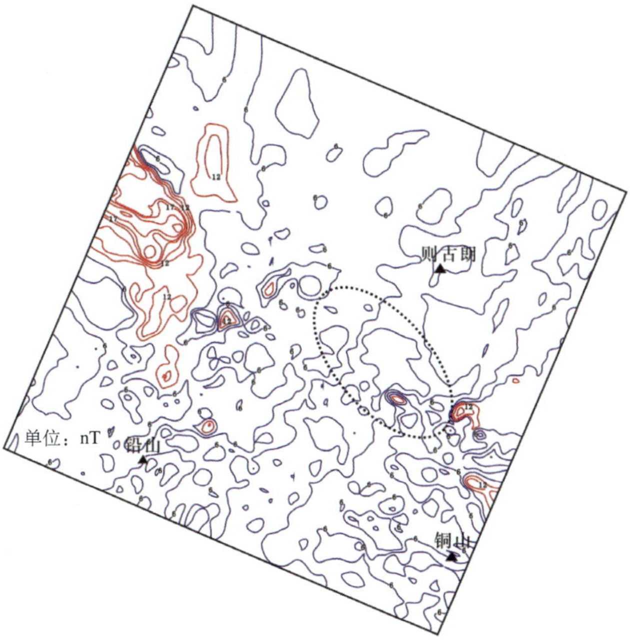

图4.14 甲玛矿区1：1万视极化率异常
（据郑文宝，2012）

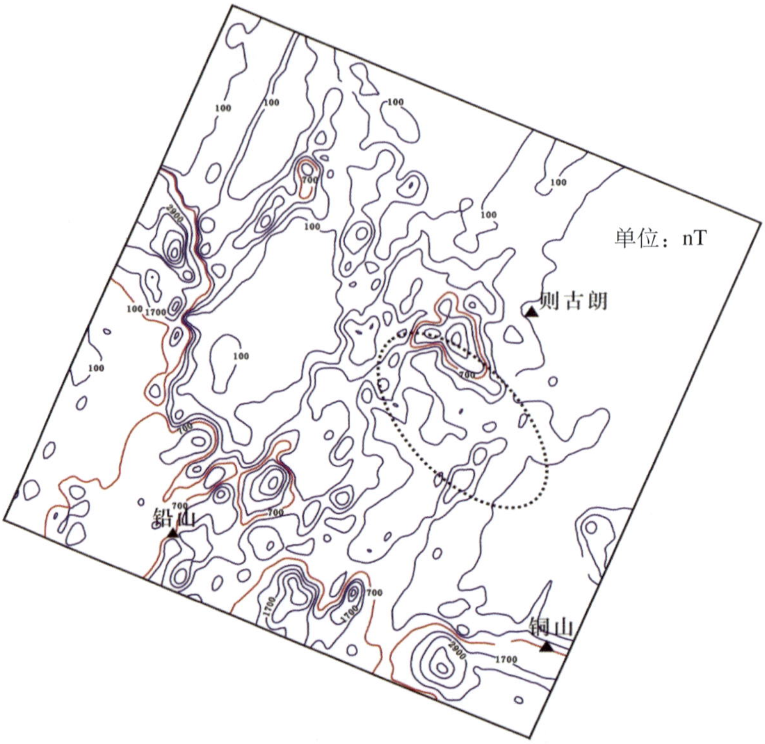

图4.15　甲玛矿区1：1万视电阻率异常

（据郑文宝，2012）

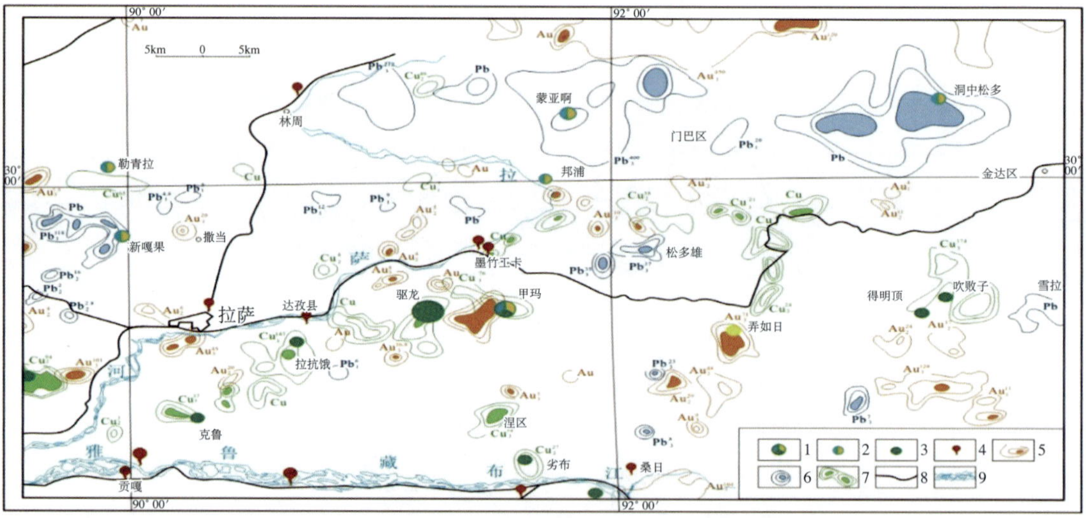

图4.16　冈底斯东段1：50万区域化探综合异常图

（据唐菊兴等，2009）

1—多金属矿点；2—铅锌矿点；3—铜矿点；4—下降泉；5—金元素分布范围；6—铅元素分布范围；7—铜元素分布范围；8—公路；9—水系

有非常重要的指导作用。根据水系沉积物测量成果，Cu，Bi，Au，Ag，Pb，Zn在夏工普沟及其两侧形成了套合程度很高的元素异常组合（图4.17），与目前在该区域发现的矽卡岩铜铅锌（金银）矿完全一致。非常值得一提的是，Mo，W两元素在夏工普沟并未形成很好的异常，而是在则古朗地区形成了很好的高温元素异常组合（图4.17），这与则古朗区域发现的矽卡岩铜钼（钨）矿体、角岩铜钼矿体、斑岩钼（铜）对应较好。此外，水系沉积物异常在象背山地区表现出较强的铜、金异常，主要与该区发现的矽卡岩型铜矿一致；同时，最近勘查在象背山地区断层中发现的独立金矿（单样金最高品位达47克/吨），更是解释了金异常的合理性。因此，水系沉积物测得元素的组合及分带与矿区实际探明矿体展布一致，表明了此种方法的有效性。

（3）矿区1：1万土壤地球化学

矿区土壤地球化学测量与磁测工作几乎同时进行，测定区域主要为则古朗地区及以北，测量面积约12平方千米，主要目的是根据元素组合特征进一步确定矿区成矿中心位置（图4.12）。元素分析结果表明：元素间标准差、变化系数较大，亲铜成矿元素富集程度比较高，富集能力Sb＞Hg＞Au＞Cu＞Zn＞As＞Pb＞Ag，而Bi，Sn，Co，Ni等的富集能力较差（表4.3）。从异常图上可以看出（图4.18），异常浓集中心的元素组合为Cu-Mo-Au-Ag-Bi-Sn，其中Mo，Bi，Sn等高温元素为内环异常元素，As，Sb，Hg，Pb，Zn，Co，Ni则明显是外围异常元素，分带清晰。其中Co，Ni异常分布在角岩化微弱的林布宗组黑色砂板岩分布区，代表的是一种原岩为碳泥质砂板岩的异常。As，Sb，Hg异常代表的是角岩中分布的细脉浸染状黄铁矿，是弥漫性的蚀变异常，这种大面积的

表4.3 甲玛矿区1：1万土壤测量中各元素地球化学特征表

	ω (B)/10^{-9}	ω (B)/10^{-6}											
	Au	Ag	Cu	Pb	Zn	As	Sb	Bi	Hg	Co	Ni	Mo	Sn
样品数	3063	3063	3063	3063	3063	3063	3063	3063	3063	3063	3063	3063	3063
平均值	7.36	0.32	90.51	67.11	64.90	44.03	6.99	2.96	94.81	7.38	16.82	7.25	4.91
中位数	2.5	0.23	27.6	31.5	52.4	22.2	2.46	1.04	59.2	6.62	19.2	3.5	3.2
最小值	1.1	0.04	2.74	0.56	0.71	0.3	0	0.08	0.24	0	0.24	0.54	1
最大值	2360	21	16712	3174	4923	2654	4616	137	51630	139	102	536	52
标准差	0.83	0.01	7.64	3.02	3.51	2.08	1.52	0.14	17.03	0.12	0.20	0.33	0.09
变化系数	6.23	1.93	4.67	2.49	2.99	2.61	12.05	2.65	9.94	0.93	0.66	2.52	0.97
偏度	44.72	19.19	25.69	10.40	17.25	11.58	53.63	8.49	53.48	6.57	0.41	18.67	3.67
峰度	2271.2	524.0	870.6	140.3	356.1	194.2	2933.3	96.4	2921.9	99.93	0.96	454.14	18.33
背景值	2.5	0.25	28	32	55	25	3	1	60	7	20	3.5	3.5
异常下限	4.5	0.3	55	55	85	35	6	2.5	80	12	25	8	5

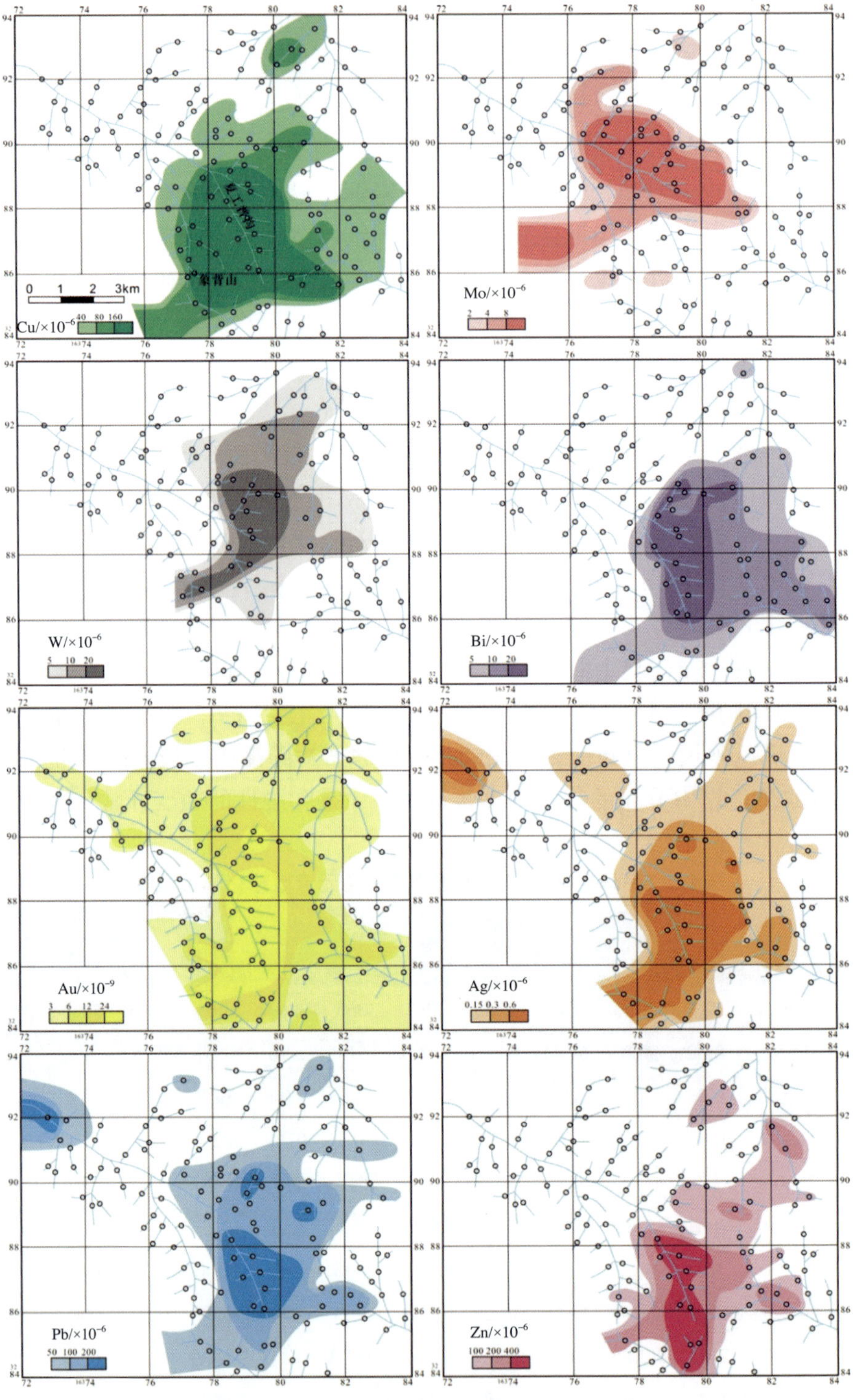

图4.17 1：50万水系沉积物测量元素异常图

（据唐菊兴等，2009）

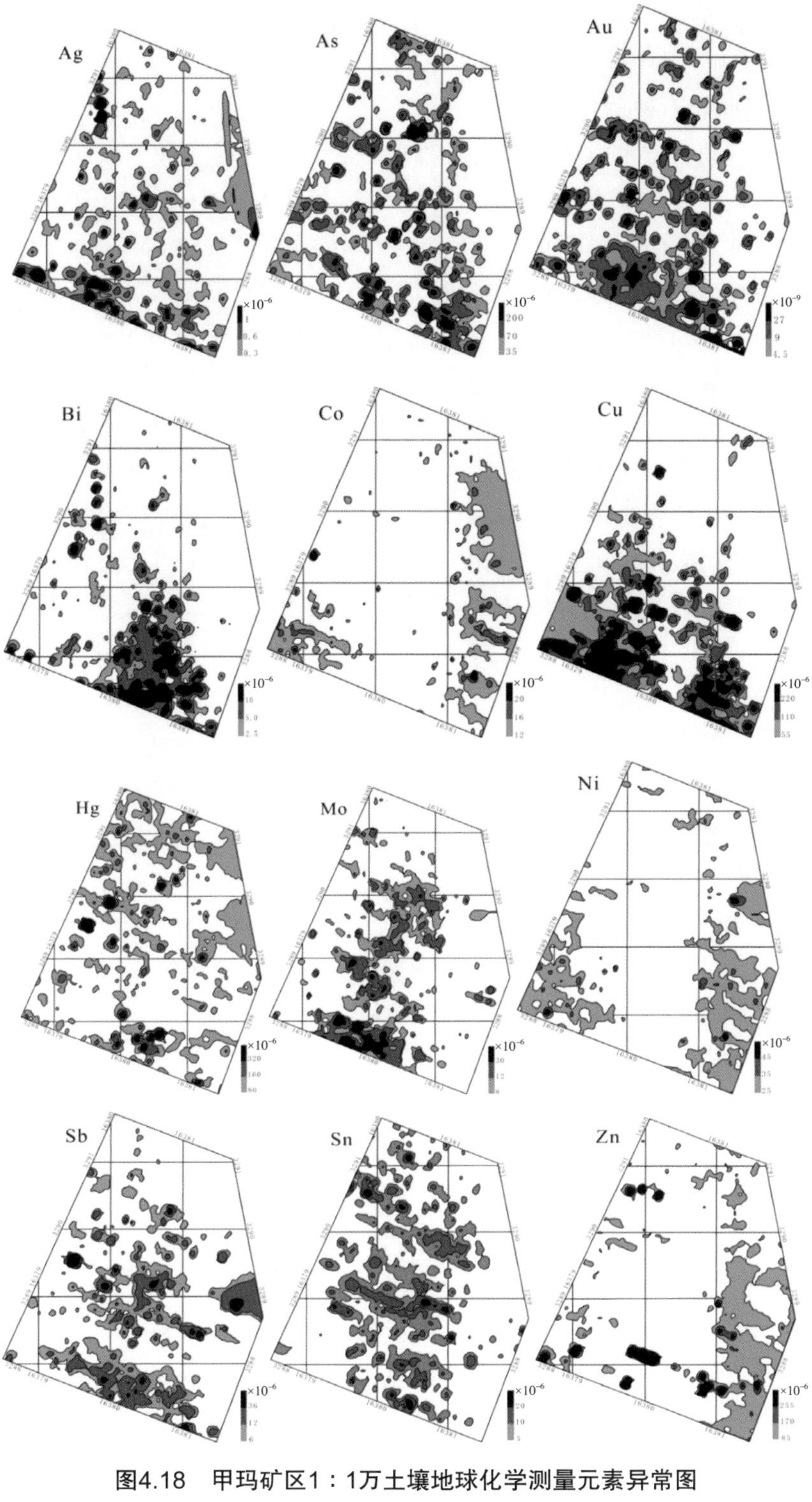

图4.18　甲玛矿区1：1万土壤地球化学测量元素异常图

（据唐菊兴等，2011）

As，Sb，Hg异常为斑岩型成矿系统的上部元素异常，表明斑岩成矿系统的上部剥蚀程度不大，整个斑岩成矿系统保存较完好。

（4）典型剖面岩石地球化学

综合运用前述勘查技术方法，通过钻探验证，很快取得了矽卡岩矿体的找矿突破。根据成矿系列理论，甲玛矿区隐伏斑岩体是必定存在的。为此，选取位于矿区中部的16号勘探线作为典型剖面，每个钻孔间隔50～100米采集岩石标本，运用ICP-MS法测量常、微量元素，通过对甲玛斑岩矿床系统浅部→中部→深部带元素分带的研究寻找到隐伏斑岩。结合国内外目前对斑岩铜矿微量元素分带研究的最新进展，共选取Cu，Mo，Ba，Bi，Zn，Pb，As，Sb，Tl，Li十种特征元素进行研究。结果表明，与典型斑岩铜矿类型相似，Cu，Mo主要为深部带元素；中部带元素主要有Ba，Bi，Zn，Pb，As，Sb，Tl，Li主要分布在上部，代表浅部带元素（图4.19）。值得注意的是，Cu元素整体含量较高，但主要分布在角岩矿体上部（浅部带）与矽卡岩中，深部带目前发现的石英闪长玢岩亦具有较好的铜矿化，因此判定在甲玛深部斑岩体中可能仍具有较好的找铜前景；此外，作为斑岩矿床最浅部元素Li异常的存在表明了甲玛斑岩矿床系统剥蚀程度较低，保存完好。

国外将斑岩矿床微量元素分带研究用于找矿过程中，除了利用上述10种元素外，还将Te，Se列为典型的中带元素。在综合国内外斑岩矿床微量元素分带研究的基础上，本书提出甲玛斑岩矿床元素分带的找矿模型（图4.20），该模型对于矿区外围及区域找矿具有指导意义，详见后文。

4.4.2.3 遥感

（1）区域遥感异常

遥感解译一般是对矿点定位的首选勘查技术方法，对于斑岩矿床而言，线、环形构造以及蚀变分带的解译更是具有重要的找矿意义。

冈底斯带环形构造分布广泛，大小环独立、相互重叠或套合，其中有独立的单环，也有双环、三环同心或偏心，还有双环、三环、四环相扣，也有相扣双环寄生于同一大环中。单环多为正圆形，也有椭圆形。环形构造揭示了隐伏岩体或小岩株的空间特点，表明了冈底斯岩浆活动强烈。甲玛地区线、环构造极其发育，主要位于环形构造边部与线性构造的交叉部位，是成矿最有利的部位（图4.21）。

（2）遥感图像蚀变解译

在区域线、环形构造解译的基础上，对甲玛矿区及外围ETM图像进行解译，甲玛矿区存在一条明显的近南北向的铁染蚀变与羟基蚀变带，与南西方向的驱龙斑岩铜矿蚀变组合特征非常类似（图4.22，图4.23）。通过进一步对甲玛矿区及其外围144平方千米范围内高精度IKONOS图像的蚀变解译，更是反映出甲玛斑岩矿床的蚀变分带特征，内带以泥化、绢英岩化为主，外带为青磐岩化（绿帘石、绿泥石化）（图4.24，图4.25）。

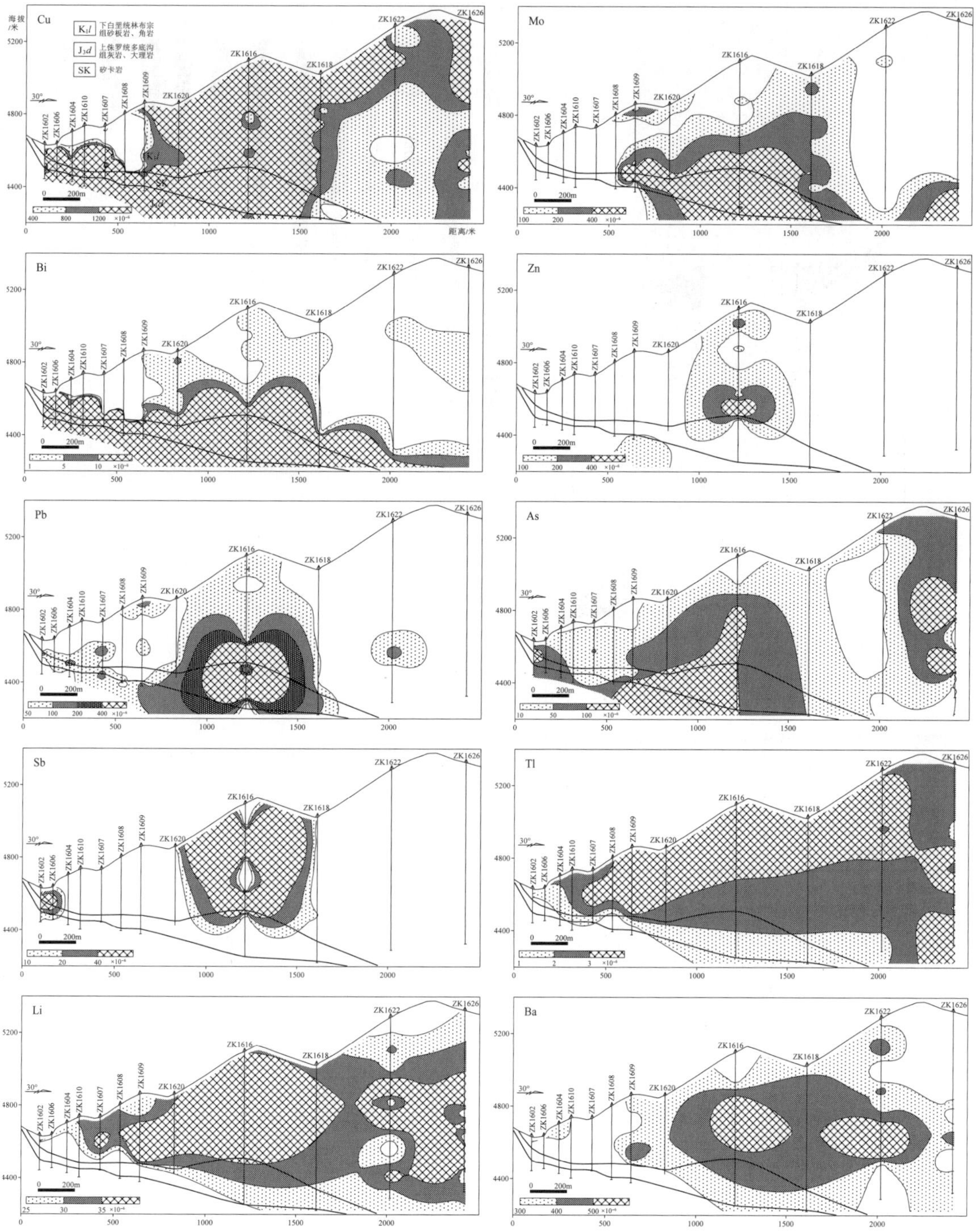

图4.19　甲玛铜多金属矿床16号剖面岩石地球化学特征

（据郑文宝等，2011）

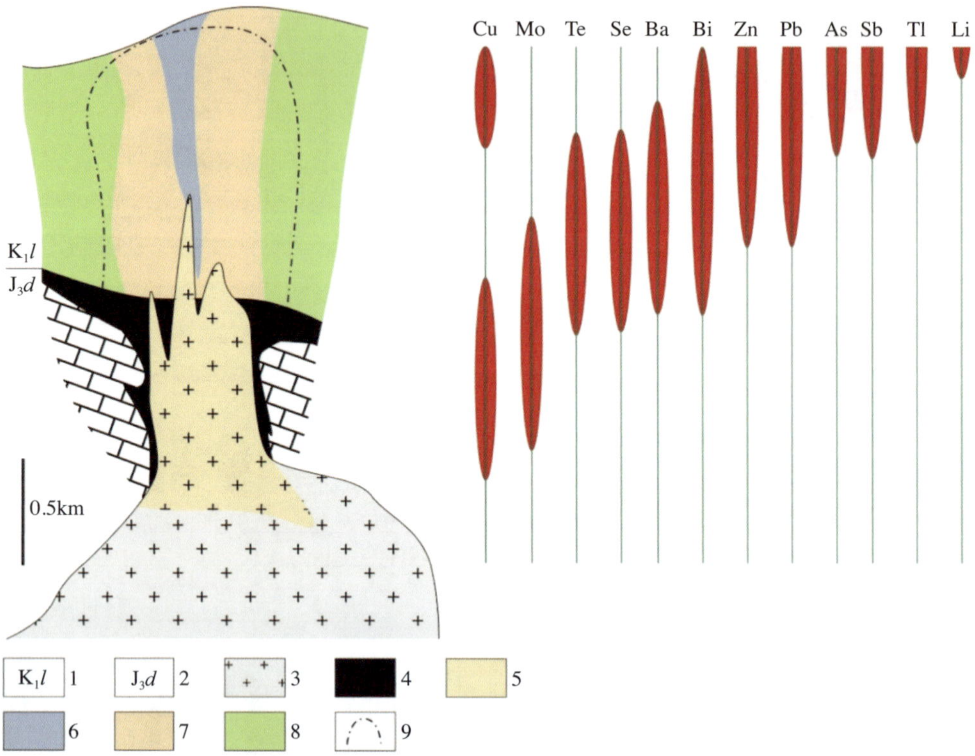

图4.20　甲玛斑岩矿床微量元素分带找矿模型

（据郑文宝，2012）

1—林布宗组；2—多底沟组；3—斑岩体；4—矽卡岩化；5—钾硅化；6—泥化；7—绢英岩化；8—青磐岩化；9—角岩矿体范围

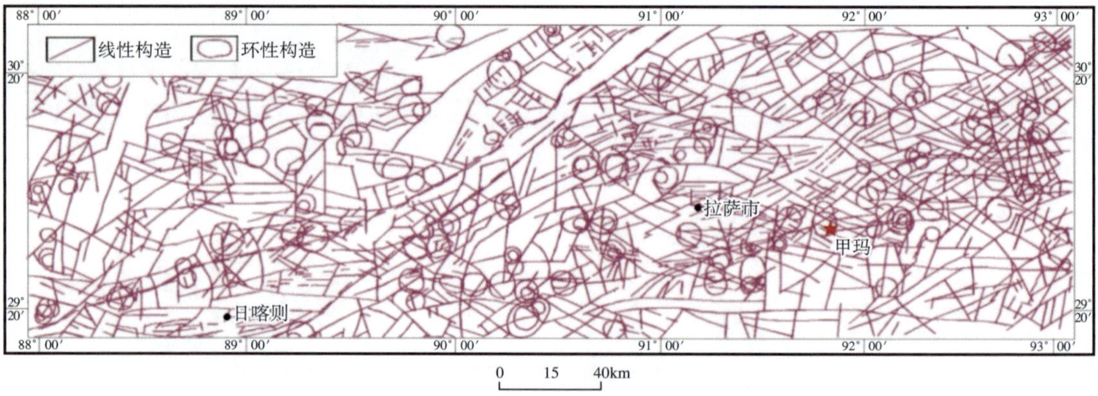

图 4.21　冈底斯带线性、环形构造分布图

（据唐菊兴等，2009）

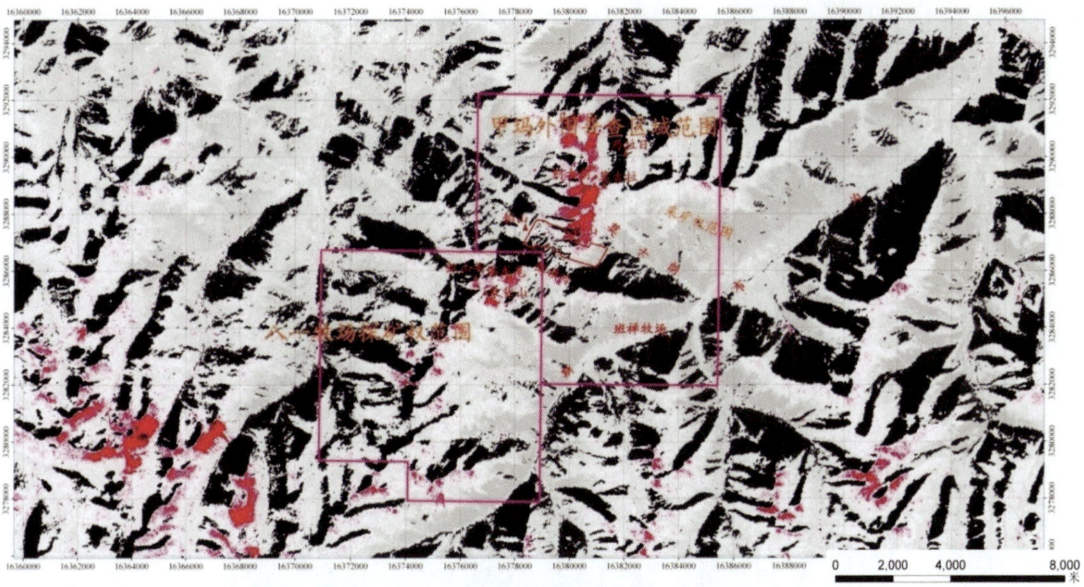

图 4.22　甲玛矿区遥感铁染蚀变解译图
（据郭娜等，2010）

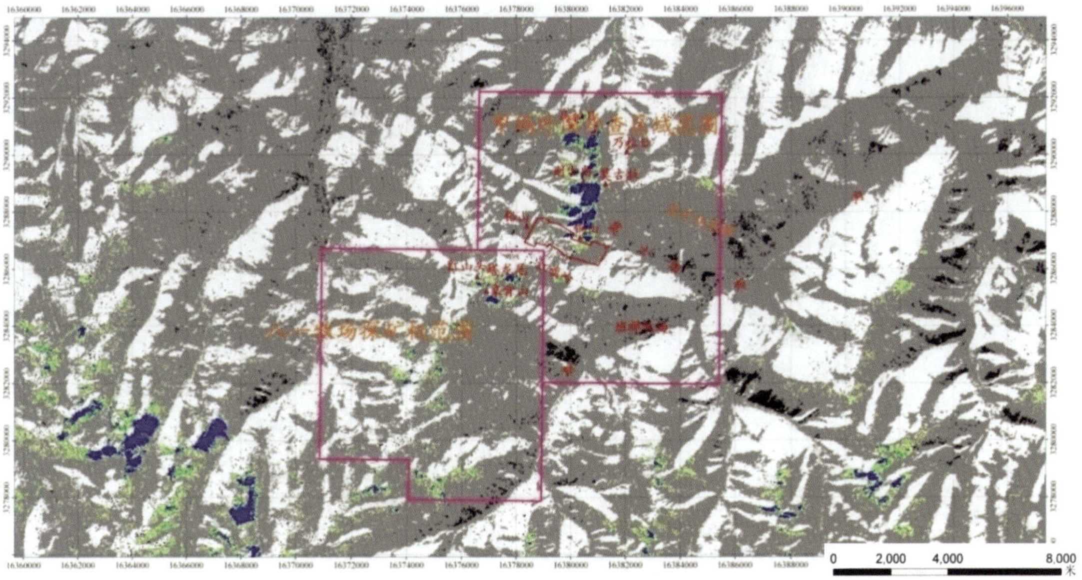

图 4.23　甲玛矿区遥感羟基蚀变解译图
（据郭娜等，2010）

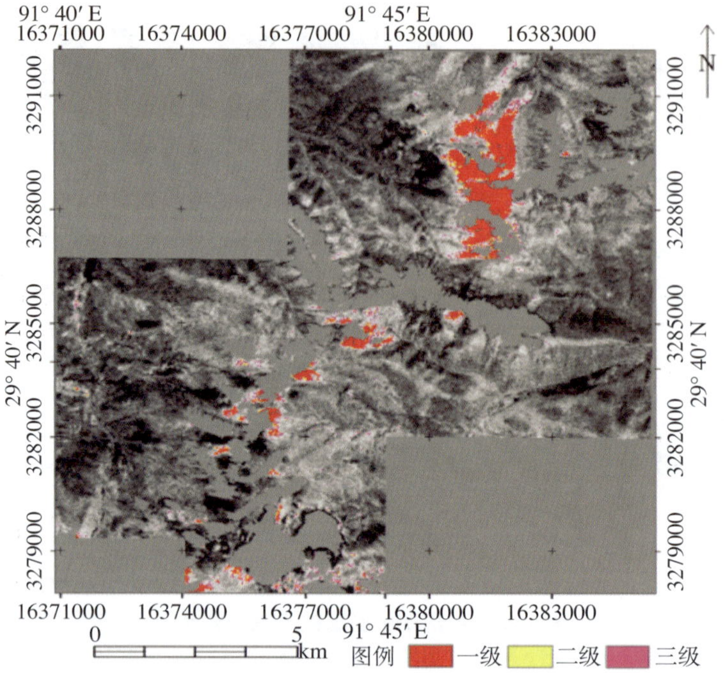

图 4.24　ASTER 高岭石 + 绢云母化蚀变异常分级图
（据郭娜等，2010）

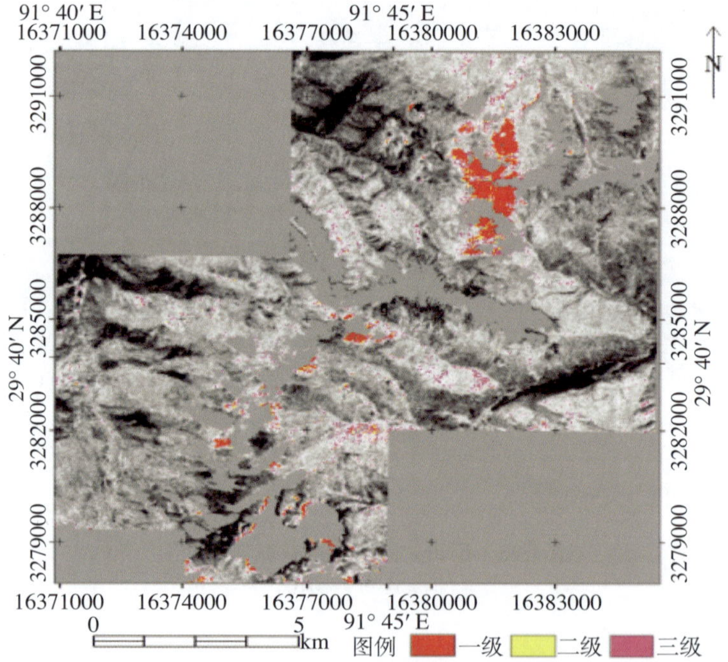

图 4.25　ASTER 绿泥石化蚀变异常分级图
（据郭娜等，2010）

4.4.2.4 勘查技术方法评述

根据上述对甲玛矿区开展的勘查技术方法分析，各种方法在勘查评价过程中都有一定的作用。就甲玛矿区而言，利用高精度磁测发现了中低磁异常区是对矿区找矿的一个突破，它的发现基本确定了甲玛斑岩矿床系统主体部分的位置；再结合化探结果中成矿元素由则古朗至铅山具有Mo，Bi (W)→Cu，Pb，Zn，Au，Ag，Sb的组合及分带特征，确定了成矿流体的演化路径，从而“顺藤摸瓜”由浅部矽卡岩铅锌矿体寻找到深部矽卡岩铜钼矿体及斑岩铜钼矿体。在区域上，与岩浆岩有关的矿床或含磁性矿物较丰富的矿床首先采用磁测方法定位通常是比较有效的，如驱龙、雄村矿床及磁铁矿矿床；化探对于区域找矿亦是行之有效的手段。然而，由于深度控制一般不超过300米，且干扰因素较多（如冻土层、溶洞、炭质板岩等），传统的激电中梯扫面或测深在甲玛矿区以及区域找矿中并未得到较好的效果。但目前利用V8或EH4针对埋深较深的矿床进行勘查经证实是比较有用的。综上，根据矿区实际情况，在勘查过程中，地质与多种勘查技术方法的结合有比较广的应用前景，一般可遵从遥感、物探定位、化探定性的思路。对斑岩铜矿床而言，本书建立的甲玛斑岩矿床微量元素分带找矿模型目前在国内是一种较为新颖的找矿方法，对隐伏斑岩矿床的寻找以及斑岩矿床剥蚀程度的判别比较有效。

4.4.3 甲玛铜多金属矿采矿方法选择

4.4.3.1 采矿方法初选

以甲玛矿下部缓倾斜厚大矿体为对象选择采矿方法。显然该矿体工程地质和开采技术条件不适于露天开采。结合区域经济技术条件，根据地下采矿方法适用条件分析，初选为有底柱分段崩落法、上向水平分层充填法、阶段空场（嗣后充填）采矿法、分段空场（嗣后充填）采矿法。

深部厚大矿体开采幅度大，空场法采矿整体安全性较差，且该矿体品位较好，有底柱分段崩落法由于贫化损失较大，易引起地表大面积沉陷，建议采用嗣后充填采矿法。

4.4.3.2 权重向量的确定

根据采矿方法优选指标评价体系（表4.4），运用层次分析法构造目标层*P*对应于准则层O的判断矩阵，具体见表4.5：

表4.4 各方案的综合评价指标体系

项目		上向水平分层充填法（方案1）	阶段空场嗣后充填采矿法（方案2）	分段空场嗣后充填采矿法（方案3）
准则层O	指标层			
技术指标*A*	采场生产能力/(t·d^{-1})	200	1000	600
	采切比/(m^3·kt^{-1})	33	45	64
	方案适应性	好	较好	较好

续表

项目		上向水平分层充填法（方案1）	阶段空场嗣后充填采矿法（方案2）	分段空场嗣后充填采矿法（方案3）
准则层O	指标层			
技术指标A	实施难易程度	易	易	较难
	机械化程度	较高	高	较高
经济指标B	矿石回收率/%	高	高	较高
	相对采矿成本	4.5	4	4.3
	矿石贫化率/%	8	10	15
安全指标C	作业安全程度	好	较好	较好
	允许暴露面积/m^2	大	较大	较大
	通风条件	较好	好	较好
	爆破影响程度	小	较大	较大
环境指标D	“三废”排放	小	小	小
	植被、地下水破坏	较小	较小	较小

表4.5　O-P判断矩阵

准则层O	A	B	C	D	权重
A	1	1/3	1/2	3/2	0.1639
B	3	1	2	2	0.4253
C	2	1/2	1	3/2	0.2521
D	2/3	1/2	2/3	1	0.1587

由各因素权重，可得特征值$\lambda_{\max o}=4.0875$，$CI_o=0.0292$，$n=4$查表得，$RI_o=0.89$，于是$CR_o=0.0328<0.1$，故判断矩阵满足一致性检验要求，权重矩阵为$W_1=[0.1639\quad 0.4253\quad 0.2521\quad 0.1587]^T$可接受。

指标层技术指标A，可得特征值$\lambda_{\max A}=5.0117$，$CR_A=0.0044$，$n=5$查表得，$RI_A=1.12$，于是$CR_A=0.0039<1$，故判断矩阵满足一致性检验要求，权重矩阵为$W_A=[0.2276\quad 0.3451\quad 0.1110\quad 0.1176\quad 0.1987]$可接受。

同理，经济指标B、安全指标C、环境指标D的权重矩阵，经过一致性检验，得到$W_B=[0.3217\quad 0.4910\quad 0.1873]$，$W_C=[0.3431\quad 0.2615\quad 0.2193\quad 0.1761]$，$W_D=[0.4\quad 0.6]$（表4.6）。

因此，可得影响采矿方法选择的权重向量为：

$W=[0.0373，0.0580，0.0182，0.0193，0.0326，0.1368，0.2088，0.0797，0.0865，0.0659，0.0553，0.0444，0.0635，0.0952]$。

表4.6 层次总排序表

目标层	准则层	指标层	最终权值
采矿方法评价	技术指标（0.1639）	采场生产能力（0.2276）	0.0373
		采切比（0.3541）	0.0580
		方案适应性（0.1110）	0.0182
		实施难易程度（0.1176）	0.0193
		机械化程度（0.1987）	0.0326
	经济指标（0.4253）	矿石回收率（0.3217）	0.1368
		采矿综合成本（0.4910）	0.2088
		矿石贫化率（0.1873）	0.0797
	安全指标（0.2521）	作业安全程度（0.3431）	0.0865
		允许暴露面积（0.2615）	0.0659
		通风条件（0.2193）	0.0553
		爆破影响程度（0.1761）	0.0444
	环境指标（0.1587）	“三废”排放（0.4）	0.0635
		植被地下水破坏（0.6）	0.0952

4.4.3.3 隶属度矩阵确定

指标体系中四个定量指标的特征向量矩阵为：

$$R_1=\begin{bmatrix}200 & 1000 & 600\\ 33 & 45 & 64\\ 4.5 & 4.3 & 4.3\\ 8 & 10 & 15\end{bmatrix}$$

对特征向量矩阵进行规格化得：

$$R=\begin{bmatrix}0.2 & 1 & 0.6\\ 1 & 0.733 & 0.516\\ 0.889 & 1 & 0.930\\ 1 & 0.8 & 0.533\end{bmatrix}$$

按前文所述的二元对比定权法，对非定量指标确定隶属度。

$$e_3=\begin{bmatrix}0.5 & 1 & 1\\ 0 & 0.5 & 0.5\\ 0 & 0.5 & 0.5\end{bmatrix}\quad e_4=\begin{bmatrix}0.5 & 0.5 & 1\\ 0.5 & 0.5 & 1\\ 0 & 0 & 0.5\end{bmatrix}\quad e_5=\begin{bmatrix}0.5 & 0 & 0.5\\ 1 & 0.5 & 1\\ 0.5 & 0 & 0.5\end{bmatrix}\quad e_6=\begin{bmatrix}0.5 & 0.5 & 1\\ 0.5 & 0.5 & 1\\ 0 & 0 & 0.5\end{bmatrix}$$

$$e_9=\begin{bmatrix}0.5&1&1\\0&0.5&0.5\\0&0.5&0.5\end{bmatrix}\ e_{10}=\begin{bmatrix}0.5&1&1\\0&0.5&0.5\\0&0.5&0.5\end{bmatrix}\ e_{11}=\begin{bmatrix}0.5&0&0.5\\1&0.5&1\\0.5&0&0.5\end{bmatrix}\ e_{12}=\begin{bmatrix}0.5&1&1\\0&0.5&0.5\\0&0.5&0.5\end{bmatrix}$$

$$e_{13}=\begin{bmatrix}0.5&0.5&0.5\\0.5&0.5&0.5\\0.5&0.5&0.5\end{bmatrix}\ e_{14}=\begin{bmatrix}0.5&0.5&0.5\\0.5&0.5&0.5\\0.5&0.5&0.5\end{bmatrix}$$

例如，指标方案适应性排序为1、2、3，及方案1的适应性优于2、3方案。查表，得隶属度矩阵为$R_3=[1\quad 0.667\quad 0.667]$。

同理，$R_4=[1\quad 1\quad 0.819]$，$R_5=[0.667\quad 1\quad 0.667]$，$R_{11}=[0.667\quad 1\quad 0.667]$，$R_6=[1\quad 1\quad 0.819]$，$R_{12}=R_9=R_{10}=[1\quad 0.819\quad 0.819]$，$R_{14}=R_{13}=[1\quad 1\quad 1]$。

综合以上可得综合隶属度矩阵：

$$R=\begin{bmatrix}0.2&1&0.6\\1&0.733&0.516\\1&0.667&0.667\\1&1&0.819\\0.667&1&0.667\\1&1&0.819\\0.889&1&0.930\\1&0.8&0.533\\1&0.819&0.819\\1&0.819&0.819\\0.667&1&0.667\\1&0.819&0.819\\1&1&1\\1&1&1\end{bmatrix}$$

4.4.3.4 综合最优方案确定

由以上确定的权重向量及指标隶属度矩阵可得方案集的综合评判向量为：

$$B=WR=(0.9155\quad 0.9284\quad 0.8075)$$

则方案的优劣次序为：方案2，方案1，方案3。故选用方案2，即阶段空场嗣后充填采矿法。阶段空场嗣后充填采矿法（两步骤空场嗣后充填采矿法）适用于露天与地下联合开采时期缓倾斜厚大（厚度大于30米）矿体的开采。

4.4.3.5 甲玛铜多金属矿采矿方法

（1）矿块布置及结构参数

对于厚大矿体两步骤充填采矿方法，国内主要采用两种结构形式，其一为阶段凿岩、阶段出矿形式；特别是近年来发展起来的大直径深孔侧向崩矿技术已在很多矿山得到了应用，具有效率高、成本低的优势。其二为分段凿岩、阶段出矿形式，工艺成熟、适应性强，在国内矿山已得到普遍应用，但效率相对较低。

甲码矿区适于该采矿方法开采的矿体赋存于海拔高度4400米以上，大直径深孔的钻凿需采用压缩空气作为动力，空气压缩机在此海拔高度效率降低40%左右，现有的大孔径地下潜孔钻机能否适应此海拔高度、效率如何均需要试验验证。另外，甲玛铜多金属矿矿体形态较为复杂，厚度变化较大，矿体中夹石较为多见。本阶段设计暂选择工艺相对简单、适应性较强的分段凿岩阶段出矿结构形式。但建议企业对阶段凿岩、阶段出矿形式，特别是大直径侧向崩矿工艺进行试验研究工作。

缓倾斜厚大矿体划分为盘区进行开采，沿矿体走向每隔150米布置一条阶段运输道，形成宽150米的条带。条带间留条带间柱，为减少条带间柱回收时的损失贫化，条带间柱宽度按盘区矿块充填料不同采用不同的宽度，胶结充填时条带间柱宽11米，尾砂充填时条带间柱宽15米。

在阶段运输道内每隔100米左右布置一条矿石溜井（不足100米以开采矿体水平投影位置为准）。

在条带内划分盘区，盘区长为两个溜矿井间距，为100米，盘区沿长度方向不留矿柱。盘区宽度方向沿条带宽度方向布置，共布置两个盘区，每个盘区宽75米，盘区间留5米的盘区间柱。

盘区内按两步骤回采布置采场，每个盘区包括6个采场，并划分为一步骤、二步骤采场。一、二步骤采场间隔布置，一步骤采场宽为15米，二步骤采场宽为18米。矿块高度为矿体垂直厚度，当矿体很厚大时为中段高度50米，矿岩稳固性较好时2个中段（100米）并段开采。分段高度15米，底部出矿巷道与有轨运输水平高差控制在20米左右，以保证出矿溜井有足够的储矿时间，减小出矿与运输的干扰。

（2）采准切割

在矿体下盘或矿体内掘进采准斜坡道，间距控制在300米左右。采准斜坡道通过联络道与盘区分段巷道相连，通过分段巷道掘进各分段凿岩巷道及底部出矿巷道、装矿进路等工程。在盘区间柱中布置人行通风井、矿石溜井，人行通风井连通各分段，5～6个盘区布置一条电梯井（表4.7）。

在各采场端部通过分段凿岩巷道掘进切割井、切割横巷。

采切设备同分段空场法。

千吨采切比：42立方米/千吨，副产矿石率8.5%。

表4.7 两步骤充填采矿法盘区采切工程量表

工作阶段		巷道长度/m			巷道断面/m²			体积/m³			工业矿量/t
		矿石中	岩石中	总长	矿石中	岩石中	合计	矿石中	岩石中	合计	
采准	采准斜坡道		50	50		15.53	15.53		777	777	
	斜坡道分段联络道		30	30		15.53	15.53		466	466	
	人行通风井		30	30		6.00	6.00		180	180	
	通风联络道		20	20		9.98	9.98		200	200	
	分段巷道	255		255	15.53		15.53	3961		3961	12320
	分段凿岩巷道	390		390	15.53		15.53	6058		6058	18842
	铲运机出矿联络道	255		255	13.42		13.42	3422		3422	10641
	出矿堑沟巷道	390		390	15.53		15.53	6058		6058	18842
	装矿进路	272		272	13.42		13.42	3650		3650	11351
	出矿溜井	20		20	7.07		7.07	141		141	440
	充填井	90		90	4.00		4.00	360		360	1120
	小计							23651	1622	25273	73554
切割	切割天井	270		270	7.50		7.50	2025		2025	6298
	切割横巷	210		210	15.53		15.53	3262		3262	10146
	小计							5287		5287	16443
采切合计								28938	1622	30560	89998
折标准断面巷道长度/m		7640									

（3）回采

首先开采一步骤采场，开采后采用尾砂胶结充填，养护一段时间后开采二步骤采场，开采后采用尾砂充填。

凿岩、落矿、出矿、采场通风工艺同分段空场法。

一步骤回采顺序采用隔三采一的方式进行，采用“两步骤空场嗣后充填采矿法”，先以隔三采一的方式同时回采第一个采场，胶结充填后，再以隔三采一的方式同时回采第二个采场，胶结充填并养护一段时间后，可以回采第三个采场，回采完毕后采用废石+尾砂充填采场。

（4）采场充填

尾砂充填之前，首先进行充填准备，在本阶段回风巷或上阶段出矿进路、充填井架设充填管线，实行多点充填。在采场下部出矿进路、分段凿岩巷道中架设隔墙。

设计充填浓度70%，一步骤采场采用全尾砂胶结充填，灰砂比平均为1∶8，下部充填体灰砂比高于上部充填体灰砂比。二步骤采场采用全尾砂充填，充填浓度72%，为防止尾砂液化，尾砂充填料中添加1.5%的水泥，在二步骤采场底部6米及上部接顶部分4米采用胶结充填。

（5）矿柱回采

矿柱主要包括条带间柱、盘区间柱、顶柱。

为维护地压，尽量减少塌陷，设计盘区间柱、顶柱不回收。条带间柱采用分段凿岩、分段出矿的分段空场法嗣后充填后退式回收。为保证安全，出矿设备采用遥控铲运机出矿。当矿柱上部回风巷仍需使用时，矿柱滞后回采。

4.4.4 甲玛铜多金属矿选矿方法选择

4.4.4.1 甲玛铜多金属矿选矿方法选择

铜铅锌多金属矿石的选矿工艺流程主要有铜铅混合浮选再分离－锌浮选和铜铅锌依次优先浮选两个工艺流程，其原则工艺流程分别见图4.26和图4.27。

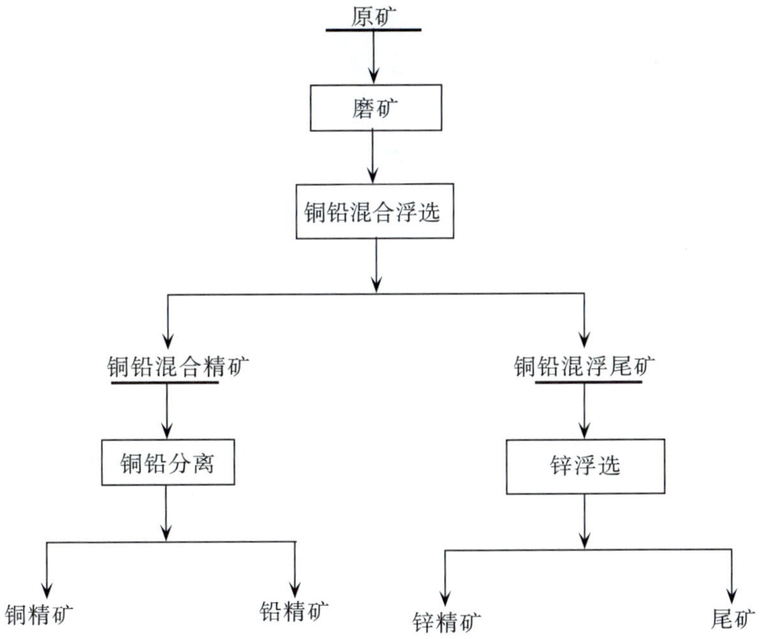

图4.26 铜铅混合浮选再分离－锌浮选原则工艺流程图

各矿山具体流程内部结构和药剂制度不同，需要通过选矿试验确定。北京矿冶研究总院根据上述原则工艺流程，对甲玛铜矿开展了“铜铅混合浮选再分离－锌浮选”和铜铅锌依次优先浮选的探索试验。在铜钼分离的基础上形成了铜铅锌钼多金属选矿流程。

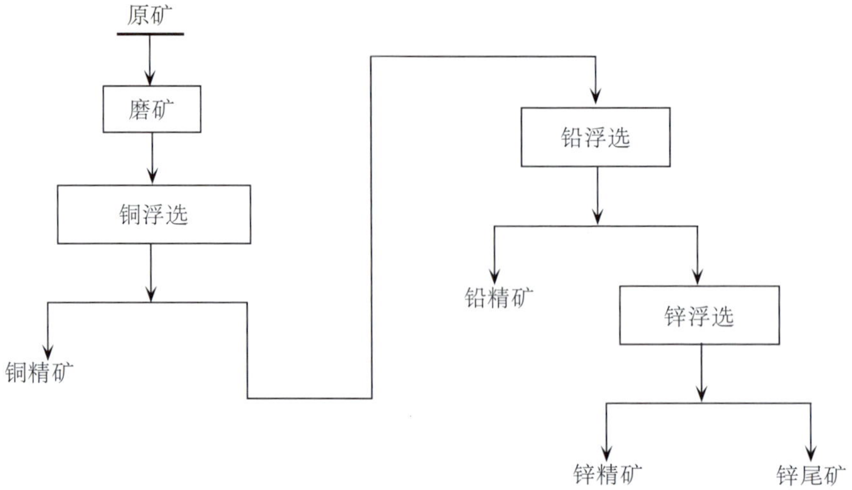

图4.27 铜铅锌依次优先浮选原则工艺流程图

4.4.4.2 甲玛铜多金属矿原矿选矿工艺试验

（1）矿样制备工艺流程

试验矿样拣选工艺矿物学样品后进行破碎、混匀、缩分（图2.28），并进行主要化学成分分析。

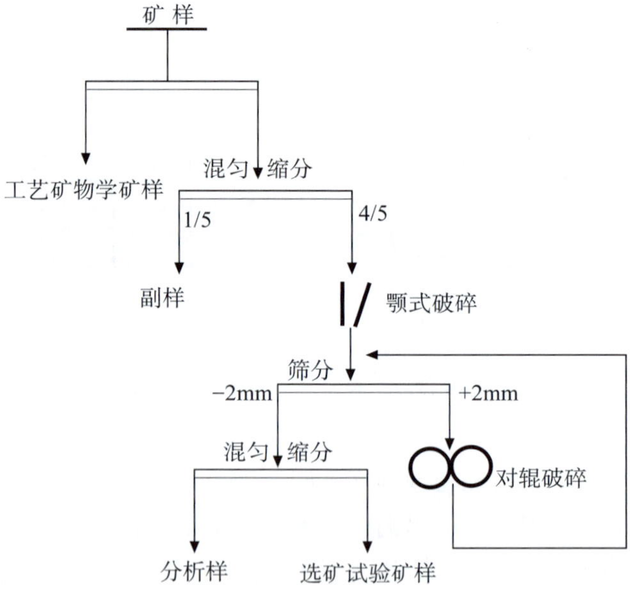

图4.28 矿样制备工艺流程图

（2）铜铅混选和铜铅优先浮选探索试验

铜铅混选－锌浮选探索试验流程见图4.29，试验结果见表4.8。铜铅锌依次优先浮选探索试验流程见图4.30，试验结果见表4.9。

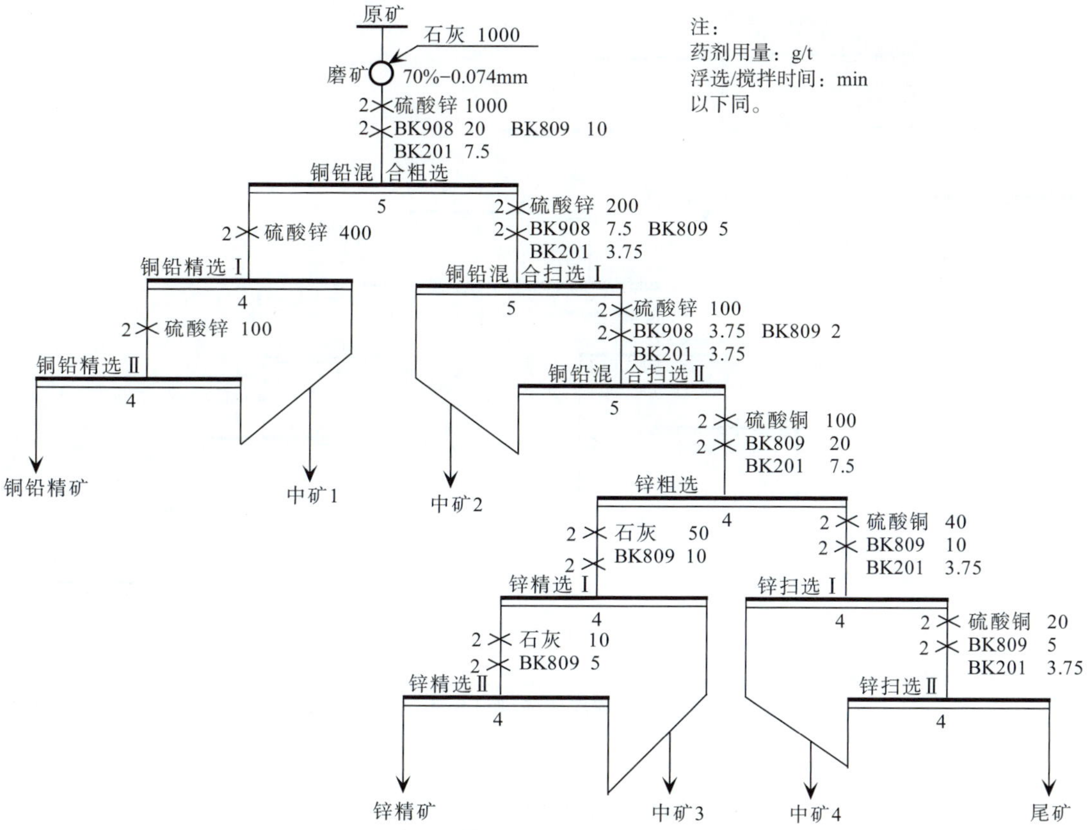

图4.29 铜铅混选－锌浮选探索试验流程图

表4.8 铜铅混选－锌浮选探索试验结果

产品名称	产率/%	品位/%			回收率/%		
		Cu	Pb	Zn	Cu	Pb	Zn
铜铅精矿	3.74	12.72	44.42	6.43	81.82	82.56	25.20
中矿1	1.75	2.54	14.62	3.45	7.65	12.71	6.33
中矿2	3.23	0.60	1.04	2.65	3.33	1.67	8.97
锌精矿	0.65	0.35	0.65	62.46	0.39	0.21	42.55
中矿3	0.76	0.21	1.22	8.10	0.27	0.46	6.45
中矿4	2.02	0.14	0.20	0.61	0.49	0.20	1.29
尾矿	87.85	0.040	0.050	0.10	6.05	2.19	9.21
原矿	100.00	0.58	2.01	0.95	100.00	100.00	100.00

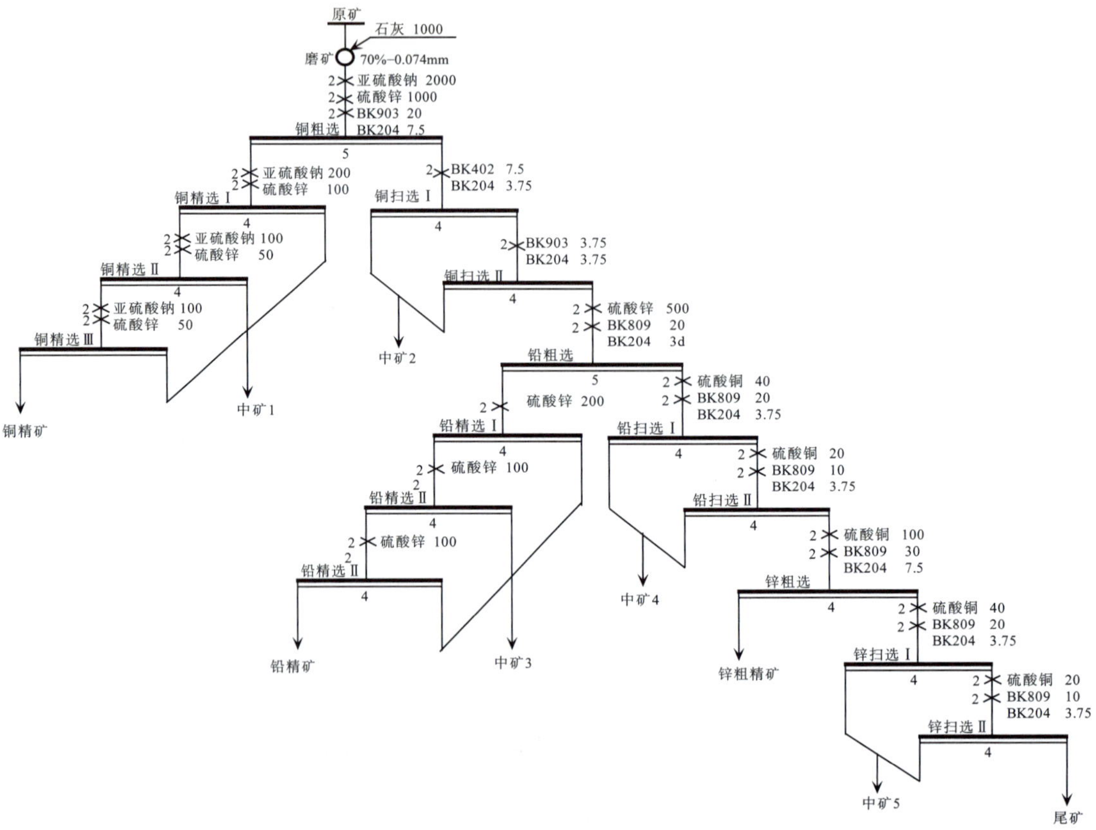

图4.30 铜铅锌依次优先浮选探索试验流程图

表4.9 铜铅锌依次优先浮选探索试验结果

产品名称	产率/%	品位/%			回收率/%		
		Cu	Pb	Zn	Cu	Pb	Zn
铜精矿	0.15	34.10	13.64	8.03	8.37	1.01	1.28
中矿1	5.43	6.81	3.45	1.47	60.55	9.21	8.49
中矿2	4.35	1.98	2.46	1.87	14.10	5.26	8.63
铅精矿	1.49	1.75	76.82	1.00	4.27	56.31	1.58
中矿3	4.97	0.51	8.91	2.18	4.16	21.78	11.49
中矿4	3.65	0.24	1.28	1.62	1.43	2.30	6.28
锌粗精矿	3.29	0.22	0.57	15.74	1.18	0.92	54.96
中矿5	2.00	0.17	0.61	0.52	0.56	0.60	1.10
尾矿	74.67	0.04	0.07	0.08	5.38	2.61	6.19
原矿	100.00	0.61	2.03	0.94	100.00	100.00	100.00

由上述探索试验结果可知，方铅矿和铜矿物均具有较好的可浮性，宜采用铜铅混合浮选。考虑到选矿回水的充分利用，本次试验主要开展了铜铅混合浮选再分离－锌浮选工艺流程的研究。

（3）铜铅混浮条件试验

a. 铜铅混浮粗选石灰用量试验

铜铅混浮粗选石灰用量试验流程见图4.31，试验结果见表4.10。根据试验结果，石灰用量以1000克/吨为宜。

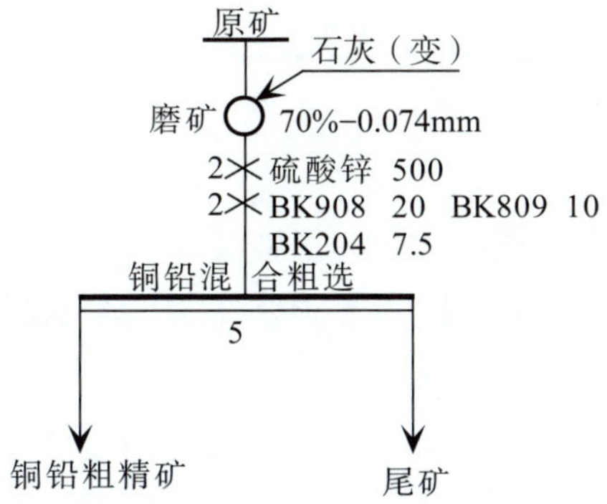

图4.31 铜铅混浮粗选石灰用量试验流程图

表4.10 铜铅混浮粗选石灰用量试验结果

石灰用量/(g·t^{-1})	产品名称	产率/%	品位/%			回收率/%		
			Cu	Pb	Zn	Cu	Pb	Zn
0 (pH7.9)	铜铅粗精矿	5.42	9.45	35.60	1.91	81.86	91.89	11.53
	尾矿	94.58	0.12	0.18	0.84	18.14	8.11	88.47
	原矿	100.00	0.63	2.10	0.90	100.00	100.00	100.00
500 (pH8.2)	铜铅粗精矿	5.51	9.52	34.26	2.36	85.78	92.16	14.52
	尾矿	94.49	0.092	0.17	0.81	14.22	7.84	85.48
	原矿	100.00	0.61	2.05	0.90	100.00	100.00	100.00
1000 (pH9.2)	铜铅粗精矿	6.74	8.40	29.50	4.60	90.46	95.95	34.54
	尾矿	93.26	0.064	0.090	0.63	9.54	4.05	65.46
	原矿	100.00	0.63	2.07	0.90	100.00	100.00	100.00
1500 (pH11.0)	铜铅粗精矿	6.71	8.32	29.05	7.20	91.30	95.43	54.06
	尾矿	93.29	0.057	0.10	0.44	8.70	4.57	45.94
	原矿	100.00	0.61	2.04	0.89	100.00	100.00	100.00

b. 铜铅混浮粗选硫酸锌用量试验

铜铅混浮粗选硫酸锌用量试验流程见图4.32，试验结果见表4.11。根据试验结果，硫酸锌用量选为1000克/吨。

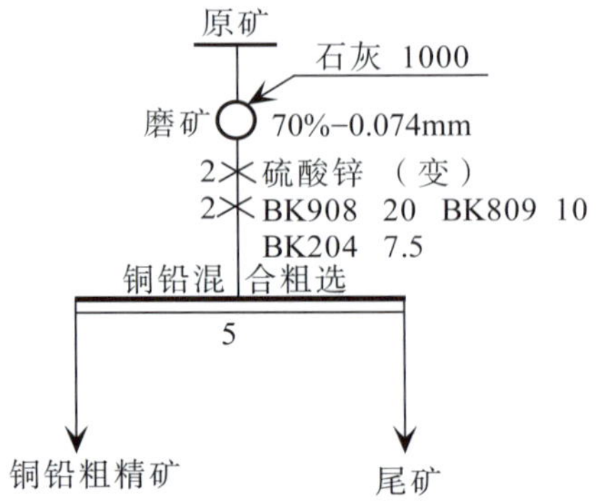

图4.32 铜铅混浮粗选硫酸锌用量试验流程图

表4.11 铜铅混浮粗选硫酸锌用量试验结果

硫酸锌用量/(g·t⁻¹)	产品名称	产率/%	品位/%			回收率/%		
			Cu	Pb	Zn	Cu	Pb	Zn
0	铜铅粗精矿	6.03	9.49	32.04	5.67	91.03	95.67	37.75
	尾矿	93.97	0.060	0.093	0.60	8.97	4.33	62.25
	原矿	100.00	0.63	2.02	0.91	100.00	100.00	100.00
500	铜铅粗精矿	6.57	8.45	29.45	4.54	90.41	95.75	34.73
	尾矿	93.43	0.063	0.092	0.60	9.59	4.25	65.27
	原矿	100.00	0.61	2.02	0.86	100.00	100.00	100.00
1000	铜铅粗精矿	5.52	9.83	35.58	4.81	91.26	96.43	29.24
	尾矿	94.48	0.055	0.077	0.68	8.74	3.57	70.76
	原矿	100.00	0.59	2.04	0.91	100.00	100.00	100.00
1500	铜铅粗精矿	5.39	9.98	35.18	5.19	91.62	96.81	29.11
	尾矿	94.61	0.052	0.066	0.72	8.38	3.19	70.89
	原矿	100.00	0.59	1.96	0.96	100.00	100.00	100.00

c. 铜铅混浮粗选捕收剂种类试验

铜铅混浮粗选捕收剂种类试验流程见图4.33，试验结果见表4.12。根据试验结果，捕收剂选为BK908和BK809的组合药剂。

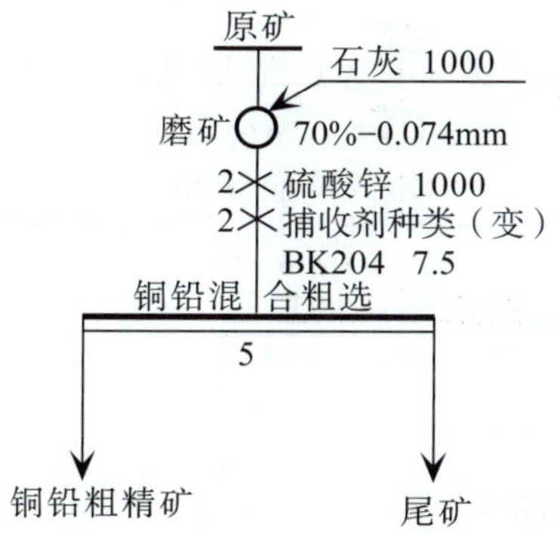

图4.33 铜铅混浮粗选捕收剂种类试验流程图

表4.12 铜铅混浮粗选捕收剂种类试验结果

捕收剂种类及用量/(g·t^{-1})	产品名称	产率/%	品位/%					回收率/%				
			Cu	Pb	Zn	Au, g/t	Ag, g/t	Cu	Pb	Zn	Au	Ag
Z-200 25	铜铅粗精矿	4.76	10.19	18.63	6.33	1.71	322.00	82.24	43.90	32.40	36.30	18.71
	尾矿	95.24	0.11	1.19	0.66	0.15	69.90	17.76	56.10	67.60	63.70	81.29
	原矿	100.00	0.59	2.02	0.93	0.22	81.90	100.00	100.00	100.00	100.00	100.00
BK908 25	铜铅粗精矿	4.86	11.54	18.71	6.06	2.13	471.00	91.75	44.75	33.66	39.03	27.70
	尾矿	95.14	0.053	1.18	0.61	0.17	62.80	8.25	55.25	66.34	60.97	72.30
	原矿	100.00	0.61	2.03	0.87	0.27	82.64	100.00	100.00	100.00	100.00	100.00
BK809 25	铜铅粗精矿	4.47	10.58	42.87	3.33	2.30	804.00	77.95	92.61	16.83	47.28	44.44
	尾矿	95.53	0.14	0.16	0.77	0.12	47.03	22.05	7.39	83.17	52.72	55.56
	原矿	100.00	0.61	2.07	0.88	0.22	80.87	100.00	100.00	100.00	100.00	100.00
BK908 15 +BK809 10	铜铅粗精矿	6.07	9.13	33.22	4.30	2.22	854.00	91.47	96.62	29.01	59.91	63.35
	尾矿	93.93	0.055	0.075	0.68	0.10	31.93	8.53	3.38	70.99	40.09	36.65
	原矿	100.00	0.61	2.09	0.90	0.22	81.83	100.00	100.00	100.00	100.00	100.00

d. 铜铅混浮粗选BK908用量试验

铜铅混浮粗选BK908用量试验流程见图4.34，试验结果见表4.13。根据试验结果，BK908用量选为15克/吨。

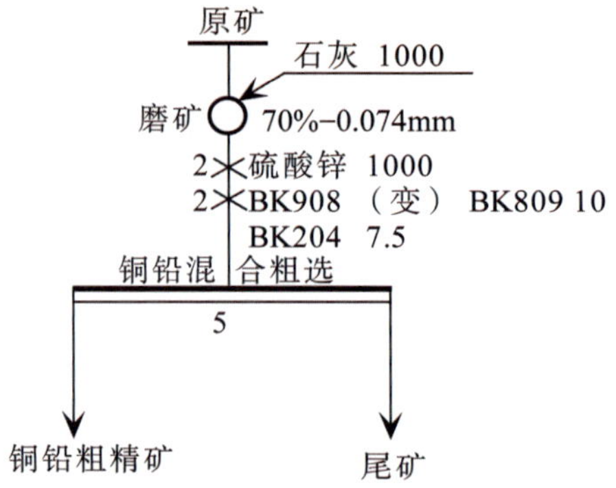

图4.34 铜铅混浮粗选BK908用量试验流程图

表4.13 铜铅混浮粗选BK908用量试验结果

BK908用量/(g·t^{-1})	产品名称	产率/%	品位/%			回收率/%		
			Cu	Pb	Zn	Cu	Pb	Zn
7.5	铜铅粗精矿	5.59	9.70	34.49	3.49	88.45	94.02	22.54
	尾矿	94.41	0.075	0.13	0.71	11.55	5.98	77.46
	原矿	100.00	0.61	2.05	0.87	100.00	100.00	100.00
11.25	铜铅粗精矿	5.70	9.93	34.16	4.42	89.82	95.38	29.13
	尾矿	94.30	0.068	0.10	0.65	10.18	4.62	70.87
	原矿	100.00	0.63	2.04	0.86	100.00	100.00	100.00
15.0	铜铅粗精矿	5.96	9.62	33.10	4.30	91.04	96.42	28.61
	尾矿	94.04	0.060	0.078	0.68	8.96	3.58	71.39
	原矿	100.00	0.63	2.05	0.90	100.00	100.00	100.00
18.75	铜铅粗精矿	6.06	9.54	33.77	4.39	90.05	96.24	29.40
	尾矿	93.94	0.068	0.085	0.68	9.95	3.76	70.60
	原矿	100.00	0.64	2.13	0.90	100.00	100.00	100.00

e. 铜铅混浮粗选BK809用量试验

铜铅混浮粗选BK809用量试验流程见图4.35，试验结果见表4.14。试验结果表明，BK809对铜和铅具有较好的捕收能力和选择性，当用量为10克/吨，铜铅回收率较高，因此BK809用量选为10克/吨。

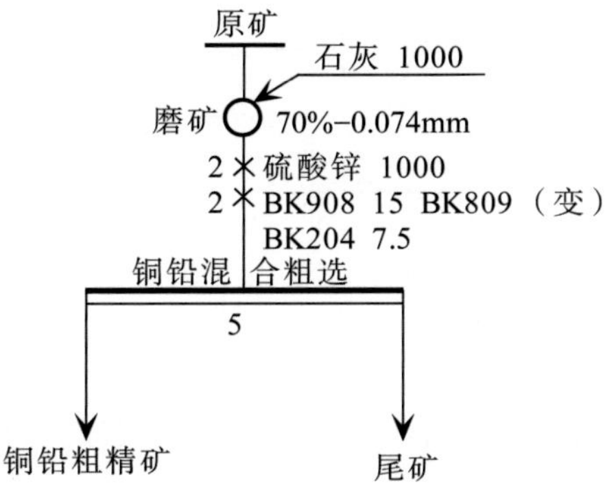

图4.35 铜铅混浮粗选BK809用量试验流程图

表4.14 铜铅混浮粗选BK809用量试验结果

BK809用量/(g·t^{-1})	产品名称	产率/%	品位/%			回收率/%		
			Cu	Pb	Zn	Cu	Pb	Zn
6	铜铅粗精矿	4.91	10.15	39.74	3.44	87.05	95.35	19.79
	尾矿	95.09	0.078	0.10	0.72	12.95	4.65	80.21
	原矿	100.00	0.57	2.05	0.85	100.00	100.00	100.00
8	铜铅粗精矿	5.14	10.21	38.73	3.71	88.63	95.02	22.07
	尾矿	94.86	0.071	0.11	0.71	11.37	4.98	77.93
	原矿	100.00	0.59	2.10	0.86	100.00	100.00	100.00
10	铜铅粗精矿	5.63	10.24	35.74	4.38	90.92	96.56	28.06
	尾矿	94.37	0.061	0.076	0.67	9.08	3.44	71.94
	原矿	100.00	0.63	2.08	0.88	100.00	100.00	100.00
12	铜铅粗精矿	5.93	9.19	33.79	4.27	90.33	95.95	28.66
	尾矿	94.07	0.062	0.090	0.67	9.67	4.05	71.34
	原矿	100.00	0.60	2.09	0.88	100.00	100.00	100.00

f. 铜铅混浮精选硫酸锌用量试验

采用铜铅混选得到的粗精矿作为给矿，进行铜铅混选的精选条件试验。铜铅混浮精选硫酸锌用量试验流程见图4.36，试验结果见表4.15。根据试验结果，硫酸锌用量选为400克/吨。

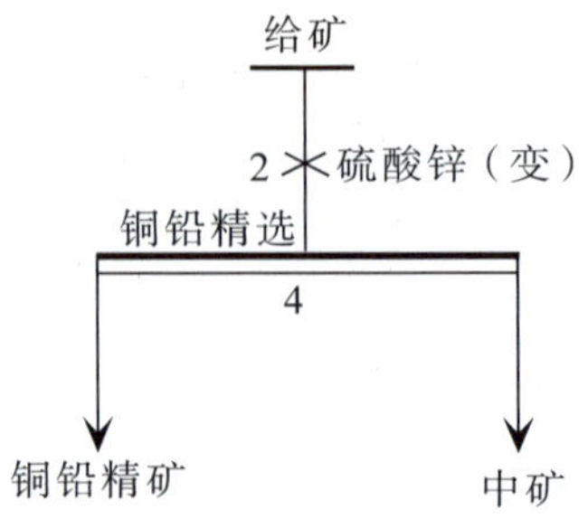

图4.36　铜铅混浮精选硫酸锌用量试验流程图

表4.15　铜铅混浮精选硫酸锌用量试验结果

硫酸锌用量/(g·t^{-1})(对原矿)	产品名称	作业产率/%	品位/%			作业回收率/%		
			Cu	Pb	Zn	Cu	Pb	Zn
0	铜铅精矿	78.25	12.26	44.46	5.01	94.29	95.68	83.74
	中矿	21.75	2.67	7.23	3.50	5.71	4.32	16.26
	给矿	100.00	10.17	36.36	4.68	100.00	100.00	100.00
200	铜铅精矿	76.10	12.33	44.45	4.92	93.34	95.49	81.95
	中矿	23.90	2.80	6.69	3.45	6.66	4.51	18.05
	给矿	100.00	10.05	35.43	4.57	100.00	100.00	100.00
400	铜铅精矿	74.65	12.67	44.29	3.18	92.63	95.14	51.90
	中矿	25.35	2.97	6.66	8.68	7.37	4.86	48.10
	给矿	100.00	10.21	34.75	4.57	100.00	100.00	100.00
600	铜铅精矿	76.05	12.28	43.71	3.14	92.79	95.24	51.18
	中矿	23.95	3.03	6.94	9.51	7.21	4.76	48.82
	给矿	100.00	10.06	34.90	4.67	100.00	100.00	100.00

g. 铜铅混浮精选次数试验

铜铅混浮精选次数试验流程见图4.37，试验结果见表4.16。根据试验结果，铜铅精选次数选为三次精选。

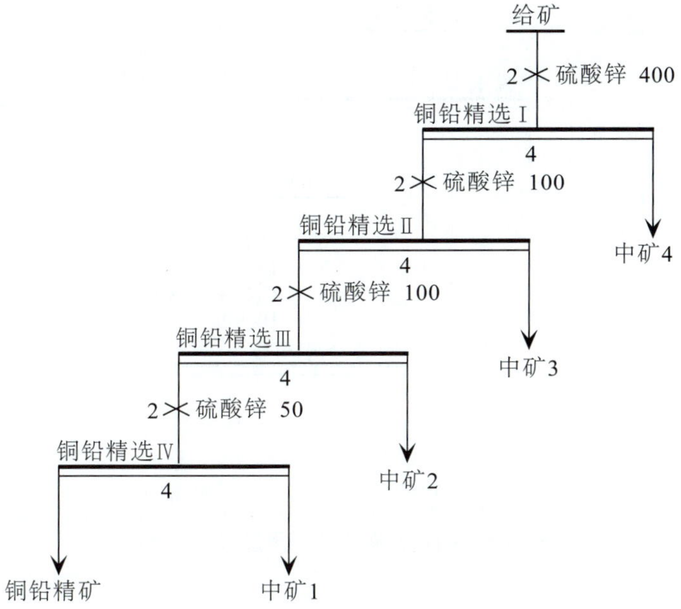

图4.37 铜铅混浮精选次数试验流程图

表4.16 铜铅混浮精选次数试验结果

产品名称	作业产率/%	品位/%			作业回收率/%		
		Cu	Pb	Zn	Cu	Pb	Zn
铜铅精矿	35.18	15.35	46.99	3.02	55.50	51.42	18.97
中矿1	8.14	13.89	41.03	5.68	11.62	10.39	8.26
中矿2	12.80	10.69	42.59	9.19	14.06	16.96	21.00
中矿3	16.00	7.97	29.23	12.11	13.11	14.55	34.60
中矿4	27.88	1.99	7.70	3.45	5.71	6.68	17.17
给矿	100.00	9.73	32.15	5.60	100.00	100.00	100.00

（4）铜铅分离条件试验

a. 铜铅分离活性炭用量试验

为实现铜铅分离，通常需要对铜铅混合精矿进行脱水和脱药处理。本试验采用活性炭和硫化钠进行脱药处理。铜铅分离活性炭用量试验流程见图4.38，试验结果见表4.17。根据试验结果，活性炭用量选为100克/吨。

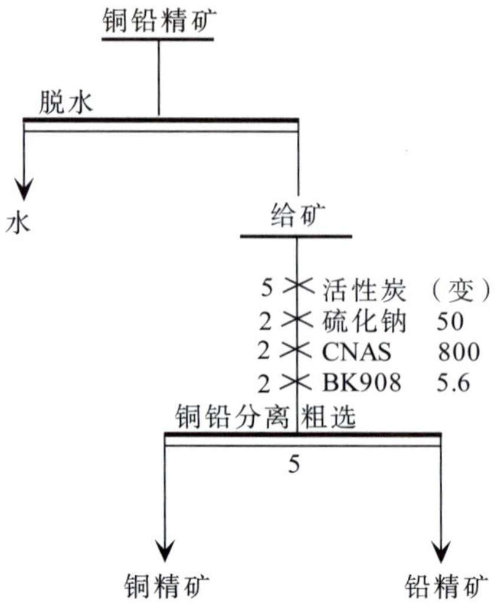

图4.38　铜铅分离活性炭用量试验流程图

表4.17　铜铅分离活性炭用量试验结果

活性炭用量/(g·t^{-1})	产品名称	作业产率/%	品位/%		作业回收率/%	
			Cu	Pb	Cu	Pb
0	铜精矿	84.64	16.50	45.29	92.21	83.94
	铅精矿	15.36	7.68	47.74	7.79	16.06
	给矿	100.00	15.15	45.67	100.00	100.00
50	铜精矿	74.65	17.77	45.50	88.33	74.29
	铅精矿	25.35	6.91	46.37	11.67	25.71
	给矿	100.00	15.02	45.72	100.00	100.00
100	铜精矿	37.21	24.57	24.71	61.12	20.32
	铅精矿	62.79	9.26	57.42	38.88	79.68
	给矿	100.00	14.96	45.25	100.00	100.00
200	铜精矿	14.96	26.48	27.26	26.46	8.86
	铅精矿	85.04	12.95	49.31	73.54	91.14
	给矿	100.00	14.97	46.01	100.00	100.00

b. 铜铅分离硫化钠用量试验

硫化钠用量试验流程见图4.39，试验结果见表4.18。根据试验结果，硫化钠用量不宜过量，选为50克/吨。

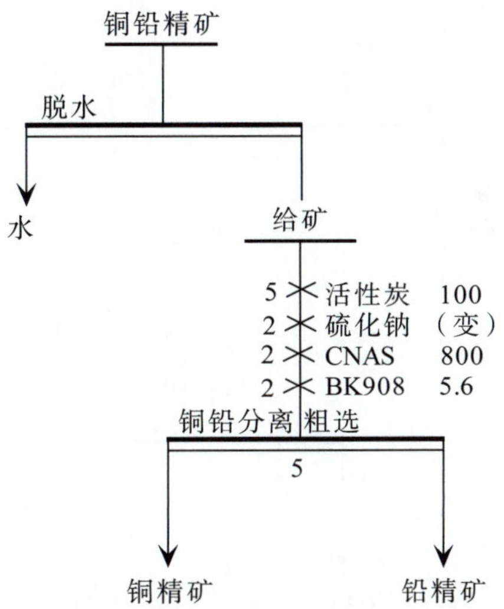

图4.39 铜铅分离硫化钠用量试验流程图

表4.18 铜铅分离硫化钠用量试验结果

硫化钠用量/(g·t^{-1})	产品名称	作业产率/%	品位/%		作业回收率/%	
			Cu	Pb	Cu	Pb
0	铜精矿	37.25	22.82	27.97	56.52	22.80
	铅精矿	62.75	10.42	56.23	43.48	77.20
	给矿	100.00	15.04	45.70	100.00	100.00
50	铜精矿	37.00	24.90	24.71	61.00	20.17
	铅精矿	63.00	9.35	57.42	39.00	79.83
	给矿	100.00	15.10	45.32	100.00	100.00
100	铜精矿	14.95	25.12	18.96	25.17	6.36
	铅精矿	85.05	13.13	49.06	74.83	93.64
	给矿	100.00	14.92	44.56	100.00	100.00
200	铜精矿	2.24	18.58	30.10	2.77	1.50
	铅精矿	97.76	14.93	45.14	97.23	98.50
	给矿	100.00	15.01	44.8	100.00	100.00

c. 铜铅分离CNAS用量试验

采用CNAS抑铅浮铜，铜铅分离CNAS用量试验流程见图4.40，试验结果见表4.19。根据试验结果，CNAS用量选为600～800克/吨。

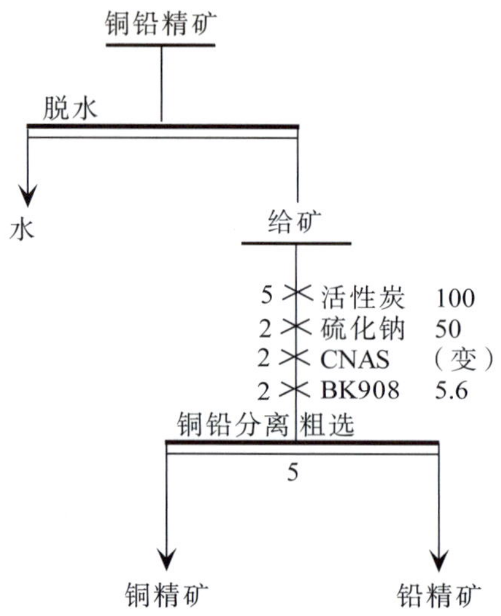

图4.40　铜铅分离CNAS用量试验流程图

表4.19　铜铅分离CNAS用量试验结果

CNAS用量/(g·t⁻¹)	产品名称	作业产率/%	品位/%		作业回收率/%	
			Cu	Pb	Cu	Pb
0	铜精矿	76.16	16.20	45.10	86.01	75.15
	铅精矿	23.84	8.42	47.64	13.99	24.85
	给矿	100.00	14.35	45.71	100.00	100.00
400	铜精矿	58.13	18.24	45.46	73.35	57.69
	铅精矿	41.87	9.20	46.28	26.65	42.31
	给矿	100.00	14.45	45.80	100.00	100.00
600	铜精矿	36.79	24.68	24.42	62.41	19.46
	铅精矿	63.21	8.65	58.82	37.59	80.54
	给矿	100.00	14.55	46.16	100.00	100.00
800	铜精矿	37.21	24.57	24.71	61.12	20.32
	铅精矿	62.79	9.26	57.42	38.88	79.68
	给矿	100.00	14.96	45.25	100.00	100.00

（5）锌浮选条件试验

a. 锌粗选硫酸铜用量试验

采用铜铅混选扫选Ⅱ的尾矿作为给矿，进行锌粗选的条件试验。锌粗选硫酸铜用量试验流程见图4.41，试验结果见表4.20。根据试验结果，硫酸铜用量选为100克/吨。

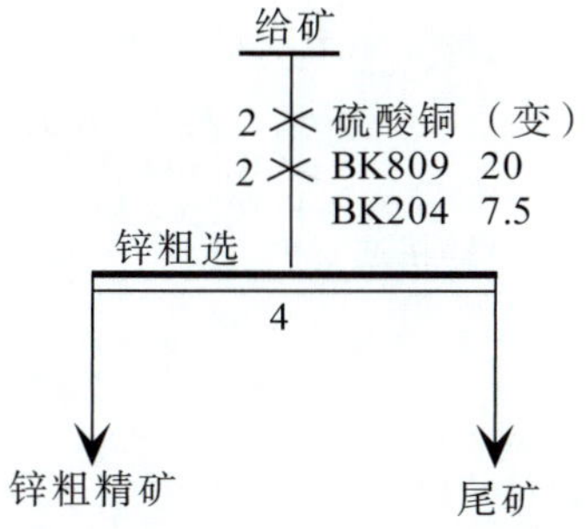

图4.41　锌粗选硫酸铜用量试验流程图

表4.20　锌粗选硫酸铜用量试验结果

硫酸铜用量/(g·t^{-1})	产品名称	作业产率/%	Zn品位/%	Zn作业回收率/%
50	锌粗精矿	1.43	34.85	71.65
	尾矿	98.57	0.20	28.35
	给矿	100.00	0.70	100.00
80	锌粗精矿	1.88	33.02	79.82
	尾矿	98.12	0.16	20.18
	给矿	100.00	0.78	100.00
100	锌粗精矿	1.79	36.96	87.64
	尾矿	98.21	0.095	12.36
	给矿	100.00	0.75	100.00
200	锌粗精矿	1.51	41.49	85.26
	尾矿	98.49	0.11	14.74
	给矿	100.00	0.73	100.00

b. 锌粗选BK809用量试验

为利于选矿尾矿水的回用，选锌捕收剂采用了捕收剂BK809，它是铜铅混浮捕收剂中的一种。锌粗选BK809用量试验流程见图4.42，试验结果见表4.21。根据试验结果，BK809用量选为15克/吨。

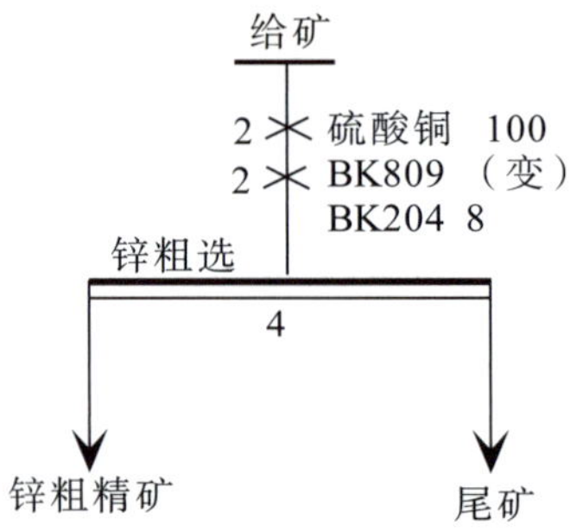

图4.42 锌粗选BK809用量试验流程图

表4.21 锌粗选BK809用量试验结果

BK809用量/(g·t^{-1})	产品名称	作业产率/%	Zn品位/%	Zn作业回收率/%
5	锌粗精矿	1.35	34.41	67.18
	尾矿	98.65	0.23	32.82
	给矿	100.00	0.69	100.00
10	锌粗精矿	1.55	34.68	75.21
	尾矿	98.45	0.18	24.79
	给矿	100.00	0.71	100.00
15	锌粗精矿	1.74	37.40	87.34
	尾矿	98.26	0.096	12.66
	给矿	100.00	0.75	100.00
20	锌粗精矿	1.77	37.23	87.60
	尾矿	98.23	0.095	12.40
	给矿	100.00	0.75	100.00

c. 锌精选石灰用量试验

采用锌粗精矿作为给矿，进行锌精选石灰用量试验。锌精选石灰用量试验流程见图4.43，试验结果见表4.22。根据试验结果，锌精选Ⅰ的石灰用量选为50克/吨。此时，锌粗精矿经过两次精选后的锌品位达到60%以上，因此锌精选次数选为两次。

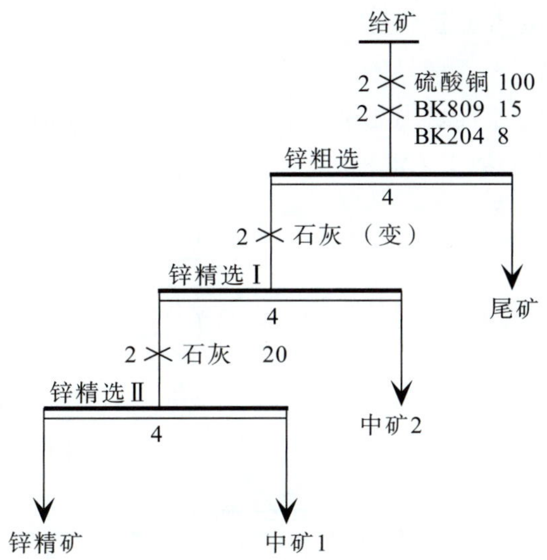

图4.43 锌精选石灰用量试验流程图

表4.22 锌精选石灰用量试验结果

石灰用量/(g·t^{-1})	产品名称	作业产率/%	Zn品位/%	Zn作业回收率/%
0 （pH9.0）	锌精矿	62.10	56.57	93.34
	中矿1	7.26	24.87	4.80
	中矿2	30.64	2.29	1.86
	给矿	100.00	37.64	100.00
50 （pH10.4）	锌精矿	59.63	60.95	96.37
	中矿1	3.67	14.49	1.41
	中矿2	36.70	2.28	2.22
	给矿	100.00	37.71	100.00
150 （pH11.0）	锌精矿	56.82	59.67	90.32
	中矿1	9.09	24.58	5.95
	中矿2	34.09	4.11	3.73
	给矿	100.00	37.54	100.00
200 （pH11.5）	锌精矿	46.15	65.17	80.28
	中矿1	12.18	43.64	14.19
	中矿2	41.67	4.97	5.53
	给矿	100.00	37.46	100.00

4.4.4.3 甲玛铜多金属矿选矿流程

（1）铜钼分离流程

甲玛多金属选矿工艺流程采用北京矿冶研究总院铜铅锌钼多金属选矿工艺流程。图4.44为甲玛多金属矿铜钼分离工艺流程图。

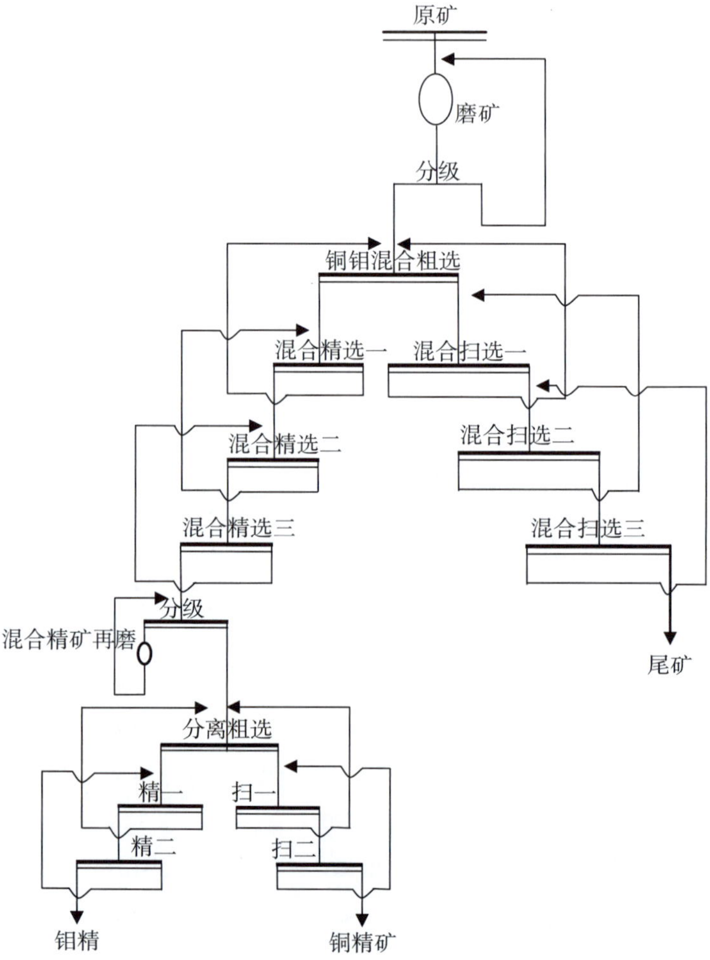

图4.44 铜钼分离流程图

选矿流程内部结构：铜铅钼混浮为一次粗选、三次精选、三次扫选。精选尾矿和扫选精矿顺序返回，扫选尾矿进入选锌系统。铜铅分离为一次粗选、四次精选、两次扫选，泡沫产品为铜钼混合精矿，槽中产品为铅精矿。铜钼混合精矿再磨后分离，流程结构为一次粗选、两次精选、两次扫选。

设备配置：铜铅混合浮选、锌浮选系统为双系列配置，与一段磨矿球磨机和浮选产品后续的浓密机相适应；铜钼分离系统为单系列配置，和第二段磨矿和后续的浓密机相匹配。

设备选择：铜铅混选、锌浮选的粗、扫选、铜铅混合精选采用16立方米充气式浮选机，其余采用2立方米充气式浮选机，铜钼分离粗精选采用浮选柱。

浮选机要求：风压大于25千帕，风量0.05～1.4立方米/（平方米·分）。设计选用浮选机专用型鼓风机作为充气设备，该设备的特点是低压力大风量，按风量1.4立方米/（平方米·分）选择风机。所有风管的风速按18米/秒设计。

根据冶炼厂对产品的要求，考虑设置脱水流程，铜铅锌精矿均采用浓密、过滤两段脱水流程，控制水分为10%。钼精矿的脱水采用浓密、压滤、干燥三段脱水流程，按产品质量要求，钼精矿的水分要求小于4%。

浓密机规格的选择：（按照原矿品位铜0.979%、铅0.331%、锌0.225%，钼0.076%计算的精矿产量考虑）

铜精矿：Φ30米，产率3.35%，产量201吨/天，单位定额$q = 0.28$；

铅精矿：Φ18米：产率0.45%，产量27吨/天，单位定额$q = 0.11$；

锌精矿：Φ12米，产率0.45%，产量27吨/天，单位定额$q = 0.24$（可研数据）；

钼精矿：Φ9米，产率0.09%，产量5.4吨/天，单位定额$q = 0.09$。

过滤机的选择：铜铅锌精矿均采用陶瓷过滤机，设备的脱水原理是利用陶瓷片的毛细作用来脱水，只是辅以很小的真空，具有节约能源水分低的优点。但钼精矿的第二段脱水选择了压滤机，这是因为细磨状况下钼精矿为片状结构，可以穿过陶瓷片的微孔，使得脱水过程不能进行。

最终选择的陶瓷过滤机规格为：

铜精矿：36平方米，45平方米；

铅精矿：21平方米；

锌精矿：9平方米。

浓密设备和过滤机设备选择的单位定额都较低，这是考虑到流程是针对整个甲玛矿区各种矿石的一个通用流程，要求有很好的适应性。在不同的矿体和矿段中矿石的品位会有很大的变化，导致精矿的产量波动很大。

钼精矿的干燥设备可以选择闪蒸干燥机和桨叶式中空干燥机。空干燥机规格为8平方米。

（2）尾矿脱水流程

为了提高回水利用率，铜铅混浮尾矿设计了浓密脱水作业，浓密机的溢流直接作为生产用水回用于本段浮选；浮锌尾矿再用浓密+压滤两段回水工艺，部分回水直接回用于选锌，多余部分经处理后返回铜铅钼混浮流程，压滤机滤饼用胶带输送机送尾矿库干堆。

设备选择：压滤机型号为：KZG600/2000，单台过滤面积为600平方米，8用2备，设计滤饼含水量≤18%。设计压滤周期：25分钟一个循环，包括给矿、压榨、鼓风挤压、排矿4个步骤。浓密机规格的选择：铜铅尾矿：Φ60米，2台。浮锌尾矿：Φ60米，2台。

（3）单铜浮选工艺流程

据现场矿石性质，目前现场选矿工艺流程采用单铜处理工艺流程，流程如图4.45所示。

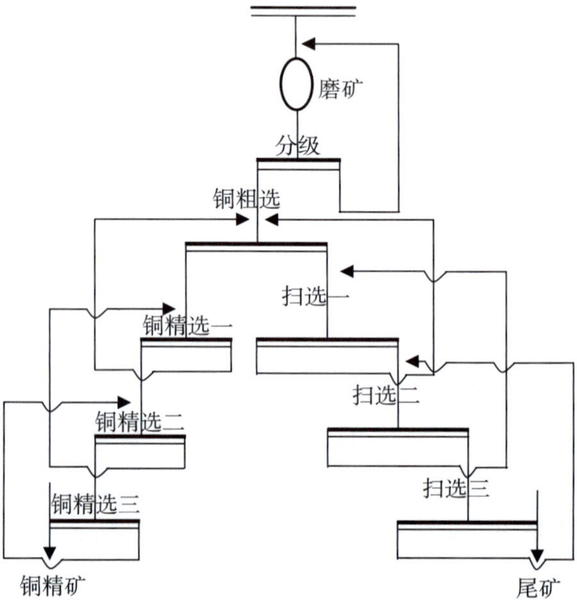

图4.45 单铜浮选工艺流程图

碎矿及磨矿工艺不变，浮选采用一次粗选，三次扫选，三次精选作业。铜粗选采用原铜铅钼混合粗选设备，铜扫选采用原来铜铅钼混合扫选设备，铜精选采用铜钼混合精选设备，浮选均采用16立方米充气式浮选机。捕收剂为丁基黄药、丁胺黑药、Z-200，调整剂为氧化钙，活化剂为硫化钠，起泡剂为2号油。

4.5 小结

1）概述了大型矿山采矿技术水平和铜矿选矿技术水平，对采选技术现状及发展趋势进行分析，系统地介绍了采矿方法和铜矿石选矿技术。在深入分析采矿与选矿方法及工艺的基础上，分别开展了采矿与选矿方法评价机制研究，分析了冈底斯成矿带采选技术影响特征及对应的采选方法确定原则。以西藏甲玛铜矿山为例，进行了采选方法研究，介绍了甲玛铜矿设计选定的采矿方法和选矿流程。本书形成的采选方法选择技术路线，经过实践的检验，对采选评价机制及专家系统的建立具有重要价值。

2）对采矿方法的评价需要建立矿山采矿方法知识库、调研国内外矿山采矿工艺现状。建立采选方法知识库，才能保证采选方法评价机制的可靠性。例如，对于影响因素众多的采矿方法，需要在特定或相似的生产技术条件下，以已应用的采矿方法及其技术经济指标为依据形成专家知识库。在采矿方法选择的过程中，层次分析和模糊隶属度评判步骤需要专家打分或进行倾向性选择评判，具有一定的不确定性；同样的采矿方法在不同的生产技术条件下，各评价指标也不相同，难以定量建立采矿方法选择指标体系。

3）甲玛矿石中主要回收金属元素为铜、铅和锌，金银具有综合回收价值，其他伴生、共生的金属元素的含量都较低。铜、铅、锌的氧化率较低，属于硫化矿石。甲玛矿石中的铜、铅、锌等元素都以独立矿物的形式存在。矿石中的铜矿物主要为黄铜矿，其次为斑铜矿；铅矿物主要是方铅矿；锌矿物主要是闪锌矿；独立金矿物为碲金银矿、自然金、银金矿；银的独立矿物为碲银矿、自然银、辉银矿等；其他金属矿物主要有黄铁矿、磁黄铁矿等。脉石矿物主要为石榴子石（钙铁榴石和钙铝榴石），其次为云母、石英和长石，另有少量方解石、透辉石和硅灰石。

4）冈底斯成矿带的成矿环境和成矿规律并不是直接影响采矿方法选择的主要因素。铜金等矿产资源并没有因为赋存于冈底斯成矿带，而改变前述研究确定的采矿方法评价机制；但冈底斯成矿带由于其特殊的成矿环境和社会经济因素，对采矿方法评价指标体系中环境、安全指标有重要影响，对技术、经济指标提出了更高的要求，影响着采矿方法评价体系中指标层和准则层权重的评判。

5）西藏等高海拔地区生态环境特点是：植被覆盖稀疏、含水量少、沙漠化敏感性强，表现为生态环境脆弱。高海拔地区矿业开发应加强环保投入，做好绿化工程；开采后期开展植被恢复与生态治理工作，地下矿山优先考虑充填采矿法，选用低毒低污染的选矿药剂和工艺流程。

6）针对高寒、高海拔山区找矿勘查交通条件差、勘查成本高与矿化信息获取难等特点，提出了高寒、高海拔山区区域找矿勘查模型、高分辨率和高光谱遥感、地面红外光谱、浅钻快速控制和现场测试分析等技术与装备，开展集成创新，形成了一套快速勘查方法组合，提高找矿效率。

5 固体矿产资源经济评价

5.1 引言

矿产资源经济评价的实质就是根据矿产资源赋存的各种参数及矿产资源开发利用过程中的各种经济因素，综合地评价矿产资源的经济价值。矿产资源的经济价值可分两个层次：一是矿产资源的原地潜在价值。即在不考虑开发成本及其他经济、社会条件的情况下，根据矿产可采储量、品质及其合理价格计算的矿产资源价值。二是矿产资源经济价值。是指在原地潜在价值的基础上，在进一步考虑采选条件及其他经济社会因素后，来评价的矿产资源价值（李毅等，2000）。

由于不同的社会制度、经济体制，矿产资源经济评价经历了不同的发展过程。代表性的矿产资源经济评价模型有三个：一是以美国和瑞典为代表的西方市场经济国家矿床技术经济评价模式；二是以前苏联为代表的计划经济国家矿床技术经济评价模式；三是以中国为代表的经济转型国家的矿床技术经济评价模式（朱国涛，1995）。

5.1.1 西方市场经济国家矿床技术经济评价模式

在西方国家，矿业活动是建立在私有制基础上的，矿产资源视为一种投资对象。因此，矿业投资开发者十分关心矿山的投资效益和风险性。基于这个原因，他们要求矿山开发所获得的收益要超过其他一般项目投资得到的收益，并把它认作是矿床资源的价值。只有它的存在，才可能对矿产资源投资，才有利可图。1887年，矿床经济评价的先驱——经营煤矿业的瑞典人霍斯科尔德提出：矿床开发所获利润的现值由矿床开采的年期望纯利润、矿山服务年限、贴现率和投资冒险系数决定。虽然该理论有许多不尽完善的地方，但提出了矿床经济价值由资金时间价值及投资风险确定理论，很好地启发了后来矿产资源评价工作及西方工程经济思想。

在美国，当进行矿山建设立项或矿山开采时，经常要作矿床技术经济评价工作，并称之为可行性研究。其评价包括地质、技术、经济三个方面的内容：①地质评价包括：

勘探工作部署和质量评价、取样的代表性评价、矿体圈定合理性评价、储量计算方法合理性评价；②技术评价包括：采矿方法的合理性评价、选冶试验程度评价、基础设施建设和设备选择合理性评价、开采方案合理性评价；③经济评价主要采用动态法（如现金流量法）求得矿山未来开发时的经济净现值，充分论证税收和通货膨胀对评价结果的影响，并且对影响评价的主要因素（如地质环境工程参数、市场及政府政策）对预测值的影响进行敏感性分析，确定投资回收所需的盈亏平衡条件。评价的目的和侧重点主要在于建设项目的经济效益分析，追求的是利润极大化。西方市场经济国家的矿床技术经济评价理论来源于资本主义国家的微观经济理论，它是在资本主义完全的市场经济环境中形成和发展起来的，由于矿业投资的高风险性，矿业资本家从本公司的利益出发，追求矿业投资利润的最大化，为减少投资的风险，必须在项目投资之前进行技术经济方面的综合论证工作。

5.1.2 计划经济国家矿床技术经济评价模式

前苏联及东欧国家对矿床经济评价最早开始于对边界品位和最低工业品位的研究，即先用相对评价法，按同类技术经济指标将已勘探或正在勘探的矿床与生产矿山进行对比，得出矿床的相对价值以确定其开发利用的可能性，并把矿产品的生产费用作为衡量矿床经济价值的尺度。在以后的工作中逐渐意识到：地下矿产作为自然资源的一部分，也有必要做出以货币作为尺度的经济评价。20世纪早期，巴热利茨基提出了矿床和矿山评价原理。考虑到资金在不同时期发挥的作用大小不同，根据在社会主义经济生活中普遍采用利率的事实，他建议用贴现以后的矿山利润总额作为评价矿床价值的标准。在接下来的30多年里，前苏联矿产资源经济评价工作开展了四次大讨论。

一是20世纪50年代末，大多数人认为社会主义条件下矿产资源是全民所有制财产，不能买卖，无须进行货币评价。

二是在1967—1969年期间，多数人认为地质勘探是创造价值的社会劳动，探明矿产储量是经过劳动过滤的社会财富，它不仅具有使用价值，而且也具有价值，矿产储量可以用货币量表示其价值，矿床货币价值是制订合理利用和保护矿床资源措施的基础。

三是在20世纪70年代的初期，普遍认为把勘探矿床的社会必要劳动消耗作为储量价格的基础，是符合马克思关于价值和价格的学说。但如何测定社会必要劳动消耗缺乏令人信服的解决办法，对储量价格构成中需要加一部分矿山级差地租问题认识不一致。

四是在20世纪70年代末到现在，提出贴现法用于矿床技术经济评价的条件：①贴现只限于基建投资；②降低贴现率或采用递减的贴现率；③限制贴现时间在经济寿命期内。

经过几次大的讨论，1979年末，苏联科学院和国家科委又联合制订了《矿床经济评价暂行示范方法》，在矿产品价格和贴现时间等问题上作了一些原则性限制，并规定各个地质工作阶段矿床评价内容和要求。该项工作引起各个层次的普遍重视，前苏联储委及地质部要求在提交各勘查阶段的地质报告中都要有矿床技术经济评价的内容。该条例规定在普查评价结束时要提交矿床技术经济概述报告。报告内容除论证矿床储量计算技术参数外，还论证矿床未来开发的可行性及经济社会、环境效益评价过程中所选用的参数，既包括地质的（储量品位、品级等），技术的（开采条件、生产规模、采选回收率等），还包括经济的（投资、成本、利率等），总共参数有70余项，论证的详细程度已达到我国的建设项目可行性研究水平。

5.1.3 经济转型中国家矿床技术经济评价模式

新中国成立后30年，我国的矿床经济评价工作几乎是一个空白。在20世纪五六十年代的矿产资源的普查和勘探中，研究工作主要局限在合理的勘探程度及工业对矿物原料质量的要求等方面，很少涉及经济问题，以致在地质勘查和矿山开发方面造成的损失是巨大的。

20世纪80年代初，我国地质工作者开始探索如何把国外的矿床经济评价理论和方法同中国的实际结合起来，并进行了尝试。原地质矿产部、原全国储量委员会、原冶金部、原中国有色金属工业总公司均相继组建了有关矿床经济评价研究的机构。全国储量委员会经过几年的思想和理论上的准备，于1982年开始组织有关部门或单位率先开展了矿床技术经济评价的研究工作，经过充分调研，收集大量资料，进行矿床技术经济评价理论和方法的研究，以原国家计划委员会出版的《建设项目经济评价方法与参数》为蓝本，以原国家计划委员会颁发的《关于建设项目经济评价工作的暂行规定》为依据，结合矿床技术经济评价自身的特点，拟定出《矿产勘查各阶段矿床技术经济评价暂行规定》初稿，在广泛征求各工业部门意见、建议的基础上，经反复讨论、修改，最终于1987年制定出《矿产勘查各阶段矿床技术经济评价暂行规定》（简称《暂行规定》），并由原全国储量委员会、原国家计划委员会、原国家经济贸易委员会联合颁布实施。《暂行规定》的颁布实施得到了地质矿产部门和有关工业主管部门的大力支持，并根据《暂行规定》的要求制订了相应的“实施细则”，如原地质矿产部制定了《普查、详查阶段矿床技术经济厂价实施细则》，原国家建筑材料工业局制定了《非金属矿床技术经济评价的暂行规定》，原全国储量委员会石油天然气专业委员会也制定了《油（气）田（藏）储量技术经济评价规定》等，使《暂行规定》得到了深入贯彻，为我国的矿山和地下水源地建设提供了可靠的保证。

多数地质院校也在相关的课程中对矿床经济评价的理论和方法作了介绍，并在全国范围内举办了各种形式的培训班，使矿床经济评价理论和方法得到普及。通过许多单位、学者的努力，取得一系列成果。如裴荣富等（1993）对中国钨矿资源经济进行评价。关凤峻等完成了对金、银、铅、锌、锡、铁5个矿种的数据库及数据管理系统、矿床技术经济评价软件系统及排序选优的设计；张学恒等依据地质、经济、政治、经营四个方面的37个参数提出了计算数学模式，利用一组彼此关联又彼此独立的数学模型对矿床进行比较与评价；李万亨等采用系统论、网络技术等计算理论和方法，在甘肃小铁山建立了采、选、冶联合企业的经济效益优化模型和矿山补充资源综合利用的技术经济评价，编制出能够综合反映地质、技术和经济资料的地质经济预测图。以前在评价工作中只重视对单个矿床的评价，现在开始对行政区域的矿产资源经济评价初步进行了研究，如钟自然（1990）认为区域性矿产资源的勘查开发是受多种因素影响的多目标系统，研究这类系统的优化与经济评价问题是矿产经济学领域的重要课题；并以宜昌地区磷矿资源开发规划为例，应用系统工程的观点和方法通过系统分析建立优化模型。陈龙桂（1989）等利用计算机建立了有五种综合评价方法的区域矿产资源经济评价系统，对江西省17种主要矿产资源和广西九个矿业经济区矿产资源经济进行了综合经济评价研究；原地质矿产部经济研究中心，新疆地质矿产局及原河北地质学院等完成了新疆主要矿产资源、主要成矿区及重要矿床的地质技术经济条件分析，为区域矿产资源勘查开发决策和战略产业的选择提供了依据。在进行矿床经济评价的过程中，也使人们认识到一个矿床的经济价值还与矿床的开发方式、生产规模、品位指标、矿床的综合利用、贴现率等有很大关系。近年来也对这方面的问题进行了专题研究，取得了一些进展。由于各种评价参数具有不确定性，也加强了对矿床经济评价的风险分析工作。在评价方法上，除了常规进行微观和宏观评价方法外，考虑到矿床评价是一个多目标的综合值，采用了运筹学算法、层次分析法、灰色系统及模糊数学的方法，使我国矿床经济评价的理论和方法研究进入一个新的阶段（刘跃，1993）。

5.2 固体矿产资源潜力评价理论

固体矿产资源潜力评价是矿产资源经济评价的基础和先决条件。矿产资源潜力评价是以成矿地质理论为依据，应用有关技术方法，在成矿地质条件有利地区对潜在矿床作出预测和推断，经工程验证，发现矿床的工作（朱裕生，1999）。矿产资源潜力评价的根本任务是如何去发现新的矿产资源、在哪里有质量和数量都满足需要的矿产，即在哪里进行地质勘探工作。

固体矿产资源潜力评价于20世纪四五十年代得到蓬勃发展，前苏联地质学家毕利宾、斯米尔诺夫、费尔斯曼、科罗列夫及欧美吉尔德、纽豪斯、艾孟斯、鲁蒂埃等为该学科发展进行了许多有开创性的工作。毕利宾创建的构造－建造成矿预测分析法被前苏联地质工作者奉为经典预测方法，也是现代金属成矿分析方法体系的基础。进入20世纪五六十年代，各国学者都在不断地研究和尝试新的方法。至20世纪70年代末，国际地质科学联合会实施了“矿产资源评价中计算机应用标准（IGP98项）”，此计划推出了6种标准的矿产资源定量评价方法，即区域价值估计法、体积估计法、丰度估计法、矿床模型法、德尔菲法和综合方法。

20世纪中后期，随着计算机信息技术的飞速发展，人类进入了信息化社会。地球科学这门古老的学科，在信息技术应用方面取得了突破性的进展。20世纪七八十年代发展起来的处理空间数据的地理信息技术（GIS）彻底解决了地学信息技术应用的障碍，在地球科学各个研究和应用领域得到了前所未有的广泛应用。现代矿产勘查工作产生的地质、地球化学、地球物理、遥感等海量专题信息，得以通过计算机定量分析技术进行信息合成和综合。矿产资源定量评价得以以计算机信息处理技术为工具，研究各种勘查资料的成矿信息，特别是通过定量方法研究各种多元信息与矿床资源潜力的关系模型，达到对未知区的定位、定量评价的目的。

近年来，矿产资源评价进入了一个信息更加综合、技术飞快更新的新时期。主要表现在当代成矿理论与现代高新综合勘查技术的有机结合，尤其是将传统的定量数值科学方法与计算机GIS图形图像可视化信息的有机结合。20世纪90年代美国提出了第二代矿产资源评价的信息化内容，主要包括：矿产资源的空间数据库、评价方法的计算机化、信息共享的网络化。这一时期，矿产资源潜力评价在理论和方法技术上的重大突破主要体现在两个方面：一是将全球板块构造运动的理论与成矿学结合，总结了世界上重要的矿床成矿模式；二是广泛应用GIS等计算机信息处理技术进行矿产资源评价。这一阶段，多元统计方法和计算机技术被广泛应用于矿产资源潜力评价中，进行地质经验类比的定性评价与数学统计的定量评价开始汇集为统一的系统，成矿规律、矿床模式、多元统计、专家系统、计算机系统已融为一体，标志着定量评价进入实用阶段。此阶段的一些代表性的成果有：20世纪80年代加拿大学者F. P. Agterberg 及美国学者Duda编制的矿产资源预测专家系统；美国哈里斯、麦卡门等发展的一套矿产资源经济评价方法体系等。最近，美国资源评价专家麦卡门和D. P. 哈里斯提出了修正的矿产资源评价方法体系。这些修正包括发展引进了诸如数字矿床专家系统、神经网络模型、分形等非线性科学等进行定位评价、开发了以矿床模型研究为基础的预测矿产地数量的矿床产出率模型（Rate of Deposits Occurrence）。

“三步式”矿产资源评价方法是美国地质调查局目前广泛推荐使用的一种用于未发现矿产资源潜力评价方法，它在1975年就开始探索，到20世纪90年代形成较为完善的方法体系。该定量评价方法集成了美国众多的矿产资源评价专家的研究成果，包括了D. P.哈里斯的矿产资源经济定量评价模型、D. P. 考克斯和D. A. 辛格的矿床模型和标准品位吨位模型、麦卡门的定量评价和专家系统（McCammon et al.，1993，1994）及Drew的MARK3软件等。“三部式”成为美国地质调查局（USGS）在20世纪80年代末的标准评价方法。“三部式”资源评价方法框架如图5.1所示（Singer，1993；严光生等，2007）。“三部式”评价方法包括三大步骤：①根据所要预测的矿床类型圈定找矿地质

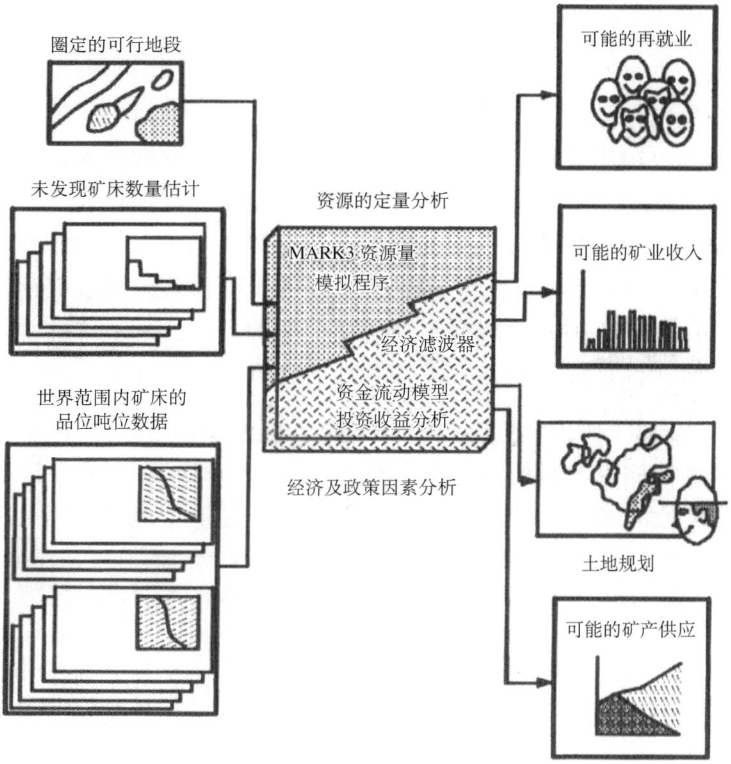

图5.1 美国地质调查局“三部式”定量资源评价方法

（据Singer，1993；严光生等，2007）

可行地段；②运用与预测矿床类型相适应的标准品位－吨位模型估计可能发现矿床的金属量及质量特征；③估计成矿远景区内可能发现的矿床个数。每种已勘探矿床的吨位和平均品位的频率分布都可以作为相似背景下同类型未发现矿床的品位和吨位模型，“三部式”评价方法将矿床的品位-吨位模型与矿床数估计相结合，也就是把地质学中资源评价用经济学的语言表示出来。

成矿规律与成矿预测是我国地学界研究的重点和热点之一。其中，矿产定量预测及评价占有重要地位，走着一条既吸纳国外先进研究成果又具有自己独特创新的研究之路。

不少学者从不同角度对成矿规律和成矿预测研究作出了贡献，对地质勘探生产实际工作起到了指导和推动作用。例如，涂光炽（1989）关于大型、超大型矿床成矿及找矿理论；程裕淇等（1999）“矿床成矿系列”勘查及预测理论与方法；裴荣富等（2001）“金属成矿省时空演化及等级体制”成矿规律；翟裕生等（1999）“区域成矿学”理论及方法；谢学锦（1998）“地球化学块体及地球气深穿透”理论与方法；常印佛等（1991）、汤中立等（1996）关于矿区成矿规律及找矿方向研究；以及“成矿流体”理论、“边缘成矿”理论、“三源”成矿理论、“地幔热柱控矿”理论、“同位成矿”理论、“矿集区”与“成矿大爆发”理论等。

在我国，矿产定量预测及评价的发展大致经历了三个不同的阶段。

第一阶段：矿床统计预测阶段（1976—1990）。这一阶段的主要特点是将概率统计及多元统计等定量方法用于矿床预测及评价。将预测对象或地区划分为等面积的网格单元或不规则的地质体单元，再根据已知有矿地区划分出“模型单元”，用于与“未知单元”进行“相似类比”。预测所依据的资料及数据可以是单一的地质变量或单一的物、化探变量（如秩相关分析法、信息量法、丰度法等），也可以是依据地、物、化、遥等各种数据的综合信息预测法。预测的类型有全国范围内针对某矿种的资源总量预测和在局部地区进行的成矿远景区定量预测。预测的成果形式可概括为“四定”，即：定成矿远景区（单元）空间位置；定矿产资源数量及质量；定成矿与找矿概率（或找矿远景区优度排序）及定探矿因素或找矿标志的有利数值区间。这一阶段代表性工作是王世称倡导的“综合信息矿产资源评价方法”。该方法以研究地质、地球物理、地球化学和遥感信息为基础，并研究信息之间的转换规律，建立综合信息找矿模型，开展成矿预测，应用间接信息找寻隐伏矿产资源体，以达到找矿的目的（陈永清等，1995；王世称，2010）。

第二阶段：基于“求异理论”的资源定量预测与评价阶段（1990—2000）。传统的成矿预测，包括第一阶段的矿床统计预测都是以“相似类比”原理为预测准则，即根据已知矿床所建立的矿床模型作为研究区成矿预测是“相似类比”预测原理的新发展。基于“求异理论”的矿产定量预测及评价最具代表性的是始于1990年的“地质异常致矿与成矿预测”理论与方法（赵鹏大等，1991）。地质异常区别于一般的控矿地质因素或找矿标志，它具有一定的空间范围和时间界限。地质异常是可能产生特殊类型矿床或产出前所未有的新类型或新规模矿床的必要条件。根据目前已知矿床所建立的矿床模型，只能预测与之类型相同和规模相似或更小的矿床，而不可能预测出尚未发现过的新类型矿床或迄今未曾发现过的规模巨大的矿床。因此，不能单纯根据相似－类比理论与已知类型成矿环境类比，重要的是要发现地质异常，也就是要应用“求异理论”找出那些地质异常体。地质异常具有如下基本表现形式：一是地质体的不连续界面或不同地质体的分界面；二是地质体内部及外部特征突然变化或突出变化部位；三是单位面积或体积内各种地质体或同一地质体不同属性组合熵异常；四是不同成因地质体的嵌入；五是具不同演化历史的地质体。

第三阶段：“数字找矿”与资源定量预测及评价阶段（2001—）。随着信息技术的发展，地质调查及矿产勘查已全面进入数字化阶段。2001年，赵鹏大等提出的“三联式”成矿预测及资源评价途径正是“数字找矿”的新实践（赵鹏大，2002）。“三联式”成矿预测将地质异常、成矿多样性及矿床谱系三项研究工作紧密结合形成矿产预测及定量评价的切入点。“三联式”定量成矿预测以地质异常分析为基础，实现成矿及找矿信息的数字化及定量化；成矿多样性分析是矿化特征的数字化及定量化；而矿床谱系分析则是成矿规律的数字化及定量化。可见，“三联式”成矿预测及资源评价涉及成矿和找矿各方面的基本问题，因而是实现全面数字找矿的必由之路，也是矿产勘查评价领域应用信息技术的基础和前提。

5.3 固体矿产资源经济评价方法

矿产资源经济潜力评价是指在一定的技术条件和经济条件下，依据勘查的矿产资源及建设条件信息，对其未来矿产资源工业开发利用的经济性进行计算和分析（陈国栋等，2005）。矿产资源经济潜力评价的方法可分为三类（《矿业权评估指南》修订小组，2006）：一是收益途径评估方法。收益途径是指通过估算资产未来预期收益的现值来确定被评估资产价值的一类评估方法。该评估方法主要包括折现现金流法，约当投资–折现现金流法，折现现金流风险系数调整法，贴现现金流量法，收益法和收益权益法；二是市场途径评估方法。包括可比销售法，粗估法；三是成本途径评估方法，包括勘查成本效用法，地质要素评序法。根据矿产资源不同勘查开发阶段，将采取不同经济评价方法对矿产资源潜力进行评价。收益途径是被广泛采用的资产价值评估途径，易于为买卖双方所接受。

目前，国际上广泛采用折现现金流法对矿产资源经济潜力进行评价。本研究着重介绍折现现金流法。

5.3.1 折现现金流法原理

折现现金流量法的基本原理是：将固体矿产资源的勘查、开发作为现金流量项目系统。凡是从项目系统对外流入、流出的货币称为现金流量，同一时段（年期）现金流入量与现金流出量的差额称为净现金流量（Net Cash Flow），项目系统净现金流量的现值之和即为被评估矿产资源的价值。矿产资源评估价值反映的是基于给定矿产资源的矿业活动创造的未来收益在现时应支付的价格。

5.3.2 折现现金流法评估步骤

采用折现现金流法评估矿产资源的价值有三个重要步骤。

5.3.2.1 核实储量，计算可采储量

要完成一个高质量的评估项目，评估小组应由地质工程师、采矿工程师、选矿工程师、会计师等专业人员组成。评估人员应根据评估基准日相应矿产品的价格，计算和确定评估中采用的可采储量参数。地质报告中的资源/储量不宜不加分析直接采用。可采储量是采用收益途径评价矿产资源价值的基础数据，选用是否恰当对评估结论公正性、合理性的影响十分显著。

5.3.2.2 合理确定假设条件，拟定开发方案

矿产资源潜力经济评价中，评估人员根据评估对象的资源/储量条件，在日常有关信息资料的收集和分析研究的基础上，合理确定假设条件，采用社会平均生产力水平模拟建立最佳矿山开发方案，确定有关经济、技术、管理参数。评估人员拟定的开发方案是用于特定评估目的的一种假设条件，它应从市场、行业的角度合理设定有关参数，不受矿业权交易当事人的影响。

5.3.2.3 建立财务模型，列出现金流量表

经过前两步的准备，评估人员可列出现金流量表，进行净现金流量的测算。

现金流出量和现金流入量统称为现金流量。现金流量只计算现金收支即现金流出量和现金流入量，不计算非现金收支，如折旧、摊销等；而折旧和摊销则是系统内部的现金转移，不是系统对外发生的现金流量表。由此可见，现金流量反映了现金在某一时期进入或离开这个独立“系统”的实际情况。净现金流量是一定时期内现金流入量和现金流出量之差额。年净现金流量就是一年内现金流入量和现金流出量的差额，折现后称净现值。现金流量表分两种，一种是全部投资现金流量表，另一种是自由资金现金流量表。

5.3.3 折现现金流法模型

5.3.3.1 折现现金流公式

根据现金流量表，求得各年的净现金流量，经折现后累计求和，即为待评估矿产资源价值。其计算公式为：

$$W_p = \sum_{i=1}^{n} (CI - CO)_i \cdot \frac{1}{(1+r)^{i-1}} \qquad (5.1)$$

式中：W_p——矿产资源评估价值；

CI——现金流入量；

CO——现金流出量；

r——矿产资源评估折现率；

i——年序号（$i=1, 2, 3, \cdots, n$）；

n——计算年限。

5.3.3.2 折现现金流法的参数及选取

折现现金流法评估所涉及的主要参数包括：资源储量、可采储量、生产能力、矿山服务年限、固定资产投资、流动资金、总成本费用、经营成本、采选（冶）技术指标、矿产品销售收入、销售税金及附加、企业所得税、折现率等。这些参数的取值依据主要有三大类：一是技术资料和经济基础资料，如地质勘查报告、矿产资源开发利用方案、（预）可行性研究报告、矿山初步设计、财务会计资料、审计报告等；二是有关技术规范和规程，如地质勘查规范、资源储量分类标准、矿山设计规范、矿山选冶规范等；三

是各类相关统计资料，如统计年鉴、行业统计数据、企业统计报告等。

采用收益途径和市场途径评估矿产资源价值时，需要有矿山开发方案作为评估的基础，其中包括矿山建设方案、采矿方案、选矿工艺等技术参数和企业财务数据。但众多矿山企业的技术、经济实力和管理水平差别很大，用具体矿山企业的矿山方案作为评估的基础，不能合理、客观地反映矿业权的价值。因此，评估师要在日常有关信息资料的收集和分析研究的基础上，按反映社会平均生产力水平的要求，确定一组能够反映中等偏上的技术、经济和管理水平的参数，进而拟定一个反映社会平均收益水平的开发方案作为固体矿产资源经济评价评估的基础。

现金流入和现金流出的估算即是按照上述要求做出的。在社会平均生产力水平的资料暂难获取的情况下，至少应以行业平均生产力水平为尺度，不能用一个具体企业的可研报告和财务报表中的参数替代。评估人员采用什么生产力水平做开发方案和估算财务数据，应在评估报告中有明确的陈述。估算开发方案和财务数据要由评估师根据上述原则确定。如需委托他人拟定开发方案，也需遵守上述原则。出让探矿权的评估和转让探矿权的评估也适用这一原则。但在特殊情况下，如果转让评估的探矿权以交易的任何一方的可研报告或开发利用方案为依据时，必须经评估委托方同意，并在评估报告中披露，同时还需评述该可研报告或开发方案所反映的社会生产力水平。

5.3.3.3 折现现金流法适用范围

矿业活动是从地质勘查工作开始，经预查、普查、详查、勘探等工作阶段，到矿山设计，进入矿山建设、生产阶段、最后直至闭坑结束。矿产资源经济评价可以发生在矿业活动各个阶段。折现现金流法可用于不同勘查阶段的固体矿产资源的经济评价。但是，由于评估对象的地质勘查阶段不同，现金流量表的内容也会有一定变化。

1）一般情况下，完成详查工作的探矿权，其地质工作程度还不能完全满足矿山开采的要求，需要进一步做地质工作，现金流量表要考虑评估基准日之后的地质勘查投入和适当的地质工作期限，这时在现金流量表中除基建期、生产期外，要设置“地质勘查期”。

2）完成勘探工作矿床，由于其地质勘探工作已经结束，有完整的地质勘查资料和符合地质勘查规范要求的矿产资源储量，具备了开发建设的条件，此时现金流量表中只有“建设期”和“生产期”。

5.4 固体矿产资源经济成本筛选模型

矿产资源评价中对经济成本的评价分析在北美研究得较为深入。美国地质调查局基于其创建以来所做的大量研究成果，发明了固体矿产资源经济成本筛选模型（Economical Cost Filters，又译为经济成本滤波器），并在MARK3 软件中加入了经济成本筛选模块（黄文斌等，2013；肖克炎等，2006） 经济成本筛选模型从经济学的角度综合考虑地质、经济和技术等影响矿床收益的各种因素，以保证一定经济收益为前提的一个确定矿与非矿的品位－吨位边界模型。也就是说，许多矿床能否作为可利用矿床而列入估计范围之内，主要取决于其经济价值。经济成本筛选模型可以帮助剔除那些小型、低品位的矿床，和淘汰那些已被发现但可能产生不了效益的矿床。该模型可以用于矿床将来的可行性研究中。

经济成本筛选模型做了如下假设。

一是矿山生产能力是矿床的矿石储量的函数。Camm（1991）讨论了二者之间的关系。

二是矿山和工厂的生产资本成本和运营成本的经济模型可以表示为矿山生产能力的幂函数。Long等（2001）讨论了简化的经济筛选法的问题及其结果，该结果支持矿山生产能力的幂函数（Singer et al.，1998）。美国地质调查局研发一个成本预测系统。该系统确立了矿山生产能力的幂函数使用。

三是本研究中使用的资本成本表示一个矿床整个开采寿命的总成本，且假设矿业投资支出在第一年就开始，采矿和选矿生产能力直到矿床枯竭之时都保持恒定。而通常情况下采矿作业是通过若干年内扩大矿山和选矿产分摊资本成本。

5.4.1 简约成本模型

基于规模经济学的观点，我们可以推断单位时间的生产率越高、那么单位体积的成本就越低。因此，生产能力是经济成本估计的关注焦点。美国地质调查局专家认为成本预测都源于对每日采矿能力的预测或者源于对矿山寿命的预测。而矿山生产能力和采矿深度是评估采矿成本和选矿成本的重要因素。矿山建设和选矿厂的运营成本公式也是矿产生产能力的函数。为了帮助开展矿产资源评价，美国地质调查局专家Camm 等（1991）提出了采矿和选矿的简约成本模型。简约成本模型不需要工程背景或者对全成本模型使用的设计细节而预测项目的经济前景。Camm （1991）给出了矿业活动资本成本和运营成本模型。资本成本和运营成本指的是建立和运营一个矿山和选矿厂所需要的费用。但是，该模型不能预测勘探、试生产、采矿许可、税务、企业开支、场地复垦、精矿冶炼和精炼等费用。

5.4.2 采矿生产能力和矿山寿命

Camm（1991）和Long（2001，2009） 指出，每日矿山生产能力可以根据矿床的矿石总量和Taylor 法则计算：

$$C_m = \frac{T_d^{0.75}}{X_d} \tag{5.2}$$

式中：C_m——矿山生产能力，吨/天；

T_d——矿石总量，吨；

X_d——与年工作天数相关的系数。每年开采作业时间350天（7天/周），$X_d = 71.725$；每年开采作业时间260 天（5天/周），$X_d = 53.282$。

由于采矿工作不能开采全部的设计矿量。实际可采出的矿石数量可根据价值折现和采收率进行调整。

$$T_m =（T_d）\cdot（rf_m）\cdot（1 + df_m） \quad (5.3)$$

式中：rf_m——矿山采收率系数；

df_m——矿山价值折现系数。

不同开采方法采收率系数和价值折现系数见表5.1。矿山寿命可以通过矿石吨位和日采矿生产能力来估计，日采矿生产能力可以用公式进行计算。如果矿山每年采矿作业天数是350天，矿山寿命计算公式为：

$$L = T_d /（C_m \cdot 350） \quad (5.4)$$

如果矿山每年采矿作业天数为260天，矿山寿命计算公式为：

$$L = T_d /（C_m \cdot 260） \quad (5.5)$$

表5.1 矿山的价值折现系数和采收率系数

采矿方法	价值折现系数 (df_m)/%	采收率系数 (rf_m)/%	修正系数 ($rf_m(1+df_m)$)/%
露天采矿法	5	90	0.945
矿块崩落（采矿）法	15	95	1.0925
充填法开采	5	85	0.8925
房柱式开采	5	85[a]	0.8925
留矿回采工作面	10	90	0.99
分段深孔爆破	15	85	0.9775
大直径深孔采矿法	10	90	0.99

注：假定使用的是矿柱回采工艺。 （据Singer，2000b）

此外，如果矿山采用露天采矿法，由于考虑到剥离上覆盖层。因此，必须调整将要开采的矿产的吨位。露天开采的矿山，矿山生产能力可以通过剥采比SR和矿石吨位T_m得到，计算公式为：

$$C_m =（SR + 1）\cdot T_m^{0.75} /（L \cdot \mathrm{dpy}） \quad (5.6)$$

如果矿山每年采矿作业的天数是350 天或260 天，那么每日矿山生产能力分别为：

$$C_m =（[SR + 1] \cdot T_m^{0.75}）/ 71.725 \quad (5.7)$$

$$C_m =（[SR + 1] \cdot T_m^{0.75}）/ 53.282 \quad (5.8)$$

矿山生产能力的预测值构成了矿山生产资本成本及运营成本的基础。然而，选矿资本成本和运营成本是与矿山生产能力不同的其他能力，因为在选矿作业中采矿产生的固体废弃物一般都没有进行处理。对于每年选矿作业天数是350天或260天而言，日选矿生产能力可以分别通过下列公式进行计算：

$$C_{ml} = (T_m^{0.75})/71.725 \quad (5.9)$$

$$C_{ml} = (T_m^{0.75})/53.282 \quad (5.10)$$

5.4.3 资本支出

矿山开采和选矿工作的成本模型可用下式表示：

$$Y = A \cdot (C)^B \quad (5.11)$$

式中：Y——成本估计值；

C——矿山和选矿厂的日生产能力；

A，B——常数。根据拟合研究区已有矿山资本支出数据获得。

Camm等根据美国西部不同采矿方法的矿床，建立矿床开采资本成本公式和运营成本公式（表5.2）。

表5.2 矿山采矿成本公式

采矿方法	资本成本	运营成本
露天开采	$2290C_m^{0.917}$	$5.58C_m^{-0.148}$
矿块崩落法	$70000C_m^{0.790}$	$52.2C_m^{-0.217}$
充填法	$1310000C_m^{0.461}$	$299C_m^{-0.294}$
房柱法	$104000C_m^{0.644}$	$38.5C_m^{-0.171}$
留矿回采工作面	$190000C_m^{0.620}$	$81.8C_m^{-0.100}$
分段深孔爆破	$121000C_m^{0.552}$	$45.4C_m^{-0.181}$
大直径深孔采矿法	$48600C_m^{0.747}$	$55.1C_m^{-0.206}$

（据Singer，2000b）

选矿成本模型与采矿成本模型的形式相同，设备的日生产能力是关键变量。Camm（1991）给出了11种类型选矿方法生产成本和运营成本的估计公式，设计十多项支出，包括劳动设备、钢铁、燃料、润滑油、轮胎、建筑材料、电力、化学试剂盒营业税等，Camm 还给出了直接预测选矿资本成本和运营成本的简要公式（表5.3）。该公式能够预测每种选矿方法的生产资本成本和运营成本。

地下采矿方法的每种成本预测都假设该矿山只具有一个平硐入口。如果矿山有一个竖井入口，就需要追加额外的竖井资本成本和运营成本。

表5.3 选矿成本公式

选矿方法	资本成本	运营成本
高压–CIL–EW法	$104000C_{\mathrm{ml}}^{0.778}$	$84.5C_{\mathrm{ml}}^{-0.196}$
CIL–EW法	$53800C_{\mathrm{ml}}^{0.745}$	$90.3C_{\mathrm{ml}}^{-0.281}$
CIP–EW法	$392000C_{\mathrm{ml}}^{0.540}$	$112.0C_{\mathrm{ml}}^{-0.303}$
CCD–MC法	$438000C_{\mathrm{ml}}^{0.584}$	$137.0C_{\mathrm{ml}}^{-0.300}$
浮选–焙烧–浸出法	$508000C_{\mathrm{ml}}^{0.552}$	$109.0C_{\mathrm{ml}}^{-0.246}$
1型浮选法	$98800C_{\mathrm{ml}}^{0.667}$	$55.1C_{\mathrm{ml}}^{-0.206}$
2型浮选法	$88300C_{\mathrm{ml}}^{0.702}$	$159.0C_{\mathrm{ml}}^{-0.336}$
3型浮选法	$89600C_{\mathrm{ml}}^{0.708}$	$163.0C_{\mathrm{ml}}^{-0.344}$
重选法	$143000C_{\mathrm{ml}}^{0.529}$	$72.1C_{\mathrm{ml}}^{-0.364}$
堆浸法	$312000C_{\mathrm{ml}}^{0.512}$	$34.0C_{\mathrm{ml}}^{-0.223}$
溶剂提取－电解法	$15500C_{\mathrm{ml}}^{0.596}$	$3.26C_{\mathrm{ml}}^{-0.145}$

（据Singer，2000b）

竖井的资本成本公式：

$$\text{竖井资本成本} = 322 \cdot D^{0.851} \cdot C_{\mathrm{m}}^{0.489} \quad (5.12)$$

$$\text{竖井运营成本} = 0.838 \cdot D^{0.705} \cdot C_{\mathrm{m}}^{-0.338} \quad (5.13)$$

式中：D——到达矿体底板的竖井深度。

在矿产勘查的早期阶段和矿产资源评价中，可以用这些简约资本成本和运营成本模型对矿点进行经济性筛选。

在这些模型中，设备的日生产能力是一个关键变量。美国地质调查局给出了美国西部矿产资源经济评价的系数（表5.2，表5.3）。对于其他地区，可考虑成本因素对其进行修正。

5.4.4 经济成本筛选模型

假定采矿方法和矿床深度合适，那么用上面的公式预测不同采矿方法的相关成本只需用到矿床的吨位。如果再假定采收率和金属价格，那么就可以把矿床的品位用于预测矿床中每吨矿石的价值。年产值的计算公式为：年产值=（每吨矿石的价值－每吨矿石的总成本）×日生产能力×年运营天数（这里使用的年运营天数为350天）。

对于一个特定的吨位，可以通过将预测的运营成本加上资本支出除以生产能力乘以年运营天数再乘以矿山寿命1美元的现值之积，来划分经济与非经济保本线（盈亏平衡线）。

即：

$$BE = TOC + MOC / (D_{\mathrm{s}} \cdot C_{\mathrm{ml}} \cdot PV) \quad (5.14)$$

式中：*BE*——保本值，元/吨；

TOC——运营成本，元/吨；

MOC——资本总成本，元/（吨·年）；

D_s——每年的运营天数；

C_{ml}——日采矿能力，吨/天；

PV——在矿山寿命期限内既定回报率下1美元的现值（Singer et al.，1998）。

保本值可以被视为在特定的矿石品位（美元 /吨）下，特定的矿床和特定的采矿方法正好具有的经济价值。考虑到这些预测中大多数输入数据的变化性和不确定性，我们取盈亏临界值的0.7和1.3倍来估计无经济价值的、边际经济价值的和具有经济价值的矿床的分界点。

5.4.5 改进的经济成本筛选模型

在经济成本筛选模型中，设备的日生产能力是一个关键变量。美国地质调查局基于20世纪末美元价值给出了美国西部矿产评价的系数，并指出其他地区可用线性系数对成本模型进行修正。西藏地区的矿产资源评价要充分考虑基础设施成本、环境修复成本和人民币购买力，把相应资本成本和运营成本乘以成本差异因子获得改进的经济成本筛选模型。

5.4.5.1 改进的采矿生产能力和矿山寿命计算模型

Camm（1991）报告指出，每日矿山生产能力可以根据矿床的矿石总量，通过Taylor法则计算。由于不同矿山的每年生产天数不一样，矿山日生产能力公式可修正为：

$$C_m = r_0 \frac{T_d^{0.75}}{X_d} \tag{5.15}$$

$$X_d = 53.282 + (D_s - 260)\frac{71.715 - 53.282}{350 - 260} \tag{5.16}$$

式中：r_0——公式修正系数；

X_d——与年工作天数相关的系数。可根据实际工作天数采用线性插值法获得。

矿山寿命可以通过矿石吨位和日采矿生产能力来估计，日采矿生产能力可以用公式进行计算。如果矿山每年采矿作业天数是D_s天，矿山寿命计算公式为：

$$L = T_d / (C_m \cdot D_s) \tag{5.17}$$

5.4.5.2 改进的资本成本和运营成本公式

采用线性系数修正采矿成本模型、选矿成本模型、竖井成本模型和环境修复成本模型。选矿成本模型与采矿成本模型的形式相同，设备的日生产能力是关键变量。竖井（溜井）的成本模型中溜井深度和日生产能力是关键变量。矿山环境修复和复垦成本中矿山复垦面积是关键变量。

矿山开采和选矿成本模型可改进为：

$$Y=r\cdot A\cdot (C_{m})^{B} \tag{5.18}$$

式中：r——修正系数。

改进的采矿资本成本公式：

$$Y_1=r_1\cdot A_1\cdot (C_{m})^{B_1} \tag{5.19}$$

改进的采矿运营成本公式：

$$Y_2=r_2\cdot A_2\cdot (C_{m})^{B_2} \tag{5.20}$$

改进的选矿资本成本公式：

$$Y_3=r_3\cdot A_3\cdot (C_{ml})^{B_3} \tag{5.21}$$

改进的选矿运营成本公式：

$$Y_4=r_4\cdot A_4\cdot (C_{ml})^{B_4} \tag{5.22}$$

改进的竖井（或溜井）资本成本公式：

$$Y_5=r_5\cdot 322\cdot D^{0.851}\cdot (C_{m})^{0.489} \tag{5.23}$$

改进的竖井（或溜井）运营成本公式：

$$Y_6=r_6\cdot 0.838\cdot D^{0.705}\cdot (C_{m})^{-0.338} \tag{5.24}$$

矿山复垦和环境修复每年修复投入：

$$Y_7=k\cdot S \tag{5.25}$$

式中：S——环境修复和复垦面积，公顷；

k——环境成本系数。

5.5 冈底斯成矿带铜多金属矿经济评价

5.5.1 冈底斯成矿带铜多金属矿潜力评价

铜矿是冈底斯多金属成矿带内最重要的矿种。研究表明，该地区具有良好的斑岩型铜矿找矿远景（芮宗瑶等，2006；曲晓明等，2001；王全海等，2002）。其铜资源量约占已控制资源总量的90%。目前，该地区已控制铜矿资源量约3000万吨。该成矿带有望成为中国最重要的铜矿生产和资源储备基地。

冈底斯成矿带原有工作程度较低，除甲马铜多金属矿、洞嘎金矿等少数矿床外，其他矿点的工作程度均很低。近年来矿产资源调查评价工作在冈底斯成矿带取得了重大进展，特别是冈底斯成矿带中南部南木林－墨竹工卡巨型斑岩铜矿带的确定和冈底斯成矿带南部与弧火山作用有关的大型铜矿带的发现，揭示冈底斯成矿带巨大资源潜力。

冈底斯成矿带是中国现阶段地质找矿工作的重点成矿区带之一，自北向南分为：班戈－嘉黎早燕山期陆缘岩浆弧、措勤－纳木错晚燕山期弧后盆地、念青唐古拉断隆、冈底斯晚燕山—早喜马拉雅期陆缘岩浆弧四个次级构造单元。

根据西藏冈底斯成矿带的成矿地质背景和成矿条件，结合含矿岩石建造的展布、矿床（点）的空间分布规律和矿床主要成因类型，参照“二轮区划”的划分方案，可将冈底斯成矿带进一步划分为3 个Ⅳ级成矿带，并初步划分出5个找矿远景区（图5.2）（李光明等，2004）。

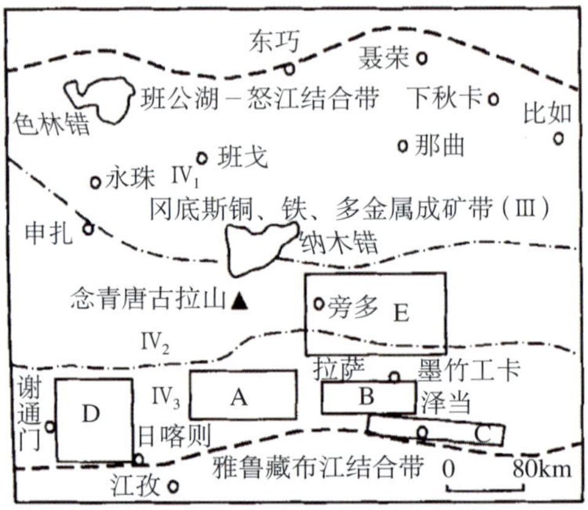

图5.2 西藏冈底斯成矿带及找矿远景区划分图

（据李光明等，2004）

IV_1—班戈－那曲铜、金、铬成矿带；IV_2—申扎－旁多铜多金属成矿带；IV_3—谢通门－墨竹工卡铜、铁、多金属成矿带；A—冲江－厅宫铜矿找矿远景区；B—甲玛－驱龙铜多金属找矿远景区；C—克鲁－冲木达铜、金找矿远景区；D—谢通门金铜及富铁找矿远景区；E—勒青拉－金达铜多金属找矿远景区

5.5.1.1 冲江－厅宫铜矿找矿远景区

冲江－厅宫铜矿找矿远景区西起尼木县，东至曲水县，东西长约90千米，南北宽约40千米。出露地层以晚白垩世—古近纪林子宗群火山沉积岩系为主，其他地层零星分布。燕山晚期—喜马拉雅早期侵入岩浆活动作用强烈，形成多期次的中酸性复式岩基；喜马拉雅晚期碰撞后的浅成斑岩即侵入于该复式岩基中。该找矿远景区内的主要矿床类型为斑岩型铜（钼）矿床，铜（钼）矿化与喜马拉雅晚期形成的二长花岗斑岩、花岗斑岩和花岗闪长斑岩等有关。区域化探和正在开展的矿产勘查成果显示，区内的斑岩型铜（钼）矿床与化探异常吻合度好，化探异常的元素组合为Cu-Mo-Ag-Pb-Zn-Cd-Bi-W-Au等，主成矿元素为Cu 和Mo，主要异常有冲江-厅宫异常、松多握异常和达布异常等。目前通过对其中的冲江、厅宫、白容、绒岗蒙、吉如等斑岩型铜矿床开展的勘查评价，已初步证实冲江、厅宫、白容等斑岩型矿床的铜资源量远景达大型规模以上。

5.5.1.2 驱龙－甲玛铜多金属找矿远景区

西起达孜县，东至墨竹工卡县，东西长约60千米，南北宽约40千米。出露地层主要为“甲马-日多弧内盆地”的侏罗系—白垩系，大规模的燕山期—喜马拉雅期中酸性侵入岩浆活动构成了该区岩浆岩的主体，喜马拉雅期的中晚期有浅成—超浅成的斑岩体侵入，并形成与斑岩有关的铜钼多金属矿化。远景区内的主要矿床类型为斑岩型铜（钼）矿床和与中酸性侵入岩有关的矽卡岩型铜多金属矿床。区内的化探异常主要表现为斑岩型矿化元素组合，成矿元素为Cu，Mo，Pb，Zn和Ag等。在矿化特征上，斑岩型矿化的围岩蚀变分带明显，在斑岩体中形成细脉浸染状铜矿，外围形成矽卡岩型或热液型铜多金属矿。目前该找矿远景区内除已探明有甲马大型铜多金属矿床外，斑岩型铜矿资源远景巨大，主要的斑岩型铜矿床(点)有驱龙、向背山、拉抗俄和雪拉等，其中驱龙、拉抗俄铜矿的铜资源量具大型以上矿床的找矿远景。

5.5.1.3 克鲁－冲木达铜、金矿找矿远景区

克鲁－冲木达铜、金矿找矿远景区位于南冈底斯成矿带南缘的扎囊—泽当一带，面积约1500平方千米。区内主要出露上侏罗统—下白垩统桑日群具多旋回喷发－沉积特点的岛弧火山－沉积岩系，燕山晚期—喜马拉雅期重熔、同熔型花岗岩在区内分布较广。化探异常元素组合以Au和Cu为主，伴有W，Mo，Ag，Pb，Zn，As，Bi和Cd等，异常强度高、浓集中心明显。铜、金矿体呈层状、似层状产出于蚀变安山岩中，与石榴子石矽卡岩、透闪石矽卡岩关系密切。矿床具多期矿化特征，早期矿化与海相弧火山作用有关，形成火山－沉积型铜金矿床，后期受岩浆－构造热液活动的影响，形成呈透镜状产出的透闪石矽卡岩型富铜矿体。目前发现的冲木达、克鲁等铜金矿床（点）具大型矿床前景，区域找矿潜力较大。

5.5.1.4 谢通门金铜及富铁找矿远景区

西起谢通门县，东至仁钦则东侧一带，东西长约50千米，南北宽约60千米。区内主要出露侏罗系—新近系弧火山沉积岩系，燕山晚期—喜马拉雅期俯冲－碰撞型中酸性侵入岩浆活动强烈，花岗岩类的岩石类型复杂多样，成矿作用与弧火山岩或侵入岩关系密切。已完成的1：50 万区域化探成果显示，麦热、洞嘎、安张、仁钦则等异常的元素组合为Cu-Mo-Au-W-Pb-Zn-Ag-Bi-Cd，具强度高、浓集中心明显、元素套合好的特点。通过化探异常查证和矿点评价等工作，已发现有洞嘎、安张、恰功、麦热等矿床（点），其中洞嘎金矿、雄村铜金矿、恰功富铁矿具大型矿床前景，进一步找矿潜力巨大。

5.5.1.5 勒青拉铜多金属找矿远景区

该远景区西起林周县勒青拉，东到工布江达县金达一带，东西长约100千米，南北宽约50千米。出露地层以上古生界石炭系旁多群、下二叠统洛巴堆组为主，属一套岛弧构造背景下的海相火山－沉积岩组合，侏罗系—古近系弧火山沉积岩系在其南侧分布，燕山晚期—喜马拉雅期侵入岩浆活动强烈，东西向断裂构造发育。区内具火山岩型铜多金属矿和岩浆热液型多金属矿床的成矿条件，主要的矿床类型有火山岩热液型铜多金属矿床、矽卡岩型铜多金属矿床和热液型银多金属矿床，找矿前景良好。已完成的1：50万区域化探资料显示，区内有一批强度高、浓集中心明显、套合好的Cu，Pb，Zn与Ag 异常。通过化探异常查证和矿点评价等工作，区内目前已发现有勒青拉、拉屋、尤卡朗、

新嘎果、锑棍巴、洞中松多等矿床（点），其中勒青拉铜多金属矿、拉屋铜多金属矿和尤卡朗银多金属矿均具大型矿床的找矿前景。

最新的地质调查与资源评价成果显示，西藏冈底斯成矿带中东段，铜、富铁矿的远景资源量分别可达23 × 10^6吨和200 × 10^6吨以上。其中冈底斯中南部南木林—墨竹工卡县东西长约240千米，南北宽约20 ~ 30 千米 的范围内，斑岩型铜矿的铜远景资源量可达15 × 10^6吨以上；冈底斯南缘克鲁—冲木达与海相弧火山作用有关的铜、金成矿带东西长100千米以上，铜远景资源量可达3 × 10^6吨以上；冈底斯中部措勤—林周县一带多成因铜多金属矿的铜远景资源量可达5 × 10^6吨以上。目前已在冈底斯成矿带新发现具大型以上前景的铜多金属矿床（点）近20 余处。矿床（点）和化探异常的空间分布呈现南北分区、东西延展，分段集聚的展布格局。代表性的矿床有：甲玛铜多金属矿、驱龙铜矿、玉龙铜矿、扎那尕铜矿、白容铜矿、莽总铜矿、荣木错拉铜矿、多霞松多铜矿、马拉松多铜矿、拉青东铜矿等，其资源储量如表5.4所示。

表5.4 冈底斯成矿带典型铜多金属矿床（点）储量表

序号	典型铜多金属矿床	矿石储量 吨	铜金属量 吨	铅金属量 吨	锌金属量 吨	金金属量 吨	银金属量 吨	钼金属量 吨
1	甲玛二期工程地下开采矿山	504422400	3527600	404800	183100	126.44	6933.7	318600
2	墨竹工卡县驱龙铜多金属矿	779900000	7190000	—	—	—	—	193000
3	玉龙铜矿	465409370	6391591	—	—	—	—	150000
4	昌都县扎那尕铜矿	132182568	422971	—	—	—	—	—
5	尼木县白容铜矿	699811320	1854500	—	—	—	—	—
6	昌都县莽总铜矿	211738139	910474	—	—	—	—	—
7	墨竹工卡县荣木错拉铜矿	649663225	2013956	—	—	—	—	—
8	贡觉县多霞松多铜矿	247922777	892522	—	—	83.92	99	
9	察雅县马拉松多铜矿	418824444	1507768	—	—	—	37	—
10	班戈县拉青东铜矿	428959	4740	—	—	71	—	—

5.5.2 冈底斯成矿带铜多金属矿经济成本评价模型

为进一步确定改进的经济成本模型的系数，本研究根据《西藏华泰龙矿业开发有限公司甲玛铜多金属矿二期建设工程环境影响报告书（简本）》和《西藏华泰龙矿业开发有限公司甲玛铜多金属矿二期建设工程可行性研究报告》，运用甲玛矿床二期工程的技术经济参数校验固体矿产资源经济成本筛选模型系数。

甲玛铜多金属矿床位于西藏拉萨市墨竹工卡县境内，为西藏已探明的大型铜多金属矿床之一。

2009年底建成了规模为6000吨/天的一期工程，主要开发浅部适于露天开采的矽卡岩型矿体资源。通过两年来进一步的地质探矿工作，矿区资源储量有大幅度增加，西藏华泰龙矿业开发有限公司决定进行二期工程的建设，继续扩大生产规模，以充分利用矿产资源并提高企业经济效益，2011年5月长春黄金设计院、长沙有色冶金设计研究院联合编制完成了本工程针对矽卡岩型矿体开发利用的20000吨/天生产规模的可行性研究报告并报集团公司批准。二期工程开采范围为甲玛矿区47～88线之间、一期工程露天开采范围之外的矽卡岩矿体及角岩矿体。角岩型矿体采用露天开采方法，设计露天开采服务年限为16.4年，项目基建期为2年。矽卡岩型矿体采用地下开采方法，设计地下开采服务年限为76.4年，每年工作330天。考虑到地下采矿有利于矿区地表的环境保护，本研究采用甲玛铜多金属矿二期工程的地下开采技术参数校验改进的经济成本筛选模型的系数。

矽卡岩矿体设计利用储量矿石量为50442.24万吨，金属量分别为铜352.76万吨、钼31.86万吨、铅40.48万吨、锌18.31万吨、金126.44吨、和银6933.7吨。

地下开采采用平硐－竖井－斜坡道开拓方案。设计采矿规模为2万吨/天。选矿工艺流程采用铜钼混浮+混合精矿浓缩脱药+再磨+铜钼分离，选矿处理能力为2万吨/天。

二期工程占地面积482.17公顷。其中，永久性占地面积456.36公顷，临时占地面积30.21公顷。环保投资为28210万元，占总投资5.7%。

根据甲玛铜多金属矿合理勘查开发数据，建立冈底斯成矿带经济成本评价模型系数分别为：

日生产能力模型修正系数：$r_0=0.4$；

采矿资本成本公式修正系数：$r_1=5.5$；

采矿运行成本公式修正系数：$r_2=4.4$；

选矿资本成本公式修正系数：$r_3=5787.6$；

选矿运行成本公式修正系数：$r_4=6$；

竖井资本成本公式修正系数：$r_5=2$；

竖井运行成本公式修正系数：$r_6=0.14$；

矿山复垦和环境修复成本公式系数：$k=58.5$。

5.5.3 冈底斯成矿带典型铜多金属矿床（点）经济评价

根据伦敦金属交易所（LME）2017年1～3月铜、铅、锌、和钼的现钞价，确定铜金属价格约为39855元/吨，铅金属价格约为15578元/吨，锌金属价格约为19060元/吨，钼金属价格约为102000元/吨。根据上海黄金交易所T+D合约，2017年1～3月黄金T+D价格为275元/克，白银T+D价格为4.05元/克。根据上述铜、铅、锌、钼、金、和银价格，和修正的经济成本评价模型，对冈底斯成矿带典型铜多金属矿床（点）（表5.4）进行评价，发现：玉龙铜多金属矿和驱龙铜多金属矿具有经济价值；甲玛铜多金属矿具有边际经济价值；扎那尕铜矿、白容铜矿、莽总铜矿、荣木错拉铜矿、多霞松多铜矿、马拉松多铜矿和拉青东铜矿无经济价值（图5.3）。

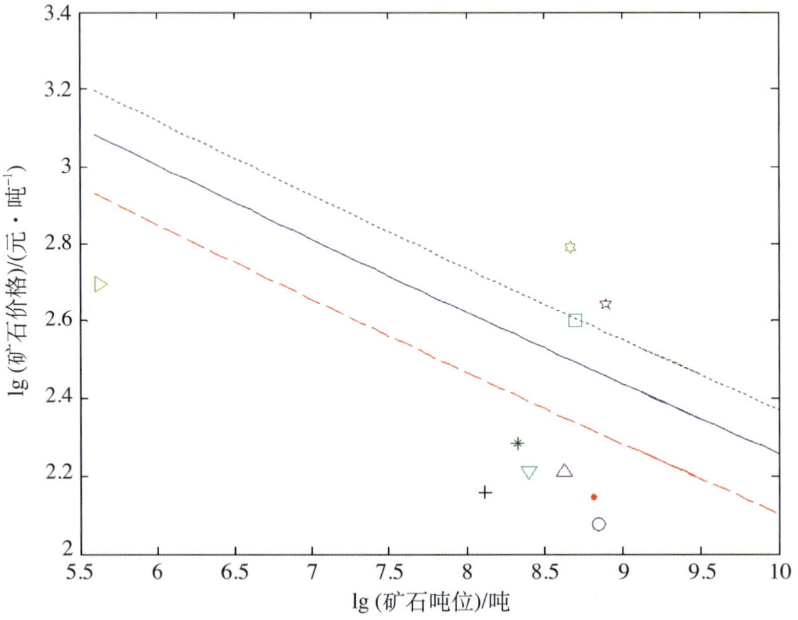

图5.3 冈底斯成矿带典型矿床（矿点）经济评价

………经济价值线；——边际价值线；－－－－无经济价值线；□甲玛铜多金属矿；☆驱龙铜多金属矿；✡玉龙铜多金属矿；+扎那尕铜矿；○白容铜矿；＊莽总铜矿；·荣木错拉铜矿；▽多霞松多铜矿；△马拉松多铜矿；▷拉青东铜矿

然而，随着铜和伴生金属价格回升、探明资源储量增大和综合利用率提高，目前评价为无经济价值的矿床也可转变成具有经济价值的矿床，进而被开发利用。

5.6 小结

本章系统总结了矿床技术经济评价方法、矿床资源潜力评价方法和矿产资源经济评价方法，重点介绍了美国地质调查局发明的矿产资源经济成本筛选模型，并取得如下成果。

1）运用西藏甲玛铜多金属矿相关技术参数对经济成本筛选模型进行修正，建立了适合冈底斯成矿带铜多金属矿床的经济评价模型——改进的经济成本筛选模型。然而，随着冈底斯成矿带更多的铜多金属矿的开发，其技术经济参数将被用来对模型进一步完善，使该模型能更真实评价冈底斯成矿带铜多金属矿。

2）基于2017年1～3月铜、铅、锌、钼、金和银价格，运用改进的经济成本筛选模型对冈底斯成矿带典型铜多金属矿床（点）进行评价，发现：玉龙铜多金属矿和驱龙铜多金属矿具有经济价值；甲玛铜多金属矿具有边际经济价值；扎那尕铜矿、白容铜矿、莽总铜矿、荣木错拉铜矿、多霞松多铜矿、马拉松多铜矿和拉青东铜矿无经济价值。建议将玉龙铜多金属矿区和驱龙铜多金属矿区列入国家首批铜矿资源基地。然而，随着铜及伴生金属价格回升、探明资源储量增大和综合利用能力提升，目前无经济价值的矿床也可发展成具有经济价值的矿床，进而被开发利用。

3）改进的经济成本筛选模型做了较简化的经济假设，未把矿山勘查开发过程中所有经济成本都考虑在内，所以其预测也比较粗略。但是，在矿床（点）勘查开发早期阶段运用该模型能将明显不具有经济价值的矿床和明显具有经济价值的矿床区分开，对下一步勘查开发投入具有重要指导意义。

6 矿业可持续勘查开发“四元”模型

6.1 引言

矿业勘查开发是高风险投资行业。在计划经济时期，地质成果基本上是由国家财政拨款，地质矿产部门进行地质调查工作而取得，然后无偿提供给矿山企业使用。由于是国家拨款，地质矿产部门往往忽视矿床技术经济评价工作，出现了单纯追求勘探进尺，忽视了进尺的实际效用；单纯追求储量，忽视了储量能否开发利用并获得经济效益；有矿就探，一探到底，结果使大量探明的储量长期得不到开发利用，积压了大量的资金。1985年统计，新中国成立以来27种主要矿种探明的储量利用率仅为38%，除了矿区内外条件、矿石工艺性质、开采技术因素外，一个重要的原因就是没有运用技术经济评价对矿产勘查工作的布置进行科学的决策，以指导地质矿产工作。随着计划经济向市场经济的转变， 地质成果有偿使用，有些企业直接参与地质勘探工作或进行风险勘探，地质勘探工作成为一项投资行为，矿床的技术经济评价工作成其先导，为投资科学决策提供了依据（俞沧海，2002；裴荣富等，2009）。20世纪80年代初，中国地质工作者开始探索如何把国外的矿床经济评价理论和方法同中国的实际结合起来。矿床技术经济评价是在地质评价的基础上，根据矿床的技术条件和经济条件，依据勘查的矿产资源及建设条件信息，对探明的和预测的储量，在未来一定时期内进行工业开发的经济效益所作的与各勘查开发阶段工作程度相适应的预估。矿床技术经济评价应贯穿于矿床勘查开发工作的全过程，在普查、详查、勘探和开发各阶段均须进行相应的评价。另一方面，我国粗放式矿业开发方式对矿山地质环境造成的影响严重。地面塌陷、土地损毁、植被和地形地貌景观破坏等一系列问题突出，已严重危害了矿区人民正常的生产生活，制约我国经济社会的可持续发展。

本研究基于地质、环境、技术和经济四个方面提出矿业可持续勘查开发“四元”模型。该模型指出只有在地质背景显示有矿、勘查开发技术可行、能实现矿床经济效益最大化且不破坏生态环境的情况下，矿产资源勘查开发活动才是合理的而非盲目的。本章采用层次分析法建立矿业可持续勘查开发“四元”模型，并用综合模糊评价法对矿业可持续勘查开发合理性进行评价。该模型通过实现地质、环境、技术、经济四项因素的耦合，做到矿产资源合理勘查开发，进而实现矿业可持续发展。

6.2 矿业可持续勘查开发研究进展

在矿业勘查开发过程中，国外较为注重矿产勘查评价过程中的成矿保证程度与技术经济条件保证程度等关系的研究。加拿大S. W. 霍姆斯在其《有效勘查方法学》一书中把识别每种地质环境、建立相应环境有关地质模式和寻找某种环境中特定矿产的有效勘查方法称为“完整勘查程序”。R. J. Huton总结了“完整勘查程序”理论，强调环境（成矿构造背景）、模型（成矿特征）和方法（勘查评价和经济投入）的有机联系。Reedman在论述矿产勘查评价性质的基础上，提出了勘查风险与投资理论值，探讨了合理风险投资问题。Milos等提出了投资百分比和评价周期的可能年限等。Milos等提出矿产勘查评价在重视成矿地质背景、矿产地质特征研究的同时，合理使用成矿理论、勘查方法技术、经济评价及风险投资，即在重视地质要素的同时，关注矿产勘查开发的经济效益。美国地质调查局专家（Singer et al，2000；Camm et al，1991，1994）发明了固体矿产资源经济成本筛选模型。该模型从经济学的角度综合考虑地质、经济和技术等影响矿床收益的有关因素，以保证一定经济收益为前提的一个确定矿与非矿的品位－吨位边界模型。裴荣富等（2004，2005b，2009）提出“景，场，相，床”等级体制成矿理论、“双控论与合理域”理论、矿业活动决策支持系统模拟、矿山生产阶段合理划分理论和矿业5R循环经济理论等。上述理论从矿产地质条件、技术工艺性能、供需关系，以及区域经济因素等方面，运用预测方法，综合分析矿产资源的勘查开采合理性。矿产合理勘查开发工作虽然是以矿产开发技术条件是否可行，经济效益是否有利为主要准则，但必须建立在金属成矿省等级体制成矿充分研究，探明储量准确可靠的地质基础上。必须科学地掌握不同层次成矿全过程的客观规律，才能实现合理的矿产勘查评价。与此同时，需要强调经济投入的合理性，深入研究高风险投资政策与规律以刺激矿产勘查评价的发展。提出矿产勘查评价的原则，即必须反映从成矿区带等级体制成矿到勘查工作全过程的客观规律，必须以等级体制成矿研究和技术－经济条件研究保证程度的双控因素及其相对性和优选性作为合理评价准则，必须以风险投资的市场经济性和特殊政策要求作为合理矿产勘查评价的尺度。裴荣富提出的理论为合理有序勘查开发矿产资源奠定了科学基础。

6.2.1 “双控论”和“合理域”模型

矿产普查勘探与开发过程是一个循序渐进、连续性与阶段性相统一的科学实践过程，主要解决“哪里有矿”“矿是否具工业价值”和“怎样合理地开发利用”三大基本问题。（裴荣富等，1981，2005b）在这一过程中，区域成矿规律和矿床地质研究贯穿始终。随着地质工作与研究程度的提高，人们对特定地区的客观地质规律的认识是不断加深的；同时，为了判断矿床能否开发利用和如何开发利用，还必须在区域地质调查和成矿区划的基础上，对在一定金属成矿省内的成矿地质背景、控矿构造聚敛场、成矿相和矿床四个等级体制成矿研究的保证程度和矿床开采技术条件与经济条件是否可行的保证程度进行深入研究，笔者将这两个方面的保证程度称之为矿产勘查开发的“双控论”。另一方面，对矿床地质条件及金属成矿省等级体制成矿研究保证程度和矿床技术经济条件可行性研究保证程度又应根据矿床地质复杂程度和决策相对最优化准则、在要求（任务）与可能（地质－技术经济条件）的辨证关系中确定和获得的两者合理平衡范围，即为可供矿产勘查开发决策参考的“合理域”。笔者根据矿产资源勘查评价的发展形势和我国多年矿产勘查实践经验，特别是结合笔者近年形成的金属成矿省等级体制成矿新概念和上述矿产勘查评价三原则，提出矿产资源勘查开发的“双控论”与“合理域”模型。从图6.1可以看出，在区域地质调查和成矿远景区划基础上，纵坐标反映等级体制成矿研究保证程度，横坐标反映技术经济条件研究保证程度，由双因素控制的一条勘查与开发程序曲线（粗线）即为矿产资源勘查开发的“双控论”曲线。这条曲线在坐标图上的斜率是按等级体制成矿研究保证程度（a）与技术－经济条件研究保证程度（b）双控因素在不同勘查开发阶段各自投入多少的不同比例计算的，按a/b＝5、3、2、1、0、3、5的比例划分为Ⅰ、Ⅱ、Ⅲ、Ⅳ、Ⅴ、Ⅵ、Ⅶ七个勘查与开发阶段，8个不同评价程度的矿床（1～8）和5个不同评价程度的矿山（9～13），矿产资源勘查与开发不仅建立在成矿等级体制不同层次保证程度基础上，也达到技术－经济条件可行程度的要求。技术－经济条件包括矿区水文地质、矿山开采技术、矿石加工技术和矿山建设的可行性研究等。Ⅵ、Ⅶ阶段又强调提高地质研究程度的目的在于发现新矿体和延长矿山寿命。另外，图6.1中标出的普查勘探与开发阶段的界限带（阴影）和最优界限（实线）是反映合理勘查评价相对性和优选性的。因为矿产勘查与开发评价达到最优界限，在理论上是存在的，但必将投入费用极大。因而在界限带内按成矿等级体制、技术－经济条件研究保证程度达到投入经费相对合理时，从中优选不同勘查与开发阶段的界限，使之既满足研究保证程度的要求又能为经济条件所允许。我们把该界线带称之为“合理域”，即在“合理域”内优选的保证程度是最经济合理的。

6.2.2 矿业活动决策支持系统

矿业是一种高风险的产业。经济性准则是矿业活动应当遵循的基本准则。对矿业投资风险的经济性作出科学判断，既取决于地质条件及金属成矿省等级体制成矿研究保证程度，也取决于以此为基础的具有决策性的技术经济可行性研究。国外的矿业活动中，

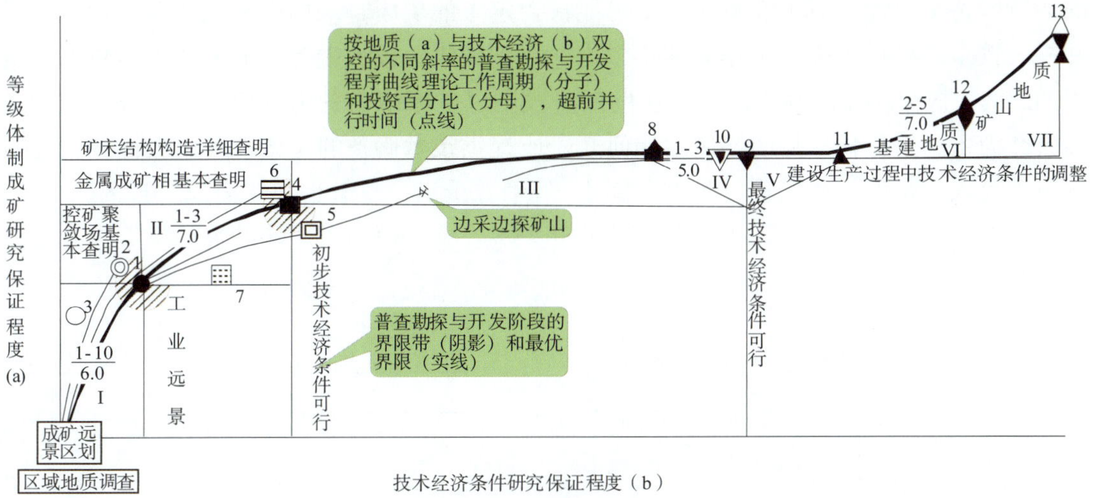

图6.1　矿产勘查评价模拟设想

（据裴荣富等，2005，2009）

Ⅰ—矿产普查；Ⅱ—矿床勘探(初步)；Ⅲ—矿床勘探（详细）；Ⅳ—矿山建设可行性研究；Ⅴ—矿山建设；Ⅵ—矿山基础建设矿床地质研究；Ⅶ—矿山生产矿床地质研究；1—可进行勘探（初步）矿床；2—工业远景不明矿床；3—无地质和工业远景矿床；4—可进行勘探（详细）矿床；5—成矿复杂但具开采技术经济条件初步可行矿床；6—成矿基本查明但具未来开采技术经济条件可行矿床；7—成矿复杂不具开采技术经济条件可行矿床；8—可进行初步矿山建设设计矿床；9—按计划任务进行建设设计矿山；10—达到最终开采技术经济条件可行研究的技术储备矿山（暂不建设）；11—投资单位基建矿山；12—已建成矿山；13—已投产和持续扩大远景矿山。曲线中的分数为理论工作周期(分子)和投资百分比（分母）

常根据不同勘查开发阶段的风险度给定不同投资理论值以控制其经济风险。例如，地质勘探费占总投资（含矿山建设费）的比例，加拿大为16.5%、澳大利亚为10%、东欧为10%，联合国的克鲁斯克认为不得超过15%。

在矿产合理勘查原则和合理勘查模型的基础上，进一步建立矿产勘查决策支持系统（图6.2）（裴荣富等，2009）。勘查工作决策支持系统应根据其工作的不同勘查阶段、不同矿床地质复杂程度、勘查技术的经济条件、工作目的、任务和勘查范围等决策其勘查成果、周期、投资大小和风险比例（图6.2）。地质勘查的不同工作阶段、不同矿种的风险都不同，地质勘查风险随着工作程度的加深，自然（技术或项目）风险逐渐减少，即普查阶段较大，详查阶段减少，勘探阶段则更小。普查阶段以成矿地质构造背景、成矿堆积环境和简要的经济－技术条件试验研究为主，回答的勘查任务是何处找矿和哪里有矿，决策目的是圈出有利成矿远景区，采用的地质测量是大—中等范围的小—中比例尺，工作年限为数月到数年，投入小，以不足总勘查费用的10%为限，风险可允许大到100%；矿床评价勘查阶段则以进入成矿构造聚敛场、金属成矿相和初步的经济技术条件研究为主，工作任务是回答勘查对象是否具有工业意义，决策目的是提供具有工业意义的矿床或将来可能具有工业意义（也可能被否定）的矿床，采用中至大比例尺地质测量并投入较多的勘探工程，工作周期年限为一年到数年，投入中等，最多投入达总勘查费用的25%，风险小于50%；矿床工业勘探阶段则以矿床结构－构造和详细经济－技术条件研究为主，工作任务是回答矿山如何开发或提供技术储备的矿床，采用大比例尺地质测量并投入大量的探矿工程，工作范围小于1平方千米，一般1～2年完成。投入大，可达总勘查费用的75%以上，风险投资应小于25%。这一模拟对风险勘查的决策具有重要指导意义。

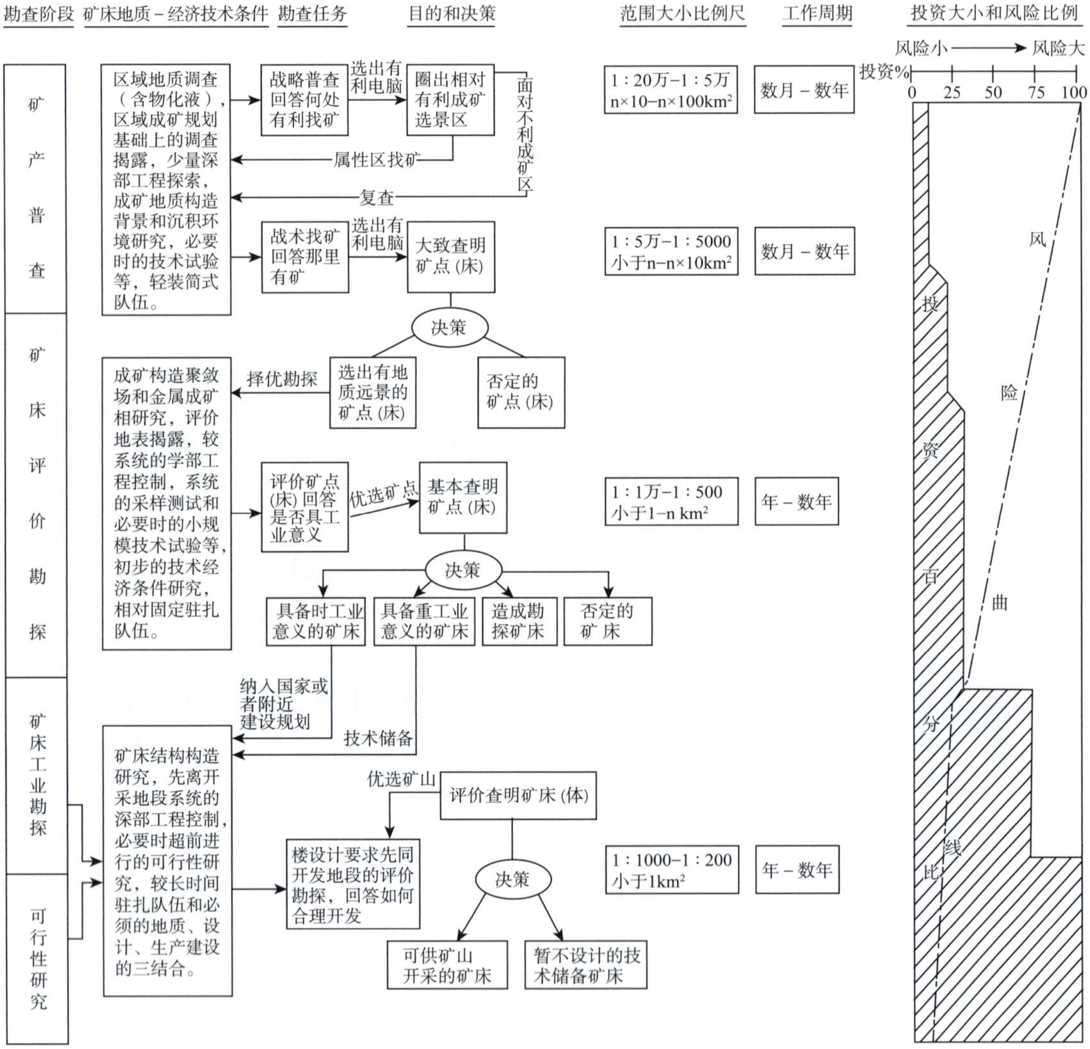

图6.2　矿业活动决策支持系统模拟

（据裴荣富等，2009）

6.2.3 矿山生产阶段合理划分

通过对25种金属矿山的调查，我们将矿山生产阶段划分为七个阶段：按不同规模矿山及其合理生产年限，划分出试产、达产、稳产、萎缩、补偿、闭坑、复垦共7期（裴荣富等，2009）。据此作为矿山从初始至闭坑全过程合理勘查开发评定标准（图6.3）。试产阶段：试车阶段。投产阶段：从基本建设完成后，试生产（试车）开始达到一定规模，大型矿山一般达到设计能力的30%表示投产阶段开始，中型矿山达到50%，小型矿山达到100%，到矿石产量达到设计能力为止。这个阶段，大型矿业企业一般需5年左右，中、小矿山企业需2～3年。这个阶段尚难发挥投资效益，但随着设备正常运转、工艺流程合理调试，主要采选指标正确控制，矿山企业矿石产量逐年提高，直到达到设计要求产量，矿山企业经济效益也随之逐渐上升。稳产阶段：是达到设计生产能力后，矿业企业生产均衡，产量稳定，也是矿业企业经济效益最好阶段。大型矿山维持20年左右，中型矿山15年左右，小型矿山10年左右。萎缩阶段：开采范围内储量逐年减少，产量逐年降低，矿山的开采条件逐渐恶化，生产成本增加，矿业企业的经济效益递减。矿山生产发生萎缩，这是矿业企业的属性，必须重视矿山找矿再发现。补偿阶段：是指通过资源再发现，新增探明储量，产量逐年增加。闭坑阶段：满足闭坑条件，提交闭坑地质报告时期。复垦阶段：逐步关停矿山，进行矿山与环境的治理。复垦阶段应贯穿于矿山开发的始终，在绿色矿山要求下逐步关停矿山，全面完成矿山与环境的治理。根据国内52个铁矿山在模拟图上的投点，该模型的科学性得到很好验证。该模拟将对矿山开采起到指导作用，评定其是否合理。

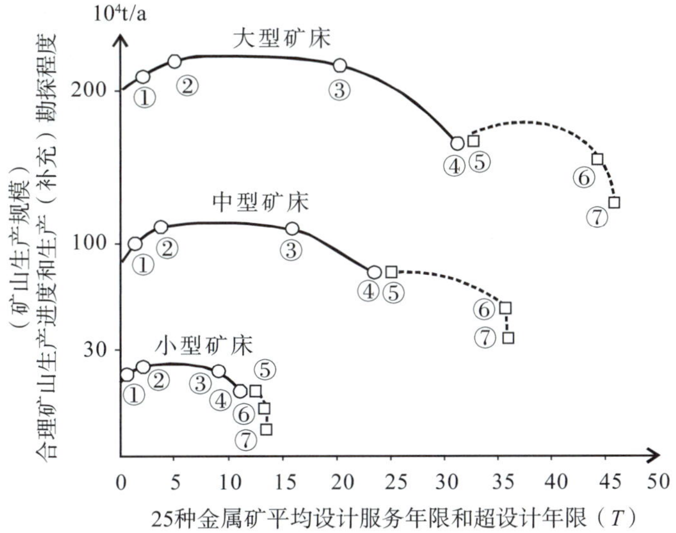

图6.3 不同规模矿山合理生产年限模拟

（据裴荣富等，2009）

6.2.4 矿业“5R”循环经济理论

矿业发展面临严峻形势，如何实现矿业可持续发展？实现矿产资源可持续发展的一个重要问题是如何提高资源的利用率乃至永续利用。据统计，我国共伴生矿产资源综合利用率不到20%，矿产资源总回收率只有30%，而国外先进水平平均在50%以上。科技进步和创新是矿产资源领域循环经济发展的主要动力，生态环境是可持续发展的基础。

我们结合矿产地质需要，针对矿产资源和生态环境的特殊属性，在其他产业通用的“3R”循环经济基础上，即减量化（Reducing）、再利用（Reusing）、再回收（Recycling），增加再发现（Rediscovery）和复垦（Reclamation）构成矿业“5R”循环经济理论（裴荣富等，2009）。该理论在矿山勘查、开发、闭坑各个环节上循环利用矿产资源，发展矿产资源回收利用产业，以最大限度提高矿产资源的利用率，真正实现矿产资源的可持续利用。减量化：少投入多产出；再利用：综合利用；再回收：废弃物回收；再发现：在开发过程中发现新资源和增加储量，是保证矿业可持续发展的决定因素；复垦：关系到生态环境的问题，包括矿山绿化、转型为公园、博物馆、农田等（图6.4）。

矿业“5R”循环经济理论是指导矿业合理开发和缓解资源紧缺的一个重要举措。但

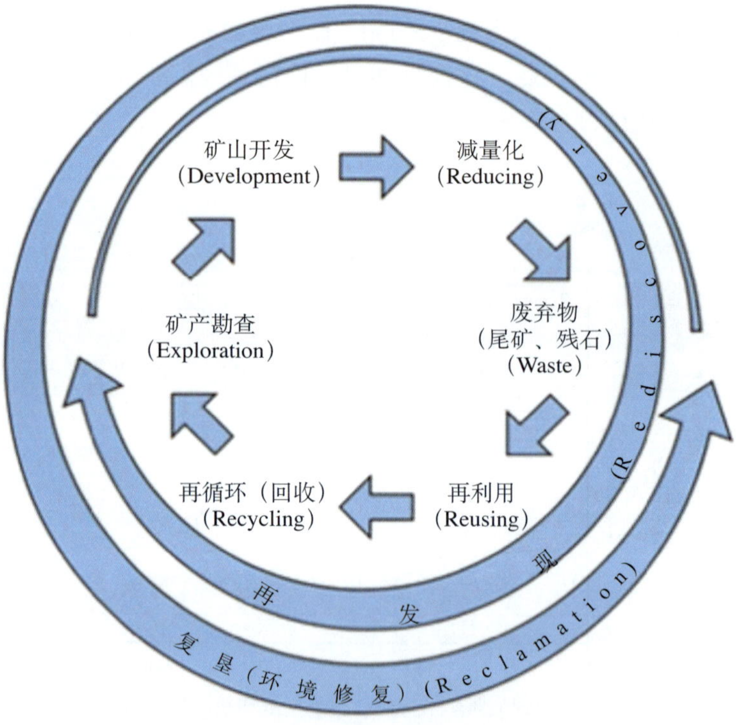

图6.4 矿业“5R”循环经济理论

（据裴荣富等，2009）

应重点指出5R循环经济应贯穿于矿山勘查、开发、闭坑的始终（表6.1）。特别强调的是再发现和再复垦应贯穿于矿业活动的始终，矿产开发应居安思危，开发过程中要不断发现新资源，适时复垦建设绿色矿山，为了有效贯彻再复垦，特提出应建立矿区复垦保证体系。该体系应包括：一是制定全国矿山复垦规划；二是建立矿区复垦资金体系；三是研究矿区复垦机制，建立示范区。

表 6.1 矿业循环经济中的“5R”原则

阶段	再发现原则 (Rediscovery)	再减量原则 (Reducing)	再利用原则 (Reusing)	再循环原则 (Recycling)	再复垦原则 (Reclamation)
勘查	在满足矿山建设设计要求的矿产勘查基础上，应在矿床深部和外围找矿，探索第二成矿空间和侧向延展	提高勘查质量和准确性，按照“合理域”投入勘查量	加深充分利用矿产的地质工作	多次开发勘查资料	开展生态环境承载度研究
开采	在满足采准和备采储量基础上，应加强成矿新信息的收集，开拓找矿新方向，发现新矿体	创新开采技术，降低剥采比、贫化率，减少消耗的人物力	提高采收率，就实际情况进行回采	—	就地取材，利用废弃尾矿、矸石、积土或垃圾等回填于露天采坑、塌陷地并将客土覆盖和植被
选矿冶炼	创新选矿冶炼新工艺	创新提高选冶技术，减少矿石消耗量，降低矿产品的边界品位	改进先进流程，提高选矿回收率	提高技术，综合回收有价元素	综合利用废弃物，同时进行无害化处理
深加工	开发新产品，新用途	创新加工工艺，减少原材料的消耗	采用先进工艺，提高主元素回收率，提高产品质量，节能降耗，保持适度规模提高适应性达到标准化，综合回收有价元素	—	对难回收的有价元素进行回收，废气废水废渣的综合利用废弃物，进行无害化处理
尾矿处理	开发尾矿中新的有用组分	减少废石，废渣，废气，废水的排放量	尾矿中有价组分的回收利用	增加再生金属矿产	可以在尾矿库上复垦造田，根据土壤的实际情况，选择作物

（据裴荣富等，2009）

6.3 矿业可持续勘查开发“四元”模型

在建立矿业可持续勘查开发模型上，除了采用常规的微观和宏观评价方法外，考虑到矿床评价是一个多目标的综合值，通常采用运筹学算法、层次分析法、灰色系统及模糊数学的方法。本章采用层次分析法建立了矿业可持续勘查开发“四元”模型（Quaternion Model for Sustainable Exploration and Development of Mines: Geology,

Environment, Technology, and Economy，英文简称：QMM），并运用模糊综合评价法对模型评价结果进行论证。

矿业可持续勘查开发评价工作是一个综合性较强的工作，涉及专业知识面广。这就需要在建立总图设计评价体系时，全面分析，选择合理的评价指标。本研究采用层次分析法和多层次模糊综合评价法，从地质、环境、技术、经济四个方面对矿产资源勘查开发过程中涉及的定量因素和定性因素进行分析，并根据分析结果建立矿业可持续勘查开发“四元”模型指标体系（图6.5）。通过广泛征求地质、勘查、采矿、选矿、经济等领域专家、管理人员和生产一线技术人员意见，专家打分确定相应影响因素权重。

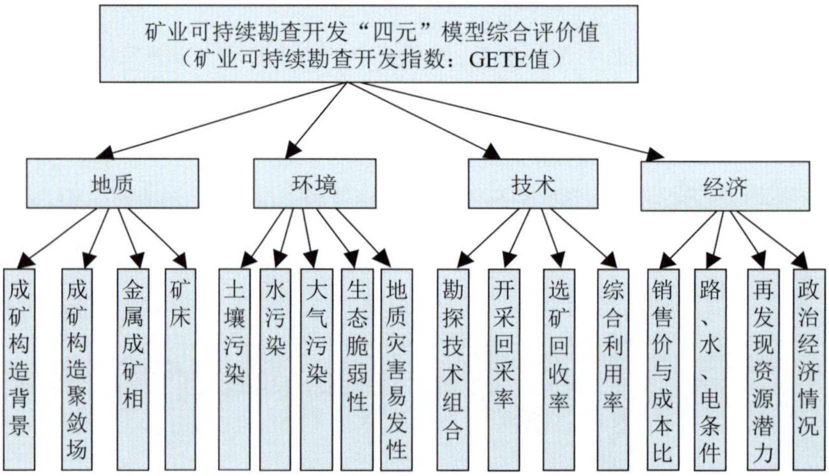

图6.5 矿业可持续勘查开发“四元”模型框架图

矿业可持续勘查开发“四元”模型框架图中最高层为矿业可持续勘查开发综合评价值（矿业可持续勘查开发指数：GETE值）。一级指标组成的因素集为：A=（地质，环境，技术，经济）。一级指标地质对应的二级评价指标组成的因素集为：A_1=（成矿构造背景，成矿构造聚敛场，金属成矿相，矿床）。一级指标环境对应的二级评价指标组成的因素集为：A_2=（土壤污染，水污染，大气污染，生态脆弱性，地质灾害易发性）。一级指标技术对应的二级评价指标组成的因素集为：A_3=（勘查技术组合，开采回采率，选矿回收率，综合利用率）。一级指标经济对应的二级评价指标组成的因素集为：A_4=（单位矿产品销售价和成本比，矿山路、水、电条件，再发现资源潜力，政治经济情况）。

6.3.1 地质因素

矿业可持续勘查开发模型的第一个要素是地质背景。本研究运用“景、场、相、床”等级体制成矿理论研究成矿地质条件。“景、场、相、床”按梯度构成了完整的成矿过程。研究其在地质历史进程中的耦合规律，是等级体制成矿研究的关键。裴荣富院士表示，“矿产资源具有一定成矿规律的最佳耦合性。若耦合梯度较陡，即4个等级体制密切叠置，将可能形成大矿；若梯度缓，等级体制不叠置或互相配置不密切，则成矿不佳。”针对斑岩型铜矿成矿地质条件，提出“景、场、相、床”研究指标如表6.2所示。

表6.2 斑岩型铜矿成矿“景、场、相、床”的研究指标

等级体制	指标描述	指标分类	地质描述	目的
景	宏观的可能成矿环境和成矿场地准备	俯冲环境	洋壳俯冲	成矿构造背景与研究成矿构造聚敛场的耦合度将是成矿远景区评价的基础
		碰撞后环境	沿古缝合带分布	
		板内环境	远离现代或古代缝合带分布，发生岩石圈拆沉作用	
		稳定陆核	在其所在板块经历构造域演化的历史中，岩石圈稳定	
场	地域地质－地球化学和地球物理等有利控矿因素的综合汇聚	花岗岩发育	花岗岩发育明显的幔源岩浆混合标志，花岗岩与围岩之间存在硅钙界面	
		断裂构造	挤压应力条件下的张性断裂发育	
		地球物理	深部存在MASH带	
		地球化学	中、小比例尺区域化探异常是否有铜矿成矿的潜力	
相	是否能达到成矿元素沉淀的层次	是否经历硫化物富集过程	在深部经历充分的结晶分异作用，岩浆中硫化物达到饱和	通过金属成矿相的研究可充分认识在成矿构造聚敛场中是否达到金属可能淀积的层次，其研究结果可作为确定成矿靶区及其勘查评价的依据
		大量流体是否达到出融条件	花岗岩中发育流体出融结构，如单向固结结构（UST）、石英斑晶的重吸收结构	
		是否能达到成矿元素沉淀的条件	流体中的Cu含量异常高，流体温度或压力发生骤变	
床	矿体在斑岩铜矿成矿模式中的位置及其规模	影响范围	运用遥感技术提取的特征蚀变及其在地表的位置和范围	矿床结构、构造研究是深化认识矿床可能变化性的主要内容，其研究程度是对已形成矿床勘查评价的可靠性和可行性研究的依据
		矿体的埋深及其剥蚀程度	通过地球物理探测技术、蚀变分带等确定矿体的埋深及其剥蚀程度	
		矿物	通过研究成矿元素浓度、矿物组合、成矿元素赋存状态等判断选矿可行性	
		矿体的变化率	通过地球物理探测技术和钻孔岩芯的实际测量，判断矿体形态及其品位的空间变化特征	

本研究采用很好、较好、好、较差和很差五个等级描述研究区域“景”、“场”、“相”、“床”的成矿发育程度。并用5、4、3、2、1分别对五个成矿等级进行定量描述。当研究区同时拥有“景”的四个成矿特征指标时评价为“很好”(5);拥有三个成矿特征时评价为“较好”(4);拥有两个成矿特征时评价为“好”(3);拥有一个成矿特征时评价为“较差”(2);没有“景”成矿特征时评价为“很差”(1)。当研究区同时拥有“场”的四个成矿特征时评价为“很好”(5);拥有三个成矿特征时评价为“较好”(4);拥有两个成矿特征时评价为“好”(3);拥有一个成矿特征时评价为“较差”(2);没有“场”的成矿特征时评价为“很差”(1)。当研究区同时拥有“相”的三个成矿特征时评价为“很好”(5);拥有两个成矿特征时评价为“较好”(4);拥有一个成矿特征时评价为“好”(3);没有“场”的成矿特征时评价为“很差”(1)。当研究区同时拥有“床”的四个成矿特征指标时评价为“很好”(5);拥有三个成矿特征时评价为“较好”(4);拥有两个成矿特征时评价为“好”(3);拥有一个成矿特征时评价为“较差”(2);没有“床”成矿特征时评价为“很差”(1)。

6.3.2 环境因素

生态环境保护是矿业可持续勘查开发的必要条件。矿业活动要接触土壤、水体、大气和生物等各种环境介质。不合理勘查开发矿产资源,不仅会造成土壤、水体和大气等环境介质的污染、而且会引发次生地质灾害,进而破坏矿区生态环境。针对矿业活动的各个过程,分析其可能产生的污染,将环境保护贯穿于矿业活动整过程,促进矿山绿色经营。本研究从矿区土壤污染、水体污染、大气污染、生态脆弱性和地质灾害易发性五个方面研究矿区环境保护问题。

6.3.2.1 土壤污染

随着矿产资源的开发,特别是露天开采,产生了大量的矿石、废渣、废弃物,堆放时占用大量土地,破坏生态环境。金属矿产资源开发活动过程中,废石尾渣、选矿废水、废气浮尘中的重金属元素成为矿区环境的主要污染源,通过污染灌溉、大气降尘会导致矿区土壤中重金属元素含量增加,以至土壤受到污染。土壤污染具有很强的地域性;不可逆性,许多有机物和重金属污染需要很长时间才能降解;难治理性,积累在污染土壤中的难降解污染物很难靠稀释作用和自净化作用来消除,土壤污染一旦发生,需要采取客土、换土、淋洗土壤等方法才能解决问题,治理成本高、周期长。土壤污染中,重金属污染问题尤为突出,不仅造成土壤肥力下降、资源退化、作物量及品质降低,而且对大气、水体造成二次污染,危害人体健康,更重要的是,重金属能长期滞留于土壤中,使得土壤重金属污染具有隐蔽性、长期性和不可逆性。参照《土壤环境质量标准(GB 15618—1995)》,以铜矿研究为例,土壤典型污染物污染级别可分为五类(表6.3)。本研究采用严格的环境保护制度,土壤污染中任何一个污染指数值达到更大污染级别数值,即认定该土壤污染为更大污染级别。

表6.3 土壤污染及其级别分类

污染类型	污染级别	污染评语	污染指数	
土壤污染	无污染	5	pH	6.5 ≤pH≤7.5
			铜（mg/k g）	C_{Cu}≤35
			镉（mg/kg）	C_{Cd}≤0.2
			汞（mg/kg）	C_{Hg}≤0.15
			铅（mg/kg）	C_{Pb}≤35
			砷（mg/kg）	C_{As}≤15
			铬（mg/kg）	C_{Cr}≤90
	轻度污染	4	pH	5.5≤pH＜6.5或7.5＜pH≤8.5
			铜（mg/k g）	35＜C_{Cu}≤50
			镉（mg/kg）	0.2＜C_{Cd}≤0.3
			汞（mg/kg）	0.15＜C_{Hg}≤0.30
			铅（mg/kg）	35＜C_{Pb}≤250
			砷（mg/kg）	15＜C_{As}≤20
			铬（mg/kg）	90＜C_{Cr}≤250
	中度污染	3	pH	4.5≤pH＜5.5或8.5＜pH≤9.5
			铜（mg/k g）	50＜C_{Cu}≤100
			镉（mg/kg）	0.3＜C_{Cd}≤0.6
			汞（mg/kg）	0.30＜C_{Hg}≤1.0
			铅（mg/kg）	250＜C_{Pb}≤350
			砷（mg/kg）	20＜C_{As}≤30
			铬（mg/kg）	250＜C_{Cr}≤350
	重度污染	2	pH	3.5≤pH＜4.5或9.5＜pH≤10.5
			铜（mg/k g）	100＜C_{Cu}≤400
			镉（mg/kg）	0.6＜C_{Cd}≤1.0
			汞（mg/kg）	1.0＜C_{Hg}≤1.5
			铅（mg/kg）	350＜C_{Pb}≤500
			砷（mg/kg）	30＜C_{As}≤40
			铬（mg/kg）	350＜C_{Cr}≤400
	极度污染	1	pH	pH＜3.5或pH＞10.5
			铜（mg/k g）	C_{Cu}＞400
			镉（mg/kg）	C_{Cd}＞1.0
			汞（mg/kg）	C_{Hg}＞1.5
			铅（mg/kg）	C_{Pb}＞500
			砷（mg/kg）	C_{As}＞40
			铬（mg/kg）	C_{Cr}＞400

6.3.2.2 水污染

矿山水污染呈现如下特征：排放量大，持续时间长、污染范围大，影响地区广、成分复杂，浓度极不稳定等特征。矿山废水污染的主要途径为：①矿井排水。矿山地下采掘工作会使地表降水及蓄水层的水大量涌入井下，由于采矿产生的废水中含有大量的矿物微粒和油垢、残留的炸药等有机污染物，故在排放过程中造成地表和地下水源的严重污染。②渗透污染。采矿废水和选矿废水排入尾矿池后，通过土壤及岩石层的裂隙渗透而进入含水层，将废水中的酸性物质、重金属物质、有机污染物、富营养化物质等污染物带入水系统中，污染地表水和地下水，进而污染土壤等其他环境介质。③径流污染。采矿工作会破坏地表或山头植被，剥离表土，造成矿区地质体被破坏，地表固水能力降低，降雨或雪融后，水流携带矿物污染物向下游运输，不但造成水蚀和水土流失，堵塞河流渠道，而且还有可能造成下游环境介质的污染。根据《地表水环境质量标准（GB 3838—2002）》和《地下水质量标准（GB/T 14848—93）》，设定矿山水污染分类（表6.4）。

表6.4 水污染及其分类

污染类型	污染级别	污染评语	污染物	污染指数
水体污染	无污染	5	pH	地表水：6.5 ≤pH≤7.5； 地下水：6.5 ≤pH≤7.5
			硫化物 / 硫酸盐（mg/L）	地表水：C_S≤0.05；地下水：$C_{SO_4^{2-}}$≤50
			氨氮 (mg/L)	地表水：C_N≤0.15；地下水：C_N≤0.02
			铜 (mg/L)	地表水：C_{Cu}≤0.01；地下水：C_{Cu}≤0.01
			镉 (mg/L)	地表水：C_{Cd}≤0.001；地下水：C_{Cd}≤0.0001
			汞 (mg/L)	地表水：C_{Hg}≤0.00005；地下水：C_{Hg}≤0.00005
			铅 (mg/L)	地表水：C_{Pb}≤0.01；地下水：C_{Pb}≤0.005
			砷 (mg/L)	地表水：C_{As}≤0.05；地下水：C_{As}≤0.005
			铬（六价）(mg/L)	地表水：$C_{Cr^{6+}}$≤0.01；地下水：$C_{Cr^{6+}}$≤0.005
	轻度污染	4	pH	地表水：5.5≤pH＜6.5或7.5＜pH≤8.5； 地下水：5.5≤pH＜6.5或7.5＜pH≤8.5
			硫化物（mg/L）	地表水：0.05＜C_S≤0.1； 地下水：50＜$C_{SO_4^{2-}}$≤150
			氨氮 (mg/L)	地表水：0.15＜C_N≤0.5； 地下水：0.02＜C_N≤0.05
			铜 (mg/L)	地表水：0.01＜C_{Cu}≤0.1； 地下水：0.01＜C_{Cu}≤0.05
			镉 (mg/L)	地表水：0.001＜C_{Cd}≤0.003； 地下水：0.0001＜C_{Cd}≤0.0005
			汞 (mg/L)	地表水：0.00005＜C_{Hg}≤0.0001； 地下水：0.00005＜C_{Hg}≤0.0001

续表

污染类型	污染级别	污染评语	污染物	污染指数
水体污染	轻度污染	4	铅 (mg/L)	地表水：$0.01 < C_{Pb} \leqslant 0.03$； 地下水：$0.005 < C_{Pb} \leqslant 0.01$
			砷 (mg/L)	地表水：$0.05 < C_{As} \leqslant 0.06$； 地下水：$0.005 < C_{As} \leqslant 0.01$
			铬（六价）(mg/L)	地表水：$0.01 < C_{Cr^{6+}} \leqslant 0.03$； 地下水：$0.005 < C_{Cr^{6+}} \leqslant 0.01$
	中度污染	3	pH	地表水：$4.5 \leqslant pH < 5.5$或$8.5 < pH \leqslant 9.5$； 地下水：$4.5 \leqslant pH < 5.5$或$8.5 < pH \leqslant 9.5$
			硫化物（mg/L）	地表水：$0.1 < C_S \leqslant 0.5$；地下水：$150 < C_{SO_4^{2-}} \leqslant 250$
			氨氮 (mg/L)	地表水：$0.5 < C_N \leqslant 1.5$；地下水：$0.05 < C_N \leqslant 0.2$
			铜 (mg/L)	地表水：$0.1 < C_{Cu} \leqslant 0.5$；地下水：$0.05 < C_{Cu} \leqslant 1.0$
			镉 (mg/L)	地表水：$0.003 < C_{Cd} \leqslant 0.005$； 地下水：$0.0005 < C_{Cd} \leqslant 0.001$
			汞 (mg/L)	地表水：$0.0001 < C_{Hg} \leqslant 0.0005$； 地下水：$0.0001 < C_{Hg} \leqslant 0.0005$
			铅 (mg/L)	地表水：$0.03 < C_{Pb} \leqslant 0.05$； 地下水：$0.01 < C_{Pb} \leqslant 0.05$
			砷 (mg/L)	地表水：$0.06 < C_{As} \leqslant 0.08$； 地下水：$0.01 < C_{As} \leqslant 0.03$
			铬（六价）(mg/L)	地表水：$0.03 < C_{Cr^{6+}} \leqslant 0.05$； 地下水：$0.01 < C_{Cr^{6+}} \leqslant 0.05$
	重度污染	2	pH	地表水：$3.5 \leqslant pH < 4.5$或$9.5 < pH \leqslant 10.5$； 地下水：$3.5 \leqslant pH < 4.5$或$9.5 < pH \leqslant 10.5$
			硫化物（mg/L）	地表水：$0.5 < C_S \leqslant 1.0$； 地下水：$250 < C_{SO_4^{2-}} \leqslant 350$
			氨氮 (mg/L)	地表水：$1.5 < C_N \leqslant 2.0$；地下水：$0.2 < C_N \leqslant 0.5$
			铜 (mg/L)	地表水：$0.5 < C_{Cu} \leqslant 1.0$；地下水：$1.0 < C_{Cu} \leqslant 1.5$
			镉 (mg/L)	地表水：$0.005 < C_{Cd} \leqslant 0.01$； 地下水：$0.001 < C_{Cd} \leqslant 0.01$
			汞 (mg/L)	地表水：$0.0005 < C_{Hg} \leqslant 0.001$； 地下水：$0.0005 < C_{Hg} \leqslant 0.001$
			铅 (mg/L)	地表水：$0.05 < C_{Pb} \leqslant 0.1$； 地下水：$0.05 < C_{Pb} \leqslant 0.1$
			砷 (mg/L)	地表水：$0.08 < C_{As} \leqslant 0.1$； 地下水：$0.03 < C_{As} \leqslant 0.05$
			铬（六价）(mg/L)	地表水：$0.05 < C_{Cr^{6+}} \leqslant 0.1$； 地下水：$0.05 < C_{Cr^{6+}} \leqslant 0.1$

续表

污染类型	污染级别	污染评语	污染物	污染指数
水体污染	极度污染	1	pH	地表水：pH＜3.5或pH＞10.5； 地下水：pH＜3.5或pH＞10.5
			硫化物（mg/L）	地表水：$C_S>1.0$；地下水：$C_{SO_4^{2-}}>350$
			氨氮 (mg/L)	地表水：$C_N>2.0$；地下水：$C_N>0.5$
			铜 (mg/L)	地表水：$C_{Cu}>1.0$；地下水：$C_{Cu}>1.5$
			镉 (mg/L)	地表水：$C_{Cd}>0.01$；地下水：$C_{Cd}>0.01$
			汞 (mg/L)	地表水：$C_{Hg}>0.001$；地下水：$C_{Hg}>0.001$
			铅 (mg/L)	地表水：$C_{Pb}>0.1$；地下水：$C_{Pb}>0.1$
			砷 (mg/L)	地表水：$C_{As}>0.1$；地下水：$C_{As}>0.05$
			铬（六价）(mg/L)	地表水：$C_{Cr^{6+}}>0.1$；地下水：$C_{Cr^{6+}}>0.1$

本研究采用严格的环境保护制度，水体污染中任何一种水体或任何一个污染指数值达到更大污染级别数值，即认定该水体污染为更大污染级别。

6.3.2.3 气体污染

大气污染。在矿业生产过程中，产生的含粉尘、烟尘和SO_2、CO、氮氧化物等废气，如不经过很好的处理以达标排放，会对矿区造成严重的大气污染，通过大气沉降，这些污染物会沉降到土壤中、水体里，随水体迁移，最终会影响更大范围的生态系统。据统计，我国每年约有50亿～60亿立方米的煤层瓦斯逸散于大气。煤炭行业年排二氧化硫57万吨，加上矿区粉尘排放，严重污染、损害了矿区环境及居民身体健康。

采矿作业产生的废气主要来自露天采场采矿作业产生的粉尘，爆破时产生的烟尘及少量CO、NO_x，以及运输等工序无组织排放的扬尘。主要采用喷雾、洒水的除尘措施。选矿过程中产生的废气主要来源于选矿厂燃油锅炉。国家制定了国家标准《锅炉大气污染物排放标准》（GB 13271—2014）。该标准规定了锅炉大气污染物浓度排放限值、监测和监控要求。锅炉排放的水污染物、环境噪声适用相应的国家污染物排放标准，产生固体废物的鉴别、处理和处置适用国家固体废物污染控制标准。新标准规定了锅炉烟气中颗粒物、二氧化硫、氮氧化物、汞及其化合物的最高允许排放浓度限值和烟气黑度限值。该标准适用于以燃煤、燃油和燃气为燃料的单台出力65 吨/时及以下蒸汽锅炉、各种容量的热水锅炉及有机热载体锅炉；各种容量的层燃炉、抛煤机炉。根据《锅炉大气污染物排放标准》（GB 13271—2014），大气污染级别分类见表6.5。

本研究采用严格的环境保护制度，在大气污染中任何一个污染指数值达到更大级别污染数值，即认定该大气污染为更大污染级别。

表6.5 大气污染级别分类

污染类型	污染级别	污染评语	污染指数	
大气污染	无污染	5	粉尘（mg/m^3）	$C_{粉尘}\leqslant 20$
			SO_2（mg/m^3）	$C_{SO_2}\leqslant 50$
			NO_x（mg/m^3）	$C_{NO_x}\leqslant 200$
	轻度污染	4	粉尘（mg/m^3）	$20<C_{粉尘}\leqslant 30$
			SO_2（mg/m^3）	$50<C_{SO_2}\leqslant 200$
			NO_x（mg/m^3）	$200<C_{NO_x}\leqslant 250$
	中度污染	3	粉尘（mg/m^3）	$30<C_{粉尘}\leqslant 50$
			SO_2（mg/m^3）	$200<C_{SO_2}\leqslant 300$
			NO_x（mg/m^3）	$250<C_{NO_x}\leqslant 300$
	重度污染	2	粉尘（mg/m^3）	$50<C_{粉尘}\leqslant 60$
			SO_2（mg/m^3）	$200<C_{SO_2}\leqslant 300$
			NO_x（mg/m^3）	$300<C_{NO_x}\leqslant 400$
	极度污染	1	粉尘（mg/m^3）	$C_{粉尘}>60$
			SO_2（mg/m^3）	$C_{SO_2}>300$
			NO_x（mg/m^3）	$C_{NO_x}>400$

6.3.2.4 生态脆弱性

生态环境是一定区域内气候、地貌、土壤、水文、动植物及人类活动等的综合。矿产资源不合理勘查开发通常会引发矿区生态退化。生态退化的主要表现有植被退化、土地荒漠化和水土流失。影响植被生长的自然条件主要为气候，其次为土壤、地貌及岩性等；土地荒漠化形成的主要动力因素为风力，其他影响因素有降雨、土壤质地和植被覆盖等；水土流失的发生与降雨、土壤质地、植被、坡度与坡长因子有关。对矿区生态环境进行脆弱性评价，并提出针对性的生态恢复措施，对评价矿区可持续发展十分重要。

国内外学者对矿区生态系统脆弱性的研究虽然已经取得很大的进展，研究成果不断涌现。但是，生态系统脆弱性的研究还有很多问题尚需解决，主要包括：①评价指标尚未统一、研究方法有待完善；②偏重实证分析，相关理论发展滞后；③研究对象的范围有待扩展，研究内容有待进一步完善。（徐君等，2016）。本章将土壤质地和植被作为矿区生态脆弱性的评价指标，用生境质量指数来衡量，分级计算方法和标准参考《生态环境状况评价技术规范》（HJ 192—2015），并将评价区生态脆弱性分成五个等级：“环境承载能力强”“环境承载能力较强”“环境承载能力一般”“环境承载能力较差”和“环境承载能力很差”（表6.6），并分别用“5、4、3、2、1”进行量化表示。

表6.6 生态环境脆弱性等级划分

级别	差	较差	一般	良	优
生境质量指数	$HQ<20$	$20\leq HQ<40$	$40\leq HQ<60$	$60\leq HQ<80$	$HQ\geq 80$
状况	环境承载能力差	环境承载能力较差	环境承载能力一般	环境承载能力较强	环境承载能力强
模糊等级赋值	1	2	3	4	5

“环境承载能力强”特征为生态系统稳定，抗侵蚀能力较强，土地肥沃，海拔高度相对低，植被覆盖度好，环境容量大，污染承载力强；“环境承载能力较强”特征为生态系统相对稳定，具备抗侵蚀能力，土地肥沃，海拔高度相对较低，植被覆盖度较好，环境容量较大，污染承载力较强；“环境承载能力一般”特征为生态系统相对不稳定，抗侵蚀能力较差，土地质量较差，植被类型较复杂，环境容量一般，污染承载力一般；“环境承载能力较差”特征为生态系统不稳定，抗侵蚀能力差，土地贫瘠，植被较少，环境容量较小，污染承载力较弱；“环境承载能力差”特征为生态系统极不稳定，抗侵蚀能力很差，海拔相对较高，土地非常贫瘠，植被稀疏，主要是耐寒植物，环境容量小，污染承载力弱。

利用生境质量指数来衡量被评价区域内生态系统对环境污染的承载能力。计算公式如下：

生境质量指数（HQ）$=Abio\times$（$0.35\times$林地$+0.21\times$草地$+0.28\times$水域湿地$+0.11\times$耕地$+0.04\times$建设用地$+0.01\times$未利用地）/区域面积

其中，$Abio$为生境质量指数的归一化系数，参考值为511.26。

林地：生长乔木、灌木、竹类等的林业用地。包括有林地、灌木林地、疏林地和其他林地。

草地：以生长草本植物为主，覆盖度在5%以上的天然草地、改良草地和割草地，包括以牧为主的灌丛草地和郁闭度在0.10以下的疏林草地。

水域湿地：天然陆地水域和水利设施用地，包括河渠、水库、坑塘、海涂、滩地和沼泽。

耕地：耕种农作物的土地，包括熟耕地、新开荒地、休闲地、轮歇地、草田轮作地；耕种三年以上的滩地和滩涂。

建设用地：城乡居民点及县辖区以外的工矿、交通等用地。

未利用地：未利用的土地，难利用的土地或植被覆盖度小于5%且未利用的土地，包括沙地、盐碱地、裸土地、裸岩石砾和其他未利用地。

6.3.2.5 地质灾害易发性

矿山地质灾害是指由于人类采矿生产活动而引发的一种破坏地质环境、危及生命财产安全，并带来重大经济损失的矿区灾害。常见的矿山地质灾害主要指危害人民生命和财产安全的崩塌、滑坡、泥石流、地面塌陷、地裂缝、地面沉降等与地质作用有关的灾害。露天矿山地质灾害作为矿山地质灾害的一个分支，是人类开采露天矿山过程中由于开采技术或者管理方面的原因所造成的地质灾害，通常有滑坡、崩塌、泥石流、水土流失等。针对矿山地质灾害对人类影响频率，地质灾害易发性用地质灾害发生可能性指数来衡量，分级计算方法和标准参考《地质灾害危险性评估规范（DZ/T 0286—2015）。选取地形条件、岩土性质、岩体结构与地质构造和水文及水文地质等地质环境条件作为衡量地质环境复杂程度的指标，涉及地形坡角、自然陡坡高度、土层厚度、岩层厚度、岩层或土层组合、裂隙发育程度、贯通性结构面与斜（边）坡关系、地震基本烈度、地表水对岩土体的影响和地下水对岩土体的影响等细分指标，结合易造成地质灾害的降水量指数，计算得出地质灾害发生可能性指数，并将评价区地质灾害易发性分成三个等级：“可能性小”“可能性中等”和“可能性大”（表6.7），并分别用“5、3、1”进行量化表示。

表6.7　地质灾害发生可能性按地质灾害发生可能性指数分级

地质灾害发生可能性指数Y	地质灾害发生可能性	模糊等级赋值
$Y \geqslant 0.80$	可能性大	1
$0.60 \leqslant Y < 0.80$	可能性中等	3
$Y < 0.60$	可能性小	5

地质灾害发生可能性指数应根据地质环境复杂程度指数和降水量指数按下式计算：

$$Y = 0.62D + 0.38R \tag{6.1}$$

式中：Y——地质灾害发生可能性指数；

D——地质环境复杂程度指数，取值由基本分值和附加分值两部分构成。基本分值在地质环境很复杂时取0.75，在地质环境较复杂时取0.50，在地质环境简单时取0.25；鉴于矿山多集中在丘陵山区，地质环境复杂程度按表6.8划分，附加分值由表6.9确定；

R——降水量指数，根据多年平均日最大降水量和多年年平均降水量按表6.10确定。

根据公式计算得出地质灾害发生可能性指数，按照表6.7进行赋值以标识地质灾害发生可能性大小，并进行相应的模糊等级划分。

针对矿业勘查开发引发的土壤污染、水体污染和大气污染，以及矿区生态脆弱性和地质灾害易发性，专家对构成的矿区生态环境各要素重要程度进行评估，形成如下权重：

$$[w_{21}，w_{22}，w_{23}，w_{24}，w_{25}] = [0.25，0.20，0.15，0.30，0.10]$$

表6.8 丘陵山区地质环境复杂程度划分

地质环境要素			地质环境复杂程度		
			复杂	较复杂	简单
地形条件	地形坡角（°）		>30	30～15	<15
	自然陡坡高度/m	岩坡	>30	30～15	<15
		土坡	>15	15～8	<8
岩土性质	土层厚度/m		>10	10～5	<5
	岩层厚度		薄层状	中厚—厚层状	巨厚层状
	岩层或土层组合		多元组合	二元组合	岩性单一
岩体结构与地质构造	裂隙发育程度		有断裂或裂隙超过4组，间距<0.3m	裂隙3～4组，间距0.3~1.0m	裂隙少于3组，间距>1.0m
	贯通性结构面与斜（边）坡关系a		外倾临空且倾角>20°	外倾临空且倾角20°～10°、外向临空且倾角≥20°、顺向不临空且倾角≥15°	外倾临空且倾角<10°、外向临空且倾角<20°、顺向不临空且倾角<20°
	地震基本烈度		≥Ⅷ	Ⅶ～Ⅵ	≤Ⅴ
水文及水文地质	地表水对岩土体的影响		大	中等	小
	地下水对岩土体的影响		大	中等	小

表6.9 地质环境复杂程度指数附加分值表

地质环境复杂时各个达到复杂标准因素的附加分值*a*	地质环境较复杂时各个达到复杂或较复杂标准因素的附加分值*a*		地质环境简单时各个达到复杂或较复杂标准因素的附加分值*a*	
	达到复杂标准的因素	达到较复杂标准的因素	达到复杂标准的因素	达到较复杂标准的因素
0.006～0.016	0.006～0.026	0.006～0.016	0.006～0.026	0.006～0.016

注：表中地质环境复杂程度判定因素系指表6.8中的各判定因素；*a*地质环境复杂程度指数附加分值应是表内相应复杂程度栏中各因素附加分值的总和。

表6.10 降水量指数表

多年平均日最大降水量*a*/mm	多年年平均降水量*b*/mm			
	≥1500	1000	700	≤400
≥120	1	0.9	0.85	0.8
95	0.9	0.85	0.8	0.7
70	0.85	0.8	0.7	0.6
≤45	0.8	0.7	0.6	0.5

注：*a*多年平均日最大降水量超过120mm时按120mm计，低于45mm时按45mm计；*b*多年年平均降水量超过1500mm时按1500mm计，低于400mm时按400mm计。

6.3.3 技术因素

技术合理是开展矿产资源合理勘查的必要手段。本研究对固体矿产资源勘查、开采和选冶过程中重要技术指标进行研究，提出了矿产资源合理勘查开发重要影响因素和条件。矿产资源勘查开发技术涉及物探、化探、遥感、钻探、开采和选冶等领域。本章选择综合勘查技术、开采回采率、选矿回收率和综合利用率为技术合理的评价指标（《矿业权评估指南》修订小组，2006）。

6.3.3.1 综合勘查技术

综合勘查技术就是物探、化探、遥感和钻探等找矿方法的综合应用。它是以地质观察为基础，根据不同的地质条件和具体自然景观，并结合各种勘查技术的应用前提，合理配合使用各种勘查技术，从不同的角度提供各种信息，提高找矿研究程度，达到找矿目的。根据发现的矿致异常、成矿远景区（成矿靶区）、矿化点、矿点和矿床，将综合勘查技术分为很好、好、中、差和很差五个等级描述，并用5、4、3、2、1分别对五个等级进行定量描述。

6.3.3.2 开采回采率

开采回采率（又称采矿回收率、矿石采收率）是指矿山开采资源过程中采出纯矿石量与开采范围内工业储量的百分比（或采出矿石中的金属含量与开采范围内工业储量所含金属量之比）。开采回采率愈高，则损失率愈低。应采取有效措施大力提高开采回采率，充分利用矿产资源。

开采回采率计算公式如下：

$$\text{开采回采率} = \frac{\text{采出纯矿石量}}{\text{开采范围内工业储量}} = 1 - \frac{\text{开采范围内损失矿石量}}{\text{开采范围内工业储量}} \tag{6.2}$$

由于采出纯矿石量和未回收矿石量均很难直接测定。因此，直接计算很困难，一般采取间接计算的方法，计算公式如下：

$$k = \frac{\alpha' - \alpha''}{\alpha - \alpha''} \times \frac{T}{Q} \times 100\% \tag{6.3}$$

式中：k——开采回采率，%；

α'——采出矿石品位，%；

α''——混入采出矿石中的废石品位，%；

α——工业储量平均品位，%；

T——采出矿石量，$T = Q - Q_0 + R$，其中，Q为工业储量，Q_0为开采过程中损失的矿石量（工业储量），R为混入采出矿石中的废石量，吨；

开采回采率评语分为五个等级：$k \geqslant 90\%$，$90\% > k \geqslant 80\%$，$80\% > k > 70\%$，$70\% \geqslant k > 60\%$，和$k \leqslant 60\%$；并分别用5，4，3，2，1定量描述。

6.3.3.3 选矿回收率

选矿回收率是指选矿产品（一般指精矿）中所含被回收有用成分的质量占入选矿石中该有用成分质量的百分比。选矿回收率是考核和衡量矿山企业选矿技术、管理水平和入选矿石中有用成分回收程度的重要技术经济指标。矿山生产中的选矿回收率存在以下特点。

1）选矿回收率与采矿方法没有必然联系，同种采矿方法下的矿山选矿回收率可能有较大差异。

2）矿石性质对选矿回收率有重大影响。同矿床类型的矿山，其选矿回收率有时也存在较大差异，主要是由待回收元素赋存状态、矿石嵌布特性及矿石结构与构造等原矿性质差异造成的。其中待回收元素的赋存状态对选矿回收率具有决定性影响。

3）选矿工艺对选矿回收率影响较大，对于混合矿和氧化矿，采用具有针对性的氧化矿回收工艺，能够提高选矿回收率。

4）矿山生产中选矿回收率是动态变化的，随着原矿性质及选矿方法的变化而变化。因此制定的选矿回收率评价体系应该是随矿石性质及工艺流程变化的动态评价体系，这将能更好地反映矿山的管理水平。

选矿回收率可用下式计算得出：

$$\varepsilon=\frac{\beta}{\alpha}\times\gamma \tag{6.4}$$

式中：ε——产品中某一成分的回收率，%；

α——原矿中此种成分的品位，%；

β——产品中此种成分的品位，%；

γ——产品的产率，%。

以反映元素赋存状态的矿石物相相别为基础，同时综合考虑其他对选矿回收率有重要影响的矿石性质等因素，制定以下选矿回收率指标评价体系。选矿回收率可分为五个等级：$\varepsilon \geqslant 90\%$，$90\% > \varepsilon \geqslant 80\%$，$80\% > \varepsilon \geqslant 70\%$，$70\% > \varepsilon \geqslant 60\%$和$60\% > \varepsilon$；并分别用5，4，3，2，1定量描述。

6.3.3.4 矿产资源综合利用率

矿产资源综合利用率是指实际回收利用的各有用组分质量与被动用储量中所有可利用组分总质量的比值。矿产资源综合利用率反映动用的矿产资源中具有经济利用价值的各组分被合理利用的水平。

矿产资源综合利用率具有如下基本特征。

1）0%≤矿产资源综合利用率≤100%。

2）矿产资源开采回采率越高，综合利用率越高；各有用组分的回收率越高，综合利用率越高。

3）综合利用率与矿山企业的经济效益并非总是正相关关系。矿山企业提高综合利用率所新增的产值低于新增的成本时，提高综合利用率会降低矿山企业的效益。

矿产资源综合利用率可用下式计算得出：

1）主金属矿产资源综合利用率（R_z）：主金属矿产资源综合利用率是指各精矿产品中主计价有用组分的质量和与动用资源储量中主计价有用组分质量和的百分比，用符号R_z表示，公式如下：

$$R_z = \frac{K \times \sum_{i=1}^{n} \varepsilon_i \times \alpha_i}{\sum_{i=1}^{n} \alpha_i} \times 100\% \tag{6.5}$$

式中：n——主金属的种类数；

ε_i——选矿回收率，%；

α_i——原矿品位，%；

K——回采率，%。

2）共伴生矿产资源综合利用率（R_B）：实际回收利用的各共伴生有用组分质量和与被动用储量中所有可利用组分总质量的比值。

表内共伴生矿产资源综合利用率（R_{By}）：伴生矿产资源综合利用率是指各精矿产品中可被利用的已上表的共伴生有用组分的质量和与动用资源储量中已上表的共伴生有用组分质量和的百分比，用符号R_{By}表示，公式如下：

$$R_{By} = \frac{K \times \sum_{i=1}^{n} \varepsilon_i \times \alpha_i}{\sum_{i=1}^{n} \alpha_i} \times 100\% \tag{6.6}$$

式中：n——已上表的伴生组分的种类数；

ε_i——选矿回收率，%；

α_i——原矿品位，%；

K——回采率，%。

表外共伴生矿产资源综合利用加分：为了鼓励企业提高资源利用率，更多地回收有价矿产资源，可考察矿山企业未登录在地质管理部门发布的储量表中的伴生组分的回收情况，并进行加分。

$$R_{BW} = \frac{K \times \varepsilon_j \times \alpha_j}{\alpha_j + \sum_{i=1}^{n} \alpha_i} \times 100\% \tag{6.7}$$

式中：n——已上表的伴生组分的种类数；

ε_j——选矿回收率，%；

α_i、α_j——原矿品位，%；

K——回采率，%。

共伴生矿产资源综合利用率：

$$R_B = R_{BY} + R_{BW_1} + R_{BW_2} + \cdots + R_{BW_n} \tag{6.8}$$

由于未上表的共伴生组分品位低、储量小，因此加分的数值也很小。经测算，不会出现$R_B>100\%$的情况。

矿产资源综合利用率计算公式如下：

$$R = R_z + R_B \tag{6.9}$$

由于R_{BW}加分数值很小，经测算，不会出现$R>100\%$的情况。

影响资源综合利用率的主要因素有：采矿难易程度、矿石物化性质的复杂程度、矿山生产技术水平和市场价格等，影响因素的诸多不确定性，使得评价矿产资源综合利用很困难。到目前为止，国内外尚未找到一种公认合理的资源综合利用评价方法。本书研究提出的对矿石中的主金属资源综合利用率、共伴生资源综合利用率和矿产资源综合利用率分开计算的评价方法，具有一定的合理性。

综合利用率评语可分为五个等级：$R\geqslant70\%$，$70\%>R\geqslant60\%$，$60\%>R\geqslant40\%$，$40\%>R\geqslant30\%$和$R<30\%$；并分别用5，4，3，2，1定量描述。

6.3.4 经济因素

经济评价是衡量矿床是否可以开采的评价标准。勘查活动如何才能实现经济效益最大化？裴荣富指出，勘查活动具有地质和经济技术条件评价的双重性，应建立勘查工作决策支持系统。根据不同勘查阶段、不同矿床地质复杂程度、勘查技术经济条件、工作目的、任务和勘查范围等，这套系统能对勘查成果、周期、投资大小和风险比例等进行测算并辅助决策。

矿山经济评价指标包括四个部分：一是拟建矿山矿产品销售价和成本比值；二是拟建矿山的路、水和电等基础设施；三是拟建矿山再发现矿产资源储量潜力；四是政治经济情况。

6.3.4.1 拟建矿山矿产品销售价和成本比值

矿山企业在一定时期内（一般为一年）为生产和销售产品而花费的全部成本和费用是反映矿山企业的资源条件、技术水平、工艺完善程度、固定资产及流动资金的利用状况、生产组织的完善程度、劳动生产率水平、产品销售条件、物资供应条件及生产组织管理水平等矿山生产经营活动的综合性指标之一。矿产品总成本费用由生产成本（包括生产耗用的外购原材料及主要材料、辅助材料、燃料、动力、工资及福利费、固定资产折旧及大修理费、低值易耗品摊销、维简费）、管理费用、财务费用及销售费用构成。本研究采用美国地质调查局Camm等教授发明的经济成本筛选法对拟建矿山进行经济评价，并运用矿产品销售价和成本的比值将拟建矿山经济价值分三个等级：具有经济价值的矿山（$\frac{S}{BE}\geqslant 1.3$）；具有边际经济价值的矿山（$1.3\geqslant\frac{S}{BE}\geqslant 0.7$）；无经济价值矿山（$0.7>\frac{S}{BE}$）；并用5，3，1进行定量描述。

6.3.4.2 路、水和电等基础设施条件

矿山路、水和电等基础设施条件是评价矿产资源合理勘查开发的重要评价因素。本研究设定，当现有的路、水和电的供应量大于矿山设计路、水和电需求量的2倍时，评价为很合理；当现有的路、水和电的供应量大于矿山设计路、水和电需求量的1倍且小于2倍时，评价为合理；当现有的路、水和电的供应量大于矿山设计路、水和电需求量的0.8倍且小于1倍时，评价为一般；当现有的路、水和电的供应量大于矿山设计路、水和电需求量的0.5倍且小于0.8倍时，评价为差；当现有的路、水和电的供应量小于矿山设计路、水和电需求量的0.5倍时，评价为很差。并分别用5，4，3，2，1进行定量描述。

6.3.4.3 再发现矿产资源储量潜力

根据5R循环经济矿业可持续发展理论，应在矿床深部和外围找矿，探索第二成矿空间和侧向延展。在满足采准和备采储量基础上，加强成矿新信息的收集，开拓找矿新方向，发现新矿体。运用矿山矿产资源储量潜力把拟建矿山划分为五个等级：矿山周围新增探明储量大于设计储量2倍，评价为很好；新增探明储量小于拟建矿山设计储量的2倍且大于设计储量的1倍，评价为较好；新增探明储量小于拟建矿山设计储量的1倍且大于设计储量的0.8倍时，评价为中等；新增探明储量小于拟建矿山设计储量的0.8倍且大于设计储量的0.5倍时，评价为较差；拟建矿山无储量增量潜力时，评价为很差。并用5，4，3，2，1对不同类型矿山进行定量描述。

6.3.4.4 政治经济情况

政治风险是指由于各种政治力量的利益博弈而使矿业企业在东道国的投资避免遭受某种不利结果的可能性。姚凯等人（2012）运用世界银行学会建立的治理指标（WGI指标）和美国传统基金会建立的自由指标（HER指标）建立了投资政治风险指标。WGI共有 6 个治理指标：财产话语权和问责制（*VA*）、政局稳定及未存在暴力（*PV*）、政府干预 / 政府效能（*GI*）、监管质量（*RQ*）、法治（*RL*）、防治腐败（*CC*）。HER指标共有10个：劳动自由、商业自由、贸易自由、投资自由、金融自由、财政自由、货币自由、产权、政府规模和清廉程度。该模型中使用 4 个指标：产权（*PR*）、货币政策

（MP）、金融自由（FIN）、投资自由（INV）。

$EXP=(RL\times0.25)+(PR\times0.25)+(GI\times0.25)+(CC\times0.25)$

$TRA=(RQ\times0.25)+(MP\times0.25)+(INV\times0.25)+(FIN\times0.25)$

$VIO=(VA\times0.2)+(PV\times0.6)+(RL\times0.2)$

政治风险 = 1/3（$EXP+TRA+VIO$）

当政治风险值小于等于2.03时，为很好；当政治风险值大于2.03且小于2.97时，为中等；当政治风险值大于2.97时，为很差。并用5，3，1进行定量描述。

根据矿业可持续勘查开发“四元”模型框架图和层次分析法，建立矿业可持续勘查开发“四元”模型（英文简称：QMM）：

$$GETE=W_1\cdot\sum_{k=1}^{4}w_{1k}\cdot u_{1k}+W_2\cdot\sum_{l=1}^{5}w_{2l}\cdot u_{2l}+W_3\cdot\sum_{m=1}^{4}w_{3m}\cdot u_{3m}+W_4\cdot\sum_{n=1}^{4}w_{4n}\cdot u_{4n}\quad(6.10)$$

式中：$u_{ij}\in\{1, 2, 3, 4, 5\}$；

$$\sum_{j=1}^{k}w_{ij}=1;$$

$$\sum_{i=1}^{k}W_i=1。$$

矿业可持续勘查开发指数$GETE$为[1，5]区间中的任意值。数值代表矿业可持续勘查开发合理程度：

1）$GETE\geqslant4.5$，矿产资源勘查开发方案“很合理”；该矿床应优先开发。

2）$4.5>GETE\geqslant3.5$，矿产资源勘查开发方案“合理”；该矿床可以开发。

3）$3.5>GETE\geqslant2.5$，矿产资源勘查开发方案“一般”；该矿床具有开发潜力，建议暂不开发。

4）$2.5>GETE\geqslant1.5$，矿产资源勘查开发方案“较不合理”；该矿床不能开发，待将来科技进步和经济发展再研究开发该矿床。

5）$1.5>GETE\geqslant1$，矿产资源勘查开发方案“很不合理”；严禁勘查开发该矿床。

固体矿产资源合理勘查开发方案受地质、环境、技术和经济四个因素影响。根据专家评分法，确定一级指标和二级指标对应的权值（表6.11）。权值的设定充分考虑到环境因素的一票否决制，即当矿业开发引起环境污染时，$GETE$值将小于3.5，即矿业目前不能勘查开发。四个影响因素中，任何一个因素的缺失将显著降低矿产资源可持续勘查开发评价指数值，并导致该矿产资源勘查开发方案不合理。

表6.11 矿业可持续勘查开发“四元”模型权值

评价体系	权及权值					
一级指标	权	W_1（地质）	W_2（环境）	W_3（技术）	W_4（经济）	
	权值	0.27	0.30	0.23	0.20	
二级指标	权	w_{11}（成矿构造背景）	w_{12}（成矿构造聚敛场）	w_{13}（金属成矿相）	w_{14}（矿床）	
	权值	0.20	0.24	0.26	0.30	
二级指标	权	w_{21}（土壤污染）	w_{22}（水污染）	w_{23}（大气污染）	w_{24}（生态脆弱性）	w_{25}（地质灾害易发性）
	权值	0.25	0.20	0.15	0.30	0.10
二级指标	权	w_{31}（勘查技术组合）	w_{32}（开采回采率）	w_{33}（选矿回收率）	w_{34}（综合利用率）	
	权值	0.17	0.25	0.28	0.30	
二级指标	权	w_{41}（产品售价和成本比）	w_{42}（矿区路水电条件）	w_{43}（再发现资源潜力）	w_{44}（政治经济条件）	
	权值	0.45	0.2	0.25	0.1	

6.4 甲玛铜多金属矿合理勘查开发示范研究

本书以西藏甲玛铜多金属矿为例，对其勘查开发合理性进行研究。研究组从地质、环境、技术和经济四个方面对甲玛铜多金属矿勘查开发合理性进行研究，并赴甲玛选矿厂和尾矿库进行调研，采集土样和水样，取得一手数据和资料。

6.4.1 甲玛铜多金属矿地质评价

甲玛铜多金属矿床的“景”“场”“相”“床”四个等级体制发生耦合的激发因素为：中新世时，俯冲至拉萨地体之下的印度岩石圈板片发生断离，引起软流圈上涌。在地表的表现即为发生于18Ma～13Ma的喜马拉雅运动。冈底斯成矿带先后至少经历了三个历史演化阶段（元古宇—古生代冈瓦纳构造成矿域、中生代新特提斯构造成矿域多岛洋体系和新生代印度－欧亚陆陆碰撞体系）构成了冈底斯斑岩铜矿带的成矿构造背“景”。冈底斯成矿带在地质历史上至少发育会聚型和对接型两种大陆边缘，壳幔混合成因的花岗岩与大陆边缘的会聚部位即构成了斑岩铜矿成矿构造聚敛“场”。甲玛和驱龙斑岩铜矿处于中新世对接型大陆边缘内的成矿构造聚敛“场”。甲玛埃达克质花岗岩的岩浆混合作用发育，宏观上表现为岩浆暗色包体（黄铁矿、黄铜矿含量较高）的广泛发育，并具冷凝边构造，岩石中具有石英－黄铁矿（角闪石）眼斑，斜长石发育不规则环带及海绵多孔状结构。甲玛矿区位于NWW向延伸的甲玛－卡军果推覆构造系前部带。甲玛－卡军果推覆构造系，大体由北面墨竹曲一带开始，沿江日啊－金布拱铲式断裂带向南叠缩推覆而成。甲玛－卡军果推覆构造系，南北宽约20千米，由南向北可分为推覆体前锋、前部带、中部带和后部带四个部分。

结合第二章分析结果，甲玛铜多金属矿“景”“场”“相”和“床”评价为5，4，4和4。

6.4.2 甲玛铜多金属矿环境评价

6.4.2.1 矿区土壤污染测定

在矿区采场和尾矿库100米外采集样品，测得矿区土壤中铜、镉、汞、铅、砷、铬的含量及pH见表6.12。

表6.12 土壤污染物含量测量

污染类型	污染物	污染指数
土壤污染	pH	7
	铜 (mg/kg)	45
	镉 (mg/kg)	0.2
	汞 (mg/kg)	0.15
	铅 (mg/kg)	35
	砷 (mg/kg)	15
	铬 (mg/kg)	90

6.4.2.2 矿区地表水污染测定

矿山废水主要为井下废水、选矿生产废水及生活污水。

矿山采矿用水均在生产中消耗，主要外排废水有井下涌水，正常涌水量为4500米^3/天，主要污染物为硫及重金属离子等。矿山4400米及以下各中段井下废水集中至4261米平窿排出地表，4450米及以上各中段的井下废水通过本中段平窿口排出地表，与废石场淋溶水一同收集于沉淀池沉淀、铁屑置换法处理后部分用于生产用水，多余部分达标外排。

选矿生产废水主要为工艺废水，废水中主要污染物为硫及重金属。废水经高效浓密机浓密后，（61458米^3/天，含铜、钼混合粗精矿及其精矿，浮选尾矿回水）上清液厂前回用。其余选矿废水与尾矿一同排入尾矿堆场。为保证尾矿堆场正常运行期间尾矿渗漏水不外排，在尾矿库下游建一座1000立方米的回水池，形成一定库容，将尾矿渗水集中至回水池并泵送回选厂循环使用。

矿山污水中主要污染物为COD、NH_4^+-N、SS、BOD_5等，可生化性强，送一期工程的一元化污水处理装置处理，处理达到《污水综合排放标准》（GB 8978—1996）的一级标准，出水用于绿化或道路洒水。

在矿区排水口取地表水测得矿区地表水中硫化物、氨氮、铜、镉、汞、铅、砷、铬含量和pH见表6.13。

表6.13 地表水污染物含量测量

污染类型	污染物	污染指数
地表水污染	pH	6.5
	硫化物 (mg/L)	0.1
	氨氮 (mg/L)	0.5
	铜 (mg/L)	0.1
	镉 (mg/L)	0.001
	汞 (mg/L)	0.00005
	铅 (mg/L)	0.03
	砷 (mg/L)	0.06
	铬 (六价) (mg/L)	0.01

6.4.2.3 矿区地下水污染测定

在矿区附近抽取地下水，并测得地下水pH及水中硫化物、氨氮、铜、镉、汞、铅、砷、铬含量（表6.14）。

表6.14 地下水污染物含量测量

污染类型	污染物	污染指数
地下水污染	pH	7.5
	硫酸盐 (mg/L)	50
	氨氮 (mg/L)	0.02
	铜 (mg/L)	0.01
	镉 (mg/L)	0.0001
	汞 (mg/L)	0.00005
	铅 (mg/L)	0.005
	砷 (mg/L)	0.005
	铬 (六价) (mg/L)	0.005

6.4.2.4 矿区大气污染测定

采矿废气主要来自露天采场采矿作业产生的粉尘，爆破时产生的烟尘及少量CO、NO_x，以及运输等工序无组织排放的扬尘。主要采用喷雾、洒水的除尘措施。

选矿厂锅炉房配备两台5吨全自动燃油蒸汽锅炉和一台1吨全自动燃油蒸汽锅炉，燃料采用20#柴油。5吨锅炉的烟气量为5000米^3/时，1吨锅炉的烟气量为2000米^3/时，烟气中污染物产生浓度烟尘＜100毫克/米^3、SO_2＜500毫克/米^3、NO_2＜400毫克/米^3。锅炉烟气通过10米的排气筒排放，外排烟气中烟尘、SO_2、NO_x等能够满足《锅炉大气污染物排放标准》（GB 13271—2001）二类区Ⅱ时段标准。但是比国家标准《锅炉大气污染物排放标准》（GB13271—2014）要高。

选矿厂破碎机的上部及胶带下料口、筛分机、粉矿仓及其下部振动给料系统等均有粉尘产生，其中粗碎车间废气量24000米^3/时，粉尘浓度10克/米^3；中细碎车间废气量29000米^3/时，粉尘浓度10克/米^3；筛分车间废气量为101500米^3/时，粉尘浓度克/米^3；粉矿仓废气量为18000米^3/时，粉尘浓度10克/米^3。选矿厂的破碎车间、筛分车间、粉矿仓顶的通风除尘系统，均采用布袋除尘器处理，处理后废气分别经20米排气筒排放，排放浓度及速率满足《大气污染物综合排放标准》（GB 16297—1996）二级标准。各种废气治理及排放情况见表6.15。

表6.15 废气治理及排放一览表

污染源名称	治理措施	排气量 m^3/h	排放浓度 mg/m^3	排放速率 kg/h
5吨燃油锅炉		5000	烟尘＜100 SO_2＜500 NO_x＜400	烟尘：1.16 SO_2：5.8 NO_x：4.64
1吨燃油锅炉		1600		
粗碎车间含尘废气	布袋除尘器	24000	粉尘<100	粉尘：2.4
中细碎车间含尘废气	布袋除尘器	29000	粉尘<100	粉尘：2.9
筛分车间含尘废气	布袋除尘器	101500	粉尘<80	粉尘：8.12
粉矿仓顶含尘废气	布袋除尘器	18000	粉尘<100	粉尘：1.8

6.4.2.5 甲玛矿山生态脆弱性评价

西藏甲玛地形开阔，属于宽阔河谷地貌，气候为高原温带半干旱季风气候区，年最高气温26.7℃，最低气温-23℃，年平均气温5.7℃。受高寒、干旱、高海拔自然条件的制约，西藏草地质量差，灾害严重，草地生态脆弱。西藏寒旱气候特征使地表存在丰富的疏松物质，稀疏的地表覆被使疏松物质处于不固定状态，频繁的大风是沙漠化的基本动力，土地沙漠化的敏感性较强。甲玛地区土壤耕层浅、砂性重、石砾多、质地偏粗、易漏水漏肥。

6.4.2.6 矿山地质灾害易发性评价

甲玛矿区山高沟深、地势陡峻、沟床纵坡大，并且陡坡上风化破碎物较多，植被稀疏，矿床开挖会改变陡峻岩体的自然边坡角，增大岩体临空面，再加之地形切割较强烈，高差较大，在强降雨等诱发因素作用下易产生崩、滑、流灾害，加剧矿区的水土流失和沙漠化。

经对比污染物评判标准，甲玛矿山土壤、水体、气体、生态脆弱性和地质灾害易发性评价为：4、4、1、2和2。

6.4.3 甲玛铜多金属矿勘查开发技术评价

勘探技术方法。甲玛矿区在勘查过程中使用的勘查技术方法主要包括地球物理（即1：1万高精度磁测与1：1万激电探测）、地球化学（主要为1：5万水系沉积物测量、1：1万土壤地球化学与典型剖面岩石地球化学测量）以及遥感解译工作。根据上述对甲玛矿区开展的各项勘查技术方法的分析，各种方法在勘查评价过程中都具有一定的作用。就甲玛矿区而言，利用高精度磁测发现了中低磁异常区是对矿区找矿的一个突破，它的发现基本确定了甲玛斑岩矿床系统主体部分的位置；再结合化探结果中成矿元素由则古朗至铅山具有Mo，Bi (W)→Cu，Pb，Zn，Au，Ag，Sb的组合及分带特征，确定了成矿流体的演化路径，从而“顺藤摸瓜”似的由浅部矽卡岩铅锌矿体寻找到深部矽卡岩铜钼矿体及斑岩铜钼矿体。综上，根据矿区实际情况，在勘查过程中，地质与多种勘查技术方法的结合有比较广的应用前景；一般可遵从遥感、物探定位，化探定性的思路进行。特别的，针对斑岩铜矿床而言，甲玛斑岩矿床微量元素分带找矿模型目前在国内是一种较为新颖的找矿方法，对隐伏斑岩矿床的寻找及斑岩矿床剥蚀程度的判别是比较有效的。综合勘查技术方法评价为5。

开采回采率。甲玛矿开采回采率为87%，评价为4。

选矿回收率。甲玛矿选矿回收率为88%，评价为4。

综合利用率。综合利用率为84%，评价为5。

6.4.4 甲玛铜多金属矿经济评价

根据改进的经济成本筛选法，甲玛铜多金属矿预测的经济成本$\frac{S}{BE}\geqslant 1.3$，评价为5；矿区外围潜在资源量大于探明储量的2倍，评价5。甲玛铜多金属矿附近路、水和电能满足矿区发展需求，路、水和电投资条件评价5。西藏自治区支持甲玛矿山矿产开发，政治经济条件评价为3。

6.4.5 甲玛铜多金属矿合理勘查开发总体评价

基于甲玛铜多金属矿地质、环境、技术和经济各影响因素评价值，运用矿业可持续勘查开发“四元”模型，可计算出甲玛铜多金属矿合理勘查开发指数：$GETE=3.71$。$GETE$值介于3.5和4.5之间。甲玛铜多金属矿勘查开发方案总体评价为合理，与实际情况吻合。然而，甲玛铜多金属矿在“三废”利用和“三率”提高方面仍有改进空间。

运用多层次模糊综合评价法，可计算出甲玛铜多金属矿合理勘查开发模糊性判断隶属度为

$$V=(0.34,\ 0.49,\ 0,\ 0.12,\ 0.15)$$

根据最大隶属度原则，甲玛铜多金属矿勘查开发方案是合理的，与矿业可持续勘查开发“四元”模型预测结果一致。

6.5 小结

本章在分析地质、环境、技术和经济因素对矿业可持续勘查开发影响的基础上，指出只有“地质背景显示有矿、勘查技术可行、能实现经济效益最大化且又不破坏生态环境”的情况下，矿产资源勘查开发活动才是合理的而非盲目的。

1）研究指出地质、环境、技术和经济是影响矿业合理勘查开发四个重要因素。并建立了矿业可持续勘查开发“四元”模型。

2）研究指出“景、场、相、床”等级体制是确定成大矿的地质基础；土壤污染、水污染、气体污染、生态脆弱性和地质灾害易发性是评价矿山环境的指标；勘查技术组合、开采回采率、选矿回收率和综合利用率是表征勘查开发技术合理性的重要指标；经济评价要充分考虑拟建矿山运行成本、潜在资源潜力、矿山路水电基础设施和政治经济情况。并通过专家打分，确定了地质、环境、技术和经济四个一级指标及其隶属的17个二级指标对应的权重。

3）以西藏甲玛铜多金属矿为例，用矿业可持续勘查开发“四元”模型对甲玛铜多金属矿勘查开发合理性进行评价，并用多层次模糊综合评价法进行验证，模型预测甲玛铜多金属矿的现行勘查开发方案是合理的，与实际情况一致。甲玛铜多金属矿在“三废”利用和“三率”提高方面仍有改进空间。

7 矿业可持续勘查开发智能系统

7.1 引言

矿产资源是人类社会进步和经济发展的重要物质基础，也是国民经济可持续发展的重要保证。勘查技术的进步和仪器设备的更新，使矿产资源勘查开发的地域更广、深度更大。要发挥矿产资源的优势，加强矿山地质环境保护工作,使矿产资源开发与环境保护协调发展，就必须充分利用现代计算机技术，总结已有的勘查开发经验知识，设计矿产资源勘查开发智能系统，为矿业生产和环境保护提供可靠依据，推动矿产行业的发展。

美国斯坦福大学国际研究所人工智能中心探矿者系统 PROSPECTOR（McCammor，1993，1994）就是一个著名的智能系统。该系统能根据用户给出的研究区观测证据，与系统知识库中各种矿床模型作比较，并通过计算机图形界面与用户进行交互式对话，最后判定该地区可能产出哪种矿床类型，并给出匹配概率评估结论。中国地质科学院矿床地质研究所设计开发的火山岩型铜多金属硫化物矿床智能系统（王勇毅等，2003），可以通过与火山岩型铜多金属硫化物矿床有关的矿床成因、成矿环境、找矿标志、成矿组分来源及其活化运移等因素进行成矿预测。中国地质调查局国土资源大调查项目矿产资源评价新技术与评价新模型的子项目“数字矿床模型专家系统”（孙莉等，2011；祝嵩等，2015），该系统借鉴美国地质调查局“三步式”成矿预测方法的基本思路，通过建立数字矿床模型计算机智能推理网络系统，进行多源地学数据的综合，推理判别预测区可能产出的矿床类型；然后利用地学综合信息空间数据库中可用于定位的地学图层数据，在GIS软件平台上进行多元信息综合处理，圈定可能赋存该类矿床的地质找矿可行地段，实现远景区定位；最后，选取人工神经网络模型等定量分析方法，进行远景区级别优选，最终完成区域成矿潜力的综合定量评价。澳大利亚地质调查局基于成矿系统发明了矿床成因概念模型GIS评价系统，该系统基于矿床地质模型，通过把不同矿床模型知识中可转为GIS专题图层的必备成矿要素固化到GIS评价系统中，来完成预测区矿床类型对比及成矿潜力评价。

7.2 智能系统理论

7.2.1 专家系统

专家系统（Expert System）（林尧端等，1998）是一个或一组能在某些特定领域内，应用大量的专家知识和推理方法求解复杂问题的一种人工智能计算机程序，属于人工智能的一个发展分支。专家系统的研究目标是模拟人类专家的推理思维过程。一般是将领域专家的知识和经验，用一种知识表达模式存入计算机。系统对输入的事实进行推理，做出判断和决策，如图7.1所示。

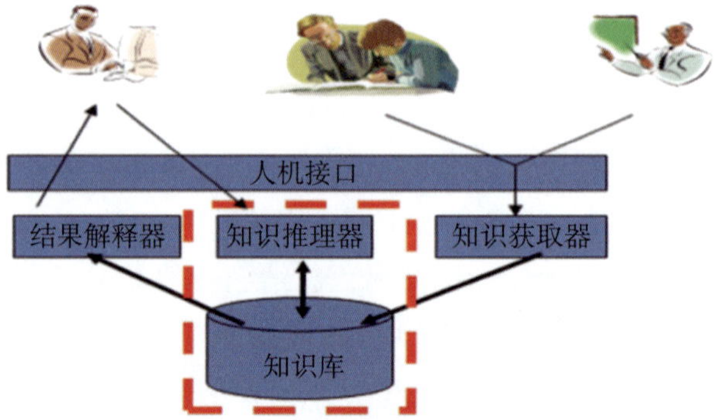

图7.1 专家系统结构组成

7.2.1.1 知识库

知识库用来存放专家提供的知识。专家系统的问题求解过程是通过知识库中的知识来模拟专家的思维方式的，因此，知识库是专家系统质量是否优越的关键所在，即知识库中知识的质量和数量决定着专家系统的质量水平。一般来说，专家系统中的知识库与专家系统程序是相互独立的，用户可以通过改变、完善知识库中的知识内容来提高专家系统的性能。

目前，用于计算机专家系统中的知识表示方法有很多，其中产生式规则方法用得最多。著名的PROSPECTOR地质勘探专家系统采用的就是这种方法，国内外其他专家系统多是参考PROSPECTOR的方法实现的。

产生式规则的一般形式：Q←P

或者写成：IF [P] THEN [Q]

其中P一般表示一组前提或状态，Q表示若干结论或动作，其含义是“如果前提P满足则可推出结论Q（或应执行动作Q）”。

7.2.1.2 推理机

推理是指依据一定的原则从已有的事实推出结论的过程，这个原则就是推理的核心。专家系统中的自动推理是知识推理。而知识推理是指在计算机或智能机器中，在知识表达的基础上，进行机器思维，求解问题，实现知识推理的智能操作过程。

推理过程中的控制策略和效率问题是影响推理结果可靠性的重要因素。通过前期查阅的文献资料，进行算法验证，认为使用CLIPS实现专家系统的知识表达和推理功能是有效而可靠的。

CLIPS（C Language Integrated Production System）（Zhang Yin et al., 2015；潘鈫等，2004）是由美国国家航天局（NASA）约翰逊空间中心人工智能部推出的专家系统开发工具。CLIPS是一个基于Rete模式匹配算法的前向推理语言，用标准C语言编写。由于具有兼容性好，知识表达方式灵活、运行效率高、集成性好、可免费使用且可靠性高的特点，CLIPS已经成为目前应用最为广泛的专家系统开发工具之一。神经网络常被用作专家系统推理机。

7.2.2 BP神经网络

BP（Back Propagation）神经网络（陈明等，1995；林吉海等，2004）是1986年由Rumelhart和McCelland为首的科学家小组提出，是一种按误差逆传播算法训练的多层前馈网络，是目前应用最广泛的神经网络模型之一。BP网络能学习和存贮大量的输入-输出模式映射关系，而无需事前揭示描述这种映射关系的数学方程。它的学习规则是使用最速下降法，通过反向传播来不断调整网络的权值和阈值，使网络的误差平方和最小。

矿产资源预测要涉及许多复杂的过程，传统的利用数理统计方法建立各种评价模型对研究区进行评价预测，在实际的地质问题中较难实现；神经网络由大量简单的处理单元连接而成，不需考虑具体的数学模型就可以通过对训练样本的学习来隐性地表达各变量间非线性的关系；在矿产资源评价中由于要求的数据种类多、差异性大和矿床赋存条件复杂等特点，不易用显性的数学模型来表达，利用神经网络能较好地解决以上问题。

7.2.2.1 结构设计

BP神经网络模型拓扑结构包括输入层（input）、隐层（hidden layer）和输出层（output layer）三层，如图7.2所示。

7.2.2.2 过程设计

1）计算评价指标权重值；

2）评价指标样本数据与权重值计算线性加权作为BP神经网络的目标向量；

3）评价指标样本数据作为BP神经网络的输入向量；

4）训练得到优化后的指标权重系数；

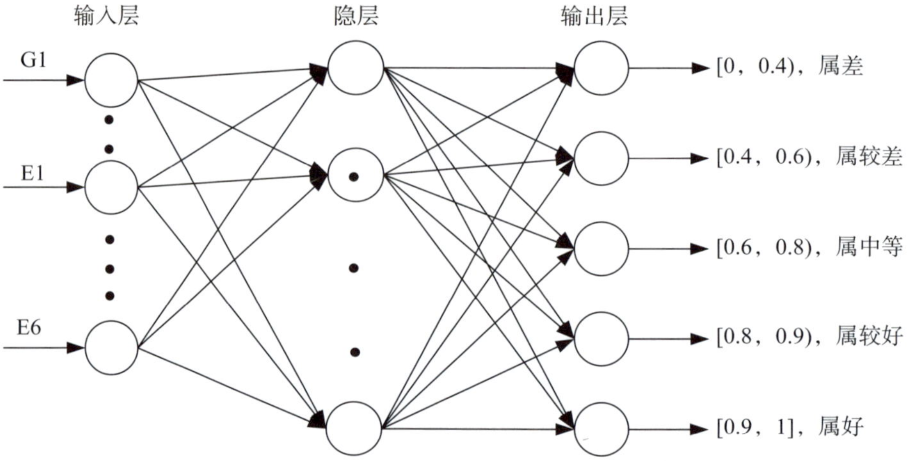

图7.2 BP神经网络的拓扑结构图

5）测试数据与优化权重系数的线性加权值即为BP神经网络的结果。

7.3 矿业可持续勘查开发智能系统

矿业可持续勘查开发智能系统是基于矿业可持续勘查开发“四元”模型设计的，面向勘查开发过程中包括的区域成矿远景评价、矿产普查评价、矿床勘探评价和矿床开发评价四个不同阶段，主要回答“哪里有矿”、“矿是否具工业价值”和“怎样合理地开发利用”三大基本问题，为国内整装勘查区资源勘查开发和境外矿业投资提供智能指导。

7.3.1 软件系统架构设计

从软件系统架构角度来看，矿业可持续勘查开发“四元”模型智能系统的设计采用3层架构，分别是：人机接口层（GUI）、业务层和数据层，该系统的架构如图7.3所示。

人机接口层负责接收用户操作，并转换成相应指令传递给业务处理层；人机接口层负责将业务处理结果以文字、表格或图形形式传递给用户。

控制业务层接收用户指令，从数据层读取需要的数据，执行相应的业务，并将系统处理分析的结果发送至GUI层。业务层的业务由软件的功能需求决定。数据层负责基础数据的管理，包括数据的I/O流、数据的存储及数据模型的建立。

7.3.2 软件系统功能设计

软件系统功能见表7.1。

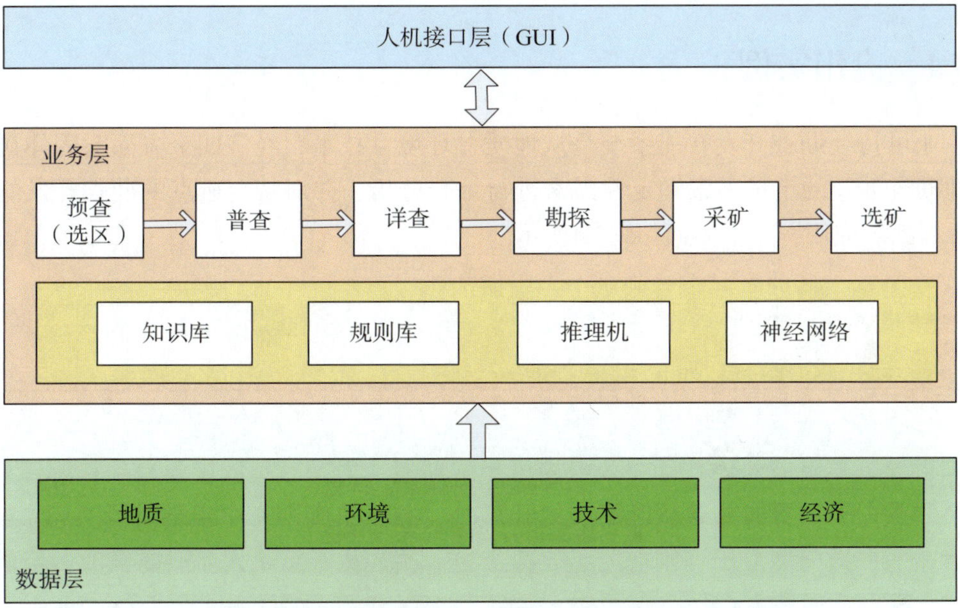

图7.3 矿业可持续勘查开发“四元”模型智能系统软件架构图

表7.1 系统功能表

一级菜单	二级菜单	功能	备注
决策	预查	依据用户选择的事实，通过推理判断是否有矿	
	普查	判断是否具有进入详查阶段工作的合理性	
	详查	判断是否具有进入勘探阶段工作的合理性	
	勘探	判断是否具有进入矿产开发阶段工作的合理性	
	采矿	根据评价指标对拟采用的采矿方法的影响，综合判断应采用哪种采矿方法	
	选矿	根据评价指标对拟采用的选矿方法的影响，综合判断应采用哪种选矿方法	
推理机	事实库	实现专家知识库中事实库的编辑与保存	预留接口
	规则库	实现专家知识库中规则库的编辑与保存	预留接口
数据分析	成矿预测	成矿有利度分析	
	综合评价	根据“四元”模型指标进行勘查开发合理性综合评价	
层次分析	评价指标	实现层次分析方法中的评价指标的编辑与保存	
	影响因子	实现层次分析方法中不同专家对评价指标影响程度分值的编辑与保存	
神经网络	网络设计	实现神经网络结构的编辑与保存	
	网络训练	实现对不同训练样本，不同结构的神经网络的训练	
帮助	用户使用手册	专家系统用户使用说明	

7.4 应用实例

矿业可持续勘查开发智能系统是从地质、环境、技术、经济四个方面对固体矿产资源合理勘查涉及的定量因素和定性因素进行综合分析，并对特定矿点的勘查开发的合理性进行判断。应用程序主界面如图7.4所示。

图7.4 应用程序主界面

7.4.1 地质评价指标

地质评价指标包括：景、场、相、床，其专家综合评分设置如图7.5所示。

7.4.2 环境评价指标

环境评价指标包括：土壤污染、水污染、大气污染、生态脆弱性和地质灾害易发性，其专家综合评分设置如图7.6所示。

7.4.3 技术评价指标

技术评价指标包括：综合勘查技术、采矿回收率、选矿回收率和综合利用率，其专家综合评分设置如图7.7所示。

采矿回收率是技术评价中的一个重要的定量指标，采矿方案的不同决定了采矿回收

图7.5 地质评价指标专家权重

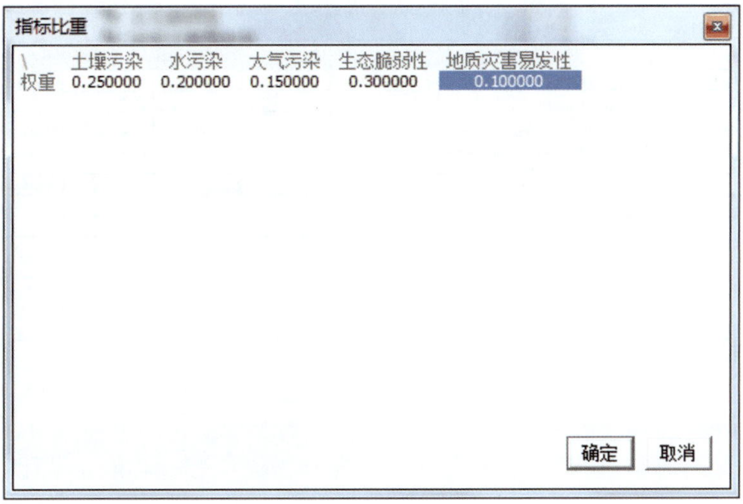

图7.6 环境评价指标专家权重

率的差异。如果可以对各种采矿条件及技术进行分析，对其工业开发利用性进行综合评价，判断哪一种采矿方法（技术）可以提高矿床的开发利用率，可以增大矿床的工业利用价值，从而选择最优采矿方法（技术）。采矿方案选择功能界面如图7.8所示。

首先加载采矿方案评价指标，系统调用层次分析方法计算指标的权重并显示，勾选备选采矿方案作为待比较的采矿方案，如图7.9所示。

输入待比较的各个采矿方案的评价指标数据值，如图7.10所示；定量指标直接输入数据值，系统会做归一化处理。定性指标根据评价选择相应评分，如图7.11所示。

图7.7 技术评价指标专家权重

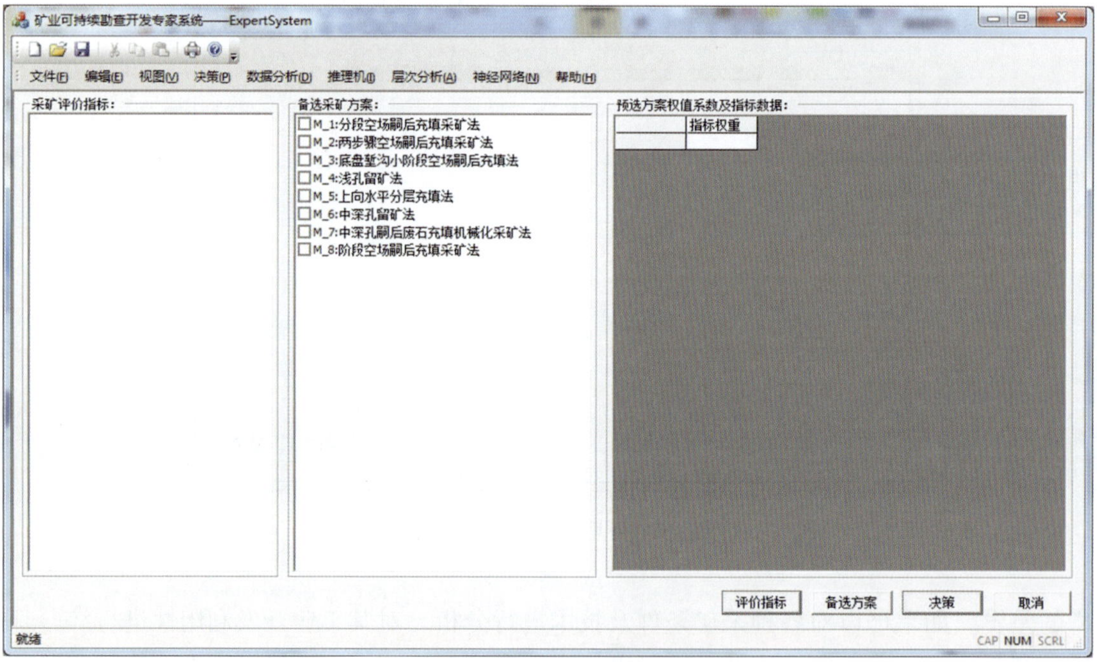

图7.8 采矿方案选择功能界面

单击“决策”按钮，系统计算各个采矿方案的综合评价值，并显示在每个方案下方，如图7.12所示；比较综合评价值，最大值对应的方案即为最佳方案，如图7.13所示。

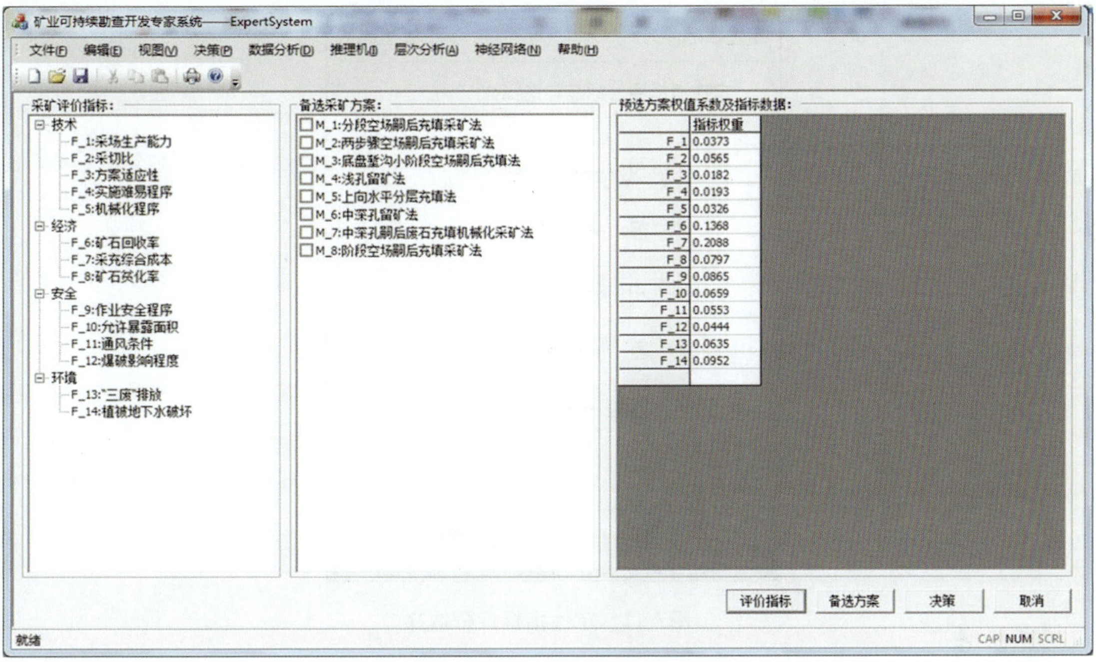

图7.9　采矿方案评价指标及比较方案

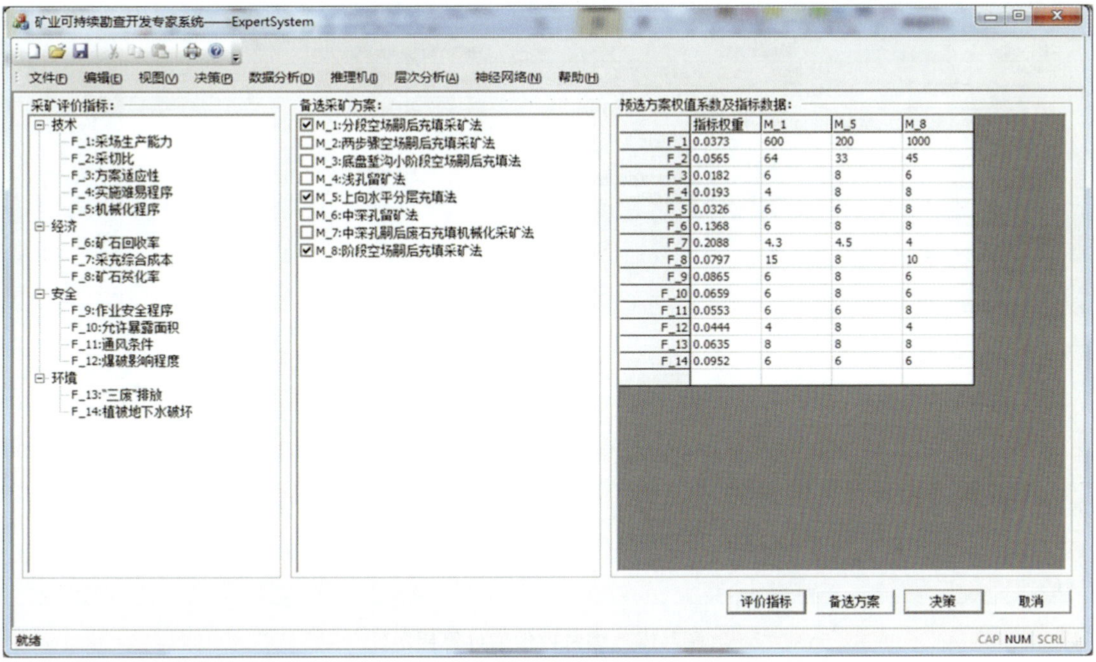

图7.10　采矿方案评价指标数据输入值

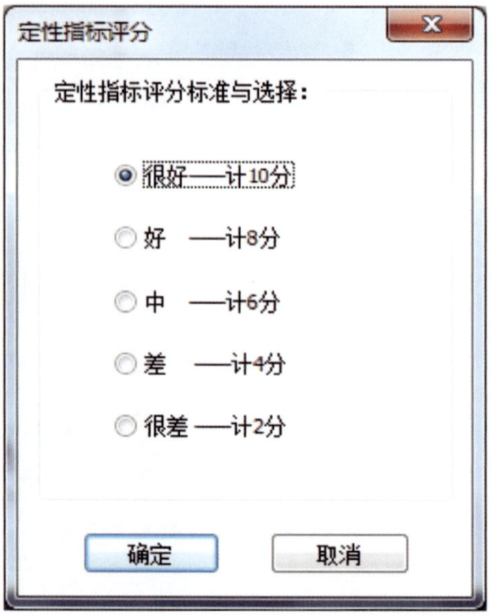

图7.11　定性指标评分选择

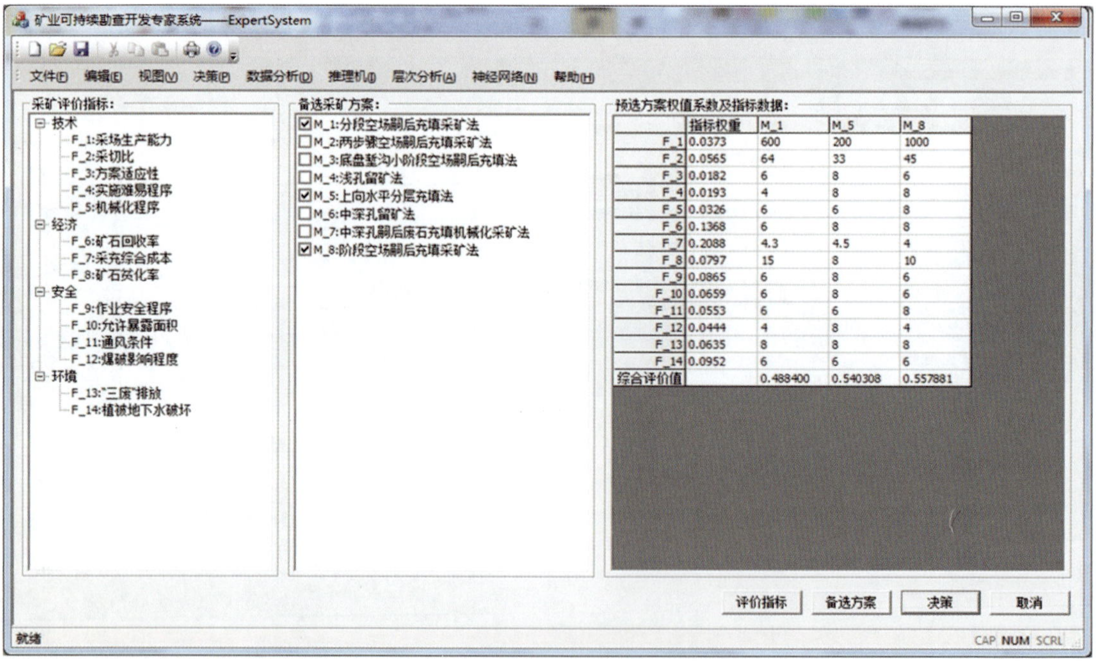

图7.12　综合评价值计算显示

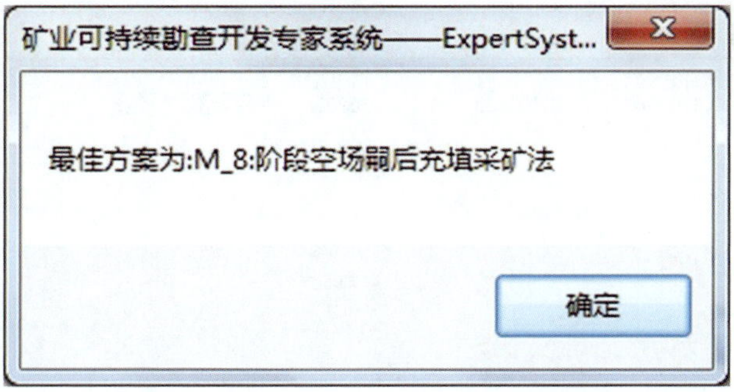

图7.13　系统决策最佳采矿方案结果

7.4.4　经济评价指标

经济评价指标包括：单位矿产品销售价与成本比、路水电条件、矿山再发现资源潜力和政治经济情况，其专家综合评分设置如图7.14所示。

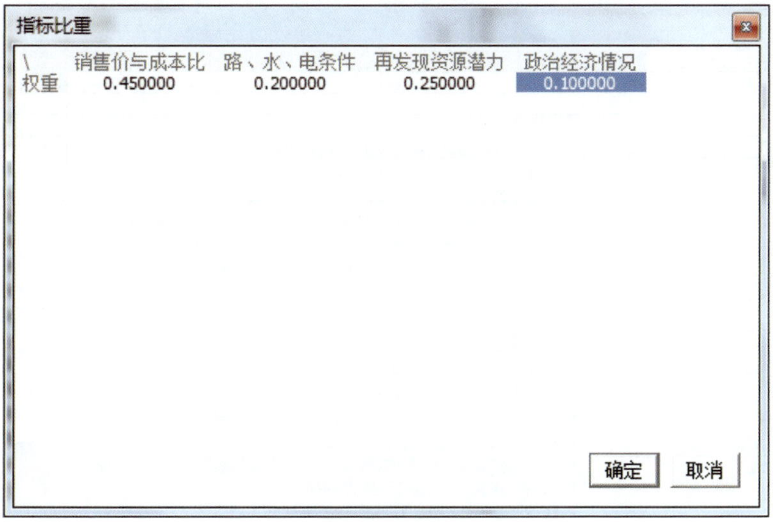

图7.14　经济评价指标专家权重

7.4.5　综合评价

综合地质、环境、技术和经济四个评价指标，并结合专家评分，如图7.15所示，建立“四元”模型综合评价系统，如图7.16所示。

输入各个评价指标的数据值，定性数据按“很好”“较好”“好”“较差”和“很差”五个阶段评分，如图7.17所示；定量数据根据值范围，划分为不同阶段，如图7.18至

图7.15　“四元”评价指标专家权重

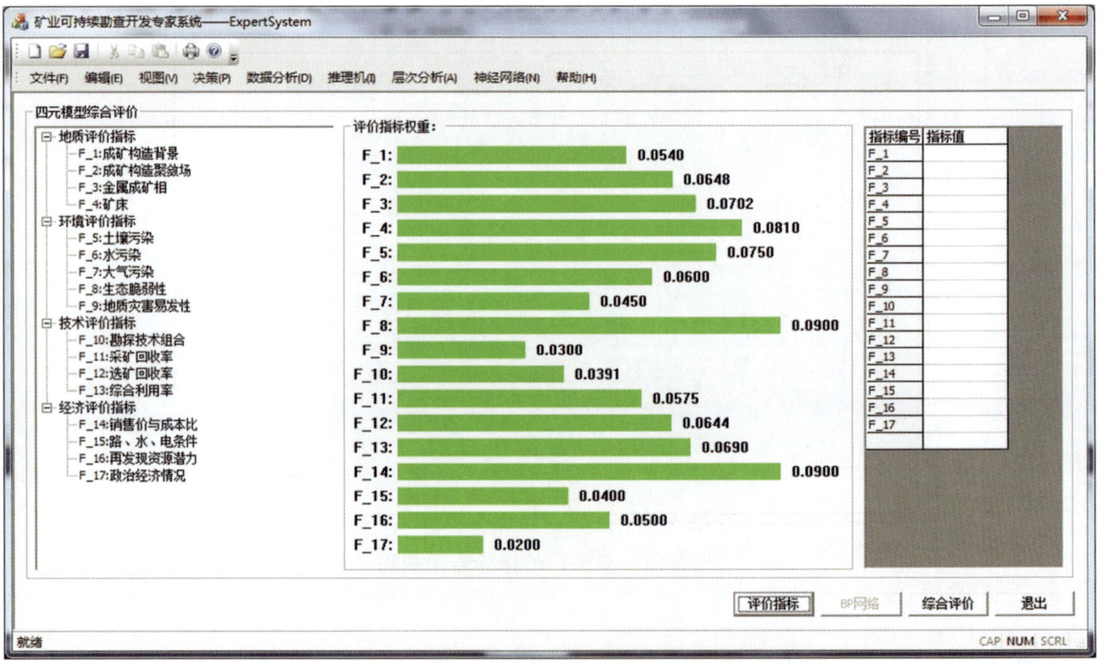

图7.16　“四元”模型综合评价系统

图7.26所示；最终取值结果如图7.27所示。

单击图7.16中“综合评价”按钮，系统分析并显示评价结果，如图7.27所示。

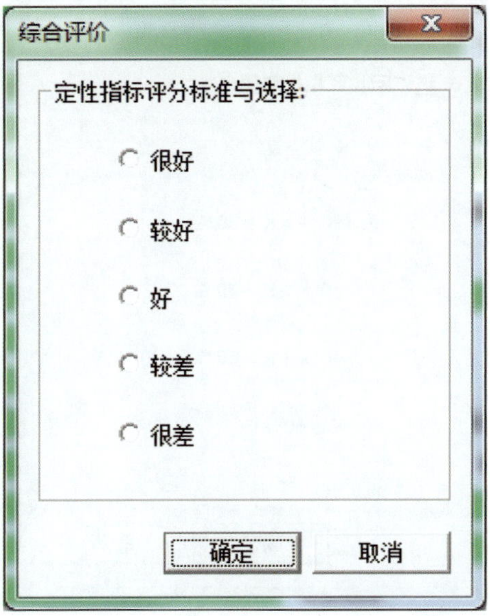

图7.17 综合评价定性指标评分

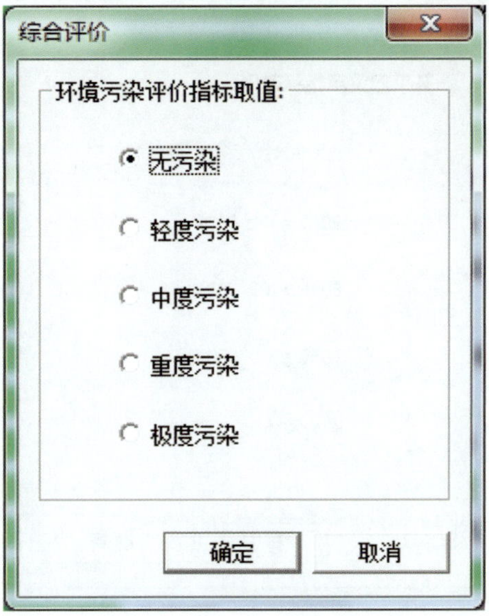

图7.18 环境污染指标取值图

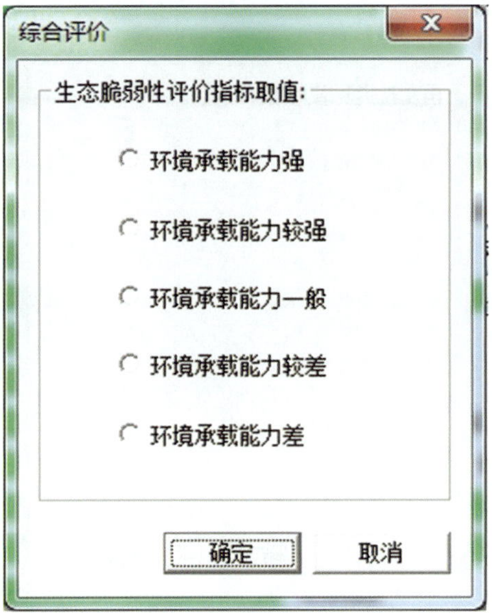

图7.19 生态脆弱性评价指标评分图

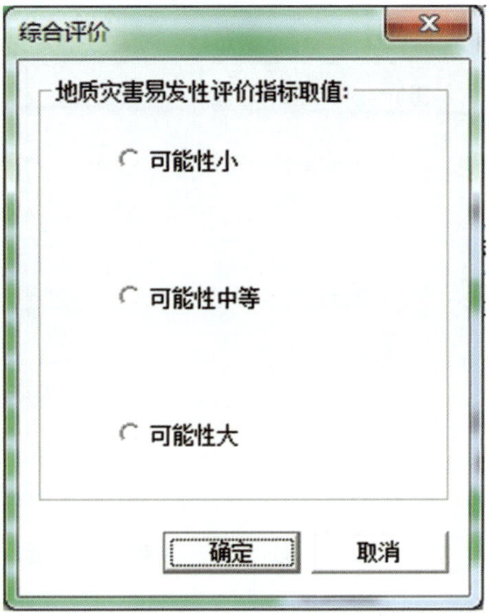

图7.20 地质灾害易发性评价指标取值图

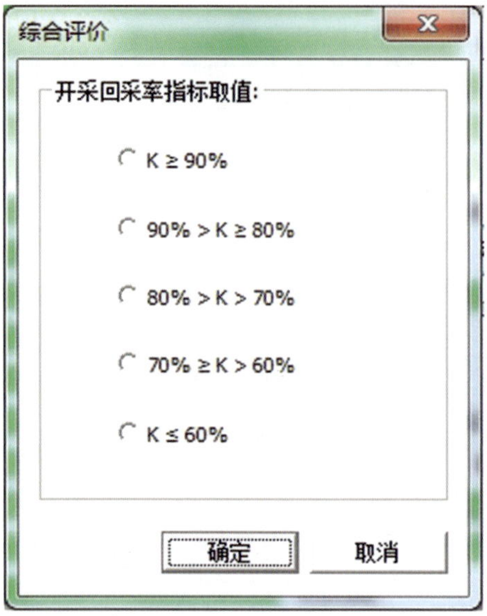

图7.21 开采回采率指标取值图

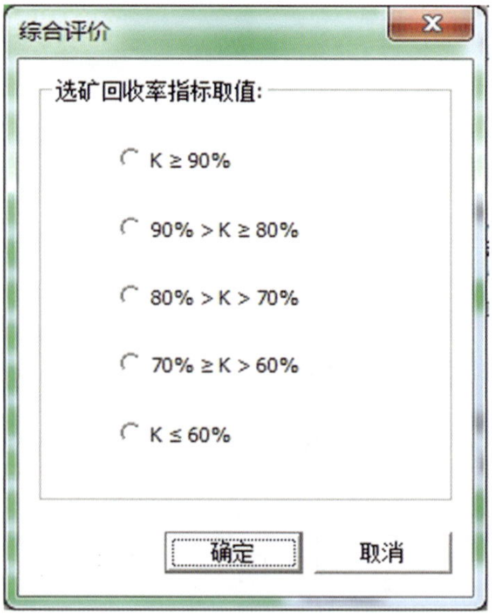

图7.22 选矿回收率指标取值图

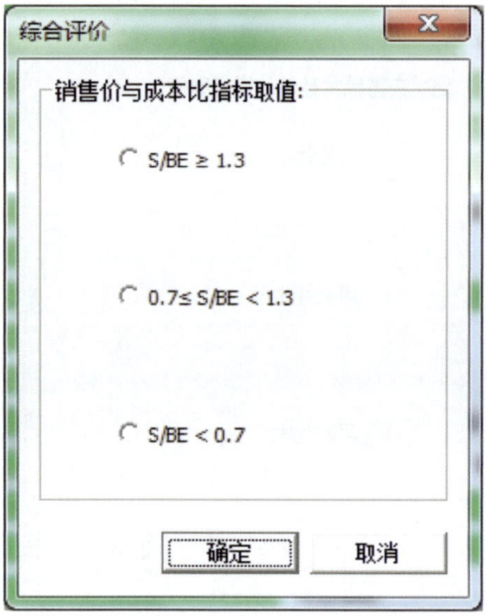

图7.23 销售价和成本比指标取值图

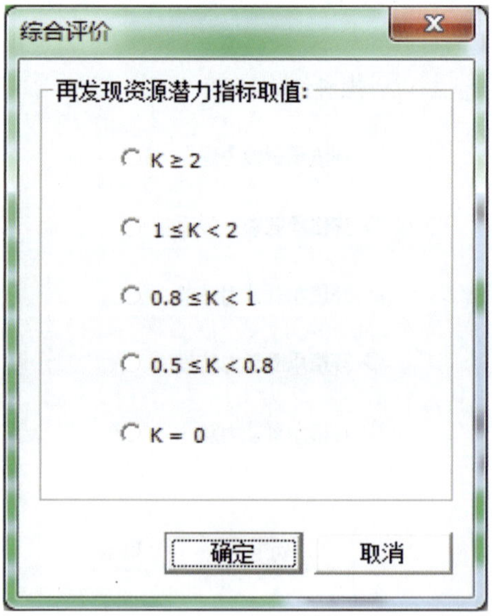

图7.24 再发现矿产资源储量潜力指标取值图

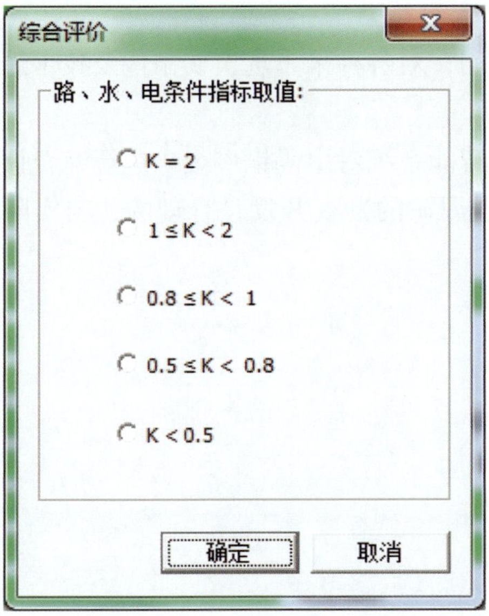

图7.25 路水电指标取值图

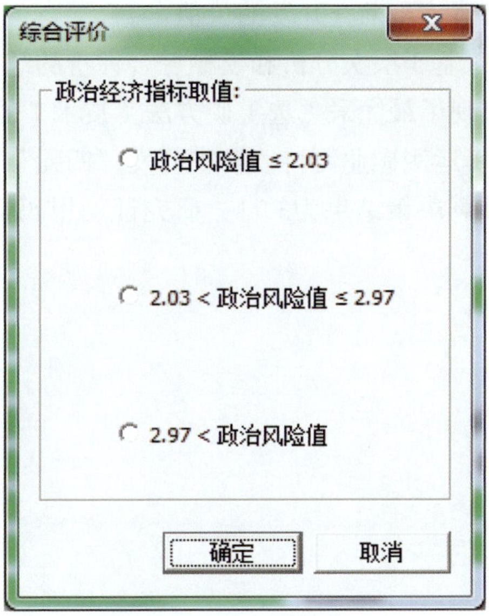

图7.26 经济指标取值图

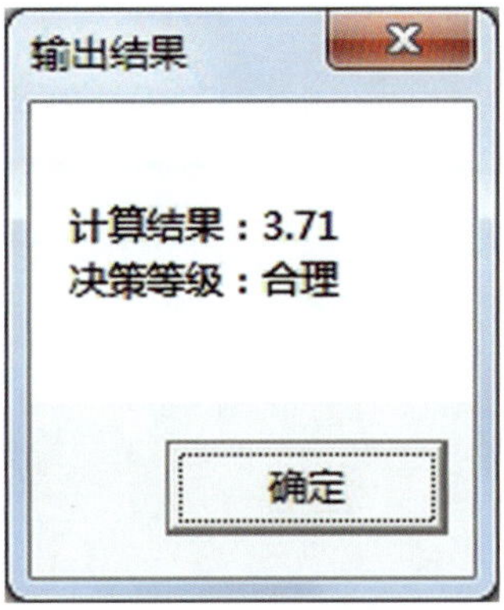

图7.27 综合评价决策结果

7.5 小结

本章介绍了基于专家系统和BP神经网络的矿业可持续勘查开发智能系统。其主要思想为：基于地质、环境、技术和经济因素的矿业可持续勘查开发“四元”模型为固体矿产资源合理勘查开发提供可供参考的决策依据。

1）综合应用专家系统的知识库、规则库和推理机制，实现成矿类型的初步判断。

2）基于层次分析和BP神经网络的综合应用，通过可行性评价的概略研究，判断是否具有进一步勘查开发的价值。

3）基于层次分析和模糊综合评价的综合应用，对各种采（选）矿条件及技术进行分析，实现了最优采（选）矿方法（技术）的选择。

4）运用矿业可持续勘查开发“四元”模型智能系统对甲码铜多金矿进行综合评价，系统计算决策结果为3.71，研究证明甲玛铜多金属矿的勘查开发是合理的，与实际情况一致。

参考文献

《采矿手册》编辑委员会 . 2006. 采矿手册（第七卷）[M]. 北京：冶金工业出版社 .
曹惠昌 . 2011. 我国铜矿石选矿技术研究新进展 [J]. 有色矿冶，6：26~28.
曹柬，周根贵，张定岳 . 2003. 一种基于 AHP 和模糊理论的多方案综合评价方法 [J]. 浙江工业大学学报，31(4)：355~359.
曹庆林 . 1994. 用神经网络系统原理选择采矿方法 [J]. 矿业研究与开发，14(2)：14~17.
曹学兵 . 2012. 矿山存在的环境问题以及矿山环境保护与整治建议 [J]. 科技创新导报，13：147.
常印佛，陈毓川 . 1991. 长江中下游铁铜矿成矿带 [M]. 北京：地质出版社，1~379.
陈桂荣，曾向东，黎巍等 . 2010. 金属矿山土壤重金属污染现状及修复技术展望 [J]. 矿产保护与利用，2：41~44.
陈国栋，洪天求，刘因 . 2005. 矿产资源经济潜力评价理论与方法研究 [J]. 资源调查与环境，26(2)：97~104.
陈建新，罗伟其，庞素琳 . 2010. AHP 方法一致性检验的新标准 [J]. 数学的实践与认识，40(20)：213~216.
陈龙桂，李万亨，杨昌明 . 1989. 区域矿产资源经济评价系统的初步建立及应用 [J]. 中国地质经济，6：35~39.
陈明 . 1995. 神经网络模型 [M]. 大连：大连理工大学出版社 .
陈永清，王世称 . 1995. 综合信息成矿系列预测的基本原理和方法 [J]. 山东地质，11(1)：55~62.
陈玉禄等 . 2005. 班公湖－怒江结合带中段上三叠统确哈拉群与下伏岩系角度不整合关系的发现及意义 [J]. 地质通报，24(7)：621~624.
程裕淇，陈毓川，毛景文等 . 1999. 初论矿床的成矿系列问题 [J]. 中国地质科学院院报，1：1~7.
崔德杰，张玉龙 . 2004. 土壤重金属污染现状与修复技术研究进展 [J]. 土壤通报，35(3)：366~ 370.
丁林，Maksatbek S，蔡福龙等 . 2017. 印度与欧亚大陆初始碰撞时限、封闭方式和过程 . 中国科学：地球科学 .47(3)：293~309.
丁林，来庆洲 . 2003. 冈底斯地壳碰撞前增厚及隆升的地质证据：岛弧拼贴对青藏高原隆升及扩展历史的制约 . 科学通报，48（8）：836~842.
丁林，岳雅慧，蔡福龙等 . 2006. 西藏拉萨地块高镁超钾质火山岩及对南北向裂谷形成时间和切割深度的制约 . 地质学报，80(9)：1252~1261.
董国臣，莫宣学，赵志丹等 . 2006. 冈底斯岩浆带中段岩浆混合作用：来自花岗杂岩的证据 [J]. 岩石学报，22(4)：835~844.

杜德道，曲晓明，王根厚等. 2011. 西藏班公湖－怒江缝合带西段中特提斯洋盆的双向俯冲：来自岛弧型花岗岩锆石 U-Pb 年龄和元素地球化学的证据. 岩石学报，27(7)：1993~2002.

方述成，汪定伟. 1997. 模糊数学与模糊优化 [M]. 北京：科学出版社.

傅鹤林. 1995. 用灰色关联分析选择采矿方法 [J]. 有色矿冶，4：15~18.

耿全如，潘桂棠，王立全等. 2006. 西藏冈底斯带叶巴组火山岩同位素地质年代. 沉积与特提斯地质，26(1)：1~7.

古德生，李夕兵等. 2009. 现代金属矿床开采科学技术 [M]. 北京：冶金工业出版社.

古德生，吴超等. 2011. 我国金属矿山安全与环境科技发展前瞻研究 [M]. 北京：冶金工业出版社.

郭娜，陈建平，唐菊兴等. 2010. 基于 RS 技术的西藏甲玛铜多金属矿外围成矿预测研究 [J]. 地学前缘，17(2)：1~8.

郝瑞娟，闫鉴. 2010. 我国矿山环境问题分析及治理对策 [J]. 煤，19(8)：89~92.

何芳，徐友宁，乔冈，刘瑞平. 2010. 中国矿山环境地质问题区域分布特征 [J]. 中国地质，37(5)：1520~1529.

侯增谦，杨志明. 2009. 中国大陆环境斑岩型矿床：基本地质特征、岩浆热液系统和成矿概念模型 [J]. 地质学报，83(12)：1779~1781.

侯增谦，郑远川，杨志明等. 2012. 大陆碰撞成矿作用：I. 冈底斯新生代斑岩成矿系统 [J]. 矿床地质，31(4)：647~670.

胡道功，吴珍汉，江万等. 2005. 西藏念青唐古拉岩群 SHRIMP 锆石 U-Pb 年龄和 Nd 同位素研究. 中国科学（D 辑）：地球科学，35(1)：29~37.

胡振琪，杨秀红. 2004. 金属矿山污染土地修复研究 [J]. 金属矿山，(增刊)：39~41.

宦秉炼，况世华，赵奕虹. 2002. 采矿方法优选系统的建立及在矿山的应用 [J]. 有色金属设计，29(1)：20~23.

黄文斌，吴西顺，李利等. 2013. 矿产资源定量评价——一种综合方法 [M]. 北京：地质出版社，46~53.

纪伟强，吴福元，锺孙霖等. 2009. 西藏南部冈底斯岩基花岗岩时代与岩石成因. 中国科学 D 辑：地球科学，39(7)：849~871.

江少卿，李丽，冯瑞等. 2015. 西藏多龙矿集区铁格隆矿田荣那和拿若矿床蚀变矿化特征与三维勘查模型 [J]. 矿床地质，34(2)：209~224.

金鸣. 2008. 我国低品位铜矿石选矿技术的进展 [J]. 矿业快报，11：5~7.

井柳新，程丽. 2010. 地下水污染原位修复技术研究进展 [J]. 水处理技术，36(7)：6~9.

康志强，付文春，田光昊. 2015. 西藏桑日县地区中生代火山岩地层层序——基于锆石 U-Pb 年龄及地球化学数据 [J]. 地质通报，34(2~3)：318~327.

康志强等. 2008. 拉萨地块中北部白垩纪则弄群火山岩：Slainajap 洋南向俯冲的产物. 岩石学报，24(2)：303~314.

康志强等. 2009. 拉萨地块北部白垩纪多尼组火山岩的地球化学：形成的构造环境. 地球科学（中国地质大学学报），34（1）：89~104.

康志强等. 2010. 拉萨地块北部去申拉组火山岩：班公湖－怒江特提斯洋南向俯冲的产物？. 岩石

学报，26(10)：3106~3116.
《矿产资源规划方法》编委会 . 2014. 矿产资源规划方法 [M]. 北京：地质出版社 .
《矿业权评估指南》修订小组 .《矿业权评估指南》（2006 修订）. 北京：中国地质大学出版社 . 2006.
黎彤 . 1976. 化学元素的地球丰度 . 地球化学，(3)：167~174.
李超等 . 2011. 班公湖 – 怒江缝合带中段构造演化再探讨 . 长江大学学报（自然科学版），8（3）：41~43.
李德威 . 2005. 理论预测与科学找矿——以西藏冈底斯斑岩铜矿为例 [J]. 地质科技情报，24(3)：48~54.
李福寿 . 2009. 改进浮选药剂制度提高金回收率实践 [J]. 黄金，30(3)：51~53.
李光明，潘桂棠，王高明等 . 2004. 西藏冈底斯成矿带矿产资源远景评价与展望 . 成都理工大学学报（自然科学版），1：22~27.
李昆仲，李震，许清丽 . 2007. 西藏自治区矿山主要地质环境问题及防治建议 [J]. 地质灾害与环境保护，18(2)：51~54.
李玲，宋莹，陈胜华等 . 2007. 矿区土壤环境修复 [J]. 中国水土保持，4：22~24.
李启衡 . 2002. 碎矿与磨矿 [M]. 北京：冶金工业出版社 .
李小波等，2015. 西藏达如错地区晚侏罗世高镁安山岩 – 班公湖 – 怒江洋壳俯冲消减的证据 . 地质通报，34(2–3)：251~261.
李毅，张士运 . 2000. 矿产资源的经济价值评价方法 [J]. 有色金属（矿山部分），5：2~5.
梁相盛 . 2010. 地下采矿引发岩溶塌陷及其治理分析——以广西上林乔贤铅锌矿为例 [J]. 建筑工程，16：160~162.
梁亚林，王军，姚建峰 . 2008. 矿山滑坡的预防与控制 [J]. 现代职业安全，77：100~101.
林吉海，谢文兵 . 2004. 基于 BP 网络算法的矿产资源评价方法 [J]. 重庆工商大学学报(自然科学版) 21(5)：450~452.
林庞锟 . 2011. 矿山污染及环境破坏问题的思考 [J]. 中国资源综合利用，29(1)：58~59.
林尧瑞等 . 1988. 专家系统原理与实践 [M]. 北京：清华大学出版社 .
刘东，刘德茂 . 1992. 采矿方法的一种系统的选择方法 [J]. 中国矿业，1：37~42.
刘敬勇，常向阳，涂湘林 . 2006. 矿山开发过程中重金属污染研究综述 [J]. 矿山与地质，20(6)：645~650.
刘升明，王淀佐等 . 2004. 微生物浸金的研究现状与展望 [J]. 矿产综合利用，(6)：25~29.
刘跃 . 1993. 矿床经济评价的进展及若干建议 [J]. 地球科学进展，8(3)：76~79.
卢世杰，李晓峰 . 2008. 浮选设备发展趋势 [J]. 铜业工程，(2)：1~5.
吕敦玉，余楚，周爱国等 . 2011. 青藏高原矿产资源开发的环境适宜性评价——以西藏达孜工布江达地区为例 [J]. 水文地质工程地质，38(4)：88~94.
马康扎等 . 2008. 用混合捕收剂浮选含金黄铁矿矿石 [J]. 国外金属矿选矿，(11)：8~13.
马特韦娃等 . 2006. 浮选含金矿石的新药剂 [J]. 国外金属矿选矿，(1)：11~12.
毛景文，罗茂澄，谢桂青等 . 2014. 斑岩铜矿床的基本特征和研究勘查新进展 . 地质学报，88(12)：

2153~2175.
梅燕雄，裴荣富，杨德凤等 . 2009. 全球成矿域和成矿区带 . 矿床地质，28(4)：383~389.
莫宣学，潘桂棠 . 2006. 从特提斯到青藏高原形成：构造 ~ 岩浆事件的约束 . 地学前缘，13(6)：43~51.
莫宣学，赵志丹，邓晋福等 . 2003. 印度 – 亚洲大陆主碰撞过程的火山作用响应 . 地学前缘，10（3）：135~148.
潘桂棠，莫宣学，侯增谦等 . 2006. 冈底斯造山带的时空结构及演化 [J]. 岩石学报，22(3)：521~533.
潘桂棠，王立全，朱弟成 . 2004. 青藏高原区域地质调查中几个重大科学问题的思考 [J]. 地质通报，23(1)：12~19.
潘桂棠，朱弟成，王立全等 . 2004. 班公湖 – 怒江缝合带作为冈瓦纳大陆北界的地质地球物理证据 . 地学前缘，11(4)：371~382.
潘全文，艾弘飞，房振旭 . 2004. 专家系统的基本原理和基于 CLIPS 的专家系统设计与实现 [J]. 飞机设计，(4)：78~80.
裴荣富，丁志忠，傅鸣珂 . 1981. 试论固体矿产普查、勘探与开发的合理程序 [J]. 中国地质科学院院报，5：1~16.
裴荣富，李进文，梅燕雄 . 2004. 金属成矿省等级体制成矿 [J]. 矿床地质，23(3)：131~41.
裴荣富，李进文，梅燕雄 . 2005a. 大陆边缘成矿 . 大地构造与成矿学，29(1)：24~34.
裴荣富，李莉，王浩琳 . 2009. 矿产地质勘查与矿业可持续发展的科学技术模拟 [J]. 矿产保护与利用，1：7~12.
裴荣富，梅燕雄，瞿泓滢等 . 2013. 大型 – 超大型矿床找矿新认知 . 矿床地质 . 32(4)：661~671.
裴荣富，梅燕雄，李进文 . 2005b. 固体矿产合理勘查开发与矿业可持续发展 . 中国钨业 .20(2)：11~15.
裴荣富，梅燕雄 . 2001. 矿产勘查的双控论与合理域模型 [J]. 矿床地质，20(4)：307~312.
裴荣富，钟自然，吴良士 . 1993. 中国钨矿资源经济评价 [M]. 北京：中国科学技术出版社 .
彭会清，韩伟 . 2006. 强化精选作业提高铜精矿品位 [J]. 有色金属 (选矿部分)，(2)：12~14.
彭惠娟，汪雄武，Müller Axel 等 . 2011. 西藏甲玛铜多金属矿区成矿斑岩的岩浆混合作用：石英及长石斑晶新证据 [J]. 矿床地质，30(2)：249~265.
秦志鹏，多吉，汪雄武等 . 2012. 西藏甲玛铜多金属矿二长花岗斑岩岩浆 – 热液过渡特征及成矿意义 [J]. 地球学报，33(4)：501~509.
秦志鹏，汪雄，多吉等 . 2011. 西藏甲玛中酸性侵入岩 LA–ICP–MS 锆石 U-Pb 定年及成矿意义 [J]. 矿床地质，30(2)：339~348.
曲晓明，侯增谦，黄卫 . 2001. 冈底斯斑岩铜矿 (化) 带：西藏第二条“玉龙”铜矿带 [J]. 矿床地质，20(4)：355~366.
全国矿产资源储量通报编委会 . 2017. 二〇一六年全国矿产资源储量通报 [R]. 国土资源部，1~30.
冉皞，等 . 2015. 青藏高原南羌塘荣玛晚侏罗世闪长岩：班公湖—怒江特提斯洋向北俯冲产物 [J]. 地质通报，34(05)：815~825.

饶运章，何少博，陈辉等 . 2012. 基于未确知测度理论的采矿方法优选 [J]. 中国矿业，21（增刊）：337~342.

芮宗瑶，黄崇轲，齐国明等 . 1984. 中国斑岩铜 (钼) 矿床 [M] . 北京 ：地质出版社，1~ 350.

芮宗瑶，张洪涛，陈仁义等 . 2006. 斑岩铜矿研究中若干问题探讨 [J]. 矿床地质，25(4)：491~500.

邵秋芳，彭培好，黄洁等 . 2016. 长江上游安宁河流域生态环境脆弱性遥感监测 [J]. 国土资源遥感，28(2)：175~181.

史太禄，任凤玉，李文增等 . 2007. 模糊数学在采矿方法优选中的应用 [J]. 金属矿山，11 ：29~31.

舒思齐，张洪涛，周平等 . 2015. 基于“三资”理论的矿产资源全球配置研究 [J]. 中国矿业，24(1)：56~59.

宋晓秋 . 2004. 模糊数学原理与方法（第二版）[M]. 徐州 ：中国矿业大学出版社 .

孙传尧 . 2015. 选矿工程师手册 [M]. 北京 ：冶金工业出版社 .

孙莉，肖克炎，唐菊兴等 . 2011. 基于 Minexplorer 探矿者软件的甲玛铜矿三维地质体建模 [J]. 成都理工大学学报，38(3)：291~297.

唐菊兴，邓世林，郑文宝等 . 2011. 西藏墨竹工卡县甲玛铜多金属矿床勘查模型 [J]. 矿床地质，30(2)：179~196.

唐菊兴，黎风佶，李志军等 . 2010b. 西藏谢通门县雄村铜金矿主要地质体形成的时限 ：锆石 U-Pb、辉钼矿及 Re-Os 年龄的证据 [J]. 矿床地质，29(3)：461~475.

唐菊兴，孙兴国，丁帅等 . 2014. 西藏多龙矿集区发现浅成低温热液型铜 (金银) 矿床 . 地球学报，35(1)：6~10.

唐菊兴，王登红，汪雄武等 . 2010a. 西藏甲玛铜多金属矿矿床地质特征及其矿床模型 . 地球学报，31(4)：495~506.

唐菊兴，王登红，钟康惠等 . 2009. 西藏自治区墨竹工卡县甲玛铜多金属矿区 0-16-40-80、0-15 线矿段铜多金属矿勘探报告 .

汤中立 . 1996. 中国岩浆硫化物矿床的主要成矿机制 [J]. 地质学报，70(3)：237~243.

唐善宏，伍昭化，束世平等 . 2007. 氨氮废水处理技术 [J]. 上海化工，32(9)：14~18.

涂光炽 . 1989. 超大型矿床的找寻和理论研究 [J]. 矿产与地质，1 ：1~8.

万天丰，朱鸿 . 2007. 古生代与三叠纪中国各陆块在全球古大陆再造中的位置与运动学特征 . 现代地质，21(1)：1~13.

王吉青，孟凡丽等 . 2008. 重选在黄金选矿生产中的研究与应用 [J]. 黄金科学技术，16(6)：44~47.

王联魁，黄智龙 . 2000. Li-F 花岗岩液态分离的微量元素地球化学标志 . 岩石学报，16(2)：145~152.

王全海，王保生，李金高等 .2002. 西藏冈底斯岛弧及其铜多金属矿带的基本特征与远景评估 [J]. 地质通报，21(1)：35~40.

王世称 . 2010. 综合信息矿产预测理论与方法体系新进展 [J]. 地质通报，29(10)：1399~403.

王湘英，丁大森 . 2000. 浮选药剂的应用现状及发展趋势 [J]. 湖南有色金属，16(1)：9~12.

王新民，赵彬，张钦礼 . 2008. 基于层次分析和模糊数学的采矿方法选择 [J]. 中南大学学报 (自然科学版)，39(5)：875~880.

王旭，周爱国，甘义群等 . 2010. 青藏高原矿产资源开发与地质环境保护协调发展的对策探讨 [J]. 干旱区资源与环境，24(2)：69~73.

王勇毅，肖克炎，朱裕生等 . 2003. 初论中国铜矿数字矿床模型 [J]. 地质与勘探，39(3)：20~24

王运敏 . 2012. 现代采矿手册 [M]. 北京：冶金工业出版社 .

王之佳，柯金良等 . 1987. 我们共同的未来 [M]. 吉林：吉林人民出版社，1~20.

温海滨，贾瑞强 . 2004. 金矿选别的新进展 [J]. 国外金属矿选矿，(12)：22~27.

吴爱祥，张卫锋，郭立 . 2000. 相似率价值工程法在采矿方法优选中的应用 [J]. 中南工业大学学报，31(4)：294~296.

吴启坤 . 2012. 模糊数学在采矿方法优化选择中的应用 [J]. 工程建设，44(1)：10~13.

武培勇，张启富等 . 2004. 中矿选择性再磨在凤凰山铜矿的应用研究 [J]. 金属矿山，1：44~46.

武强，刘伏昌，李铎等 . 2005. 矿山环境研究理论与实践 [M]. 北京：地质出版社 .

西藏华泰龙矿业开发有限公司 . 甲玛铜多金属矿二期建设工程环境影响报告书（简本）. 中冶东方工程技术有限公司北京国环建邦环保科技有限公司 .

西藏特大型多金属矿精细化选矿关键技术研究组 . 2012. 西藏特大型多金属矿精细化选矿关键技术研究（课题编号：2012BAB01B02）研究报告 .

夏斌，陈根文，王核 . 2002. 全球超大型斑岩铜矿床形成的构造背景分析 [J]. 中国科学（D 辑），32（增刊）：87~95.

肖克炎，王勇毅，陈郑辉等 . 2006. 中国矿产资源评价新技术与评价新模型 [M]. 北京：地质出版社，1~50.

肖木恩 . 2003. 糊数学在采矿方法选择中的应用 [J]. 矿业研究与开发，23(1)：15~17.

谢华，朱学峰 . 2001. 模糊综合评判中几种数学模型的比较 [J]. 广东自动化与信息工程，(4)：5~7.

谢学锦 . 1998. 战术性与战略性的深穿透地球化学方法 [J]. 地学前缘，5(2)：171~183.

熊群尧，裴荣富，梅燕雄等 . 2001. 难识别及隐伏大矿、富矿资源潜力的地质评价 [M]. 北京：地质出版社 .

徐君，李贵芳，王育红 . 2016. 生态脆弱性国内外研究综述与展望 [J]. 华东经济管理，30(4)：149~162.

徐铁兵，梁静，孙玉艳 . 2013. 几种典型的土壤污染修复技术综述 [J]. 价值工程，14：313~314.

许荣科，郑有业，赵平甲等 . 2007. 西藏东巧北尕苍见岛弧的厘定及地质意义 [J]. 中国地质，34(5)：768~777.

许秀琴，朱勇，杨挺等 . 2007. 水体重金属的污染危害及其修复技术 [J]. 污染防治技术，20(4)：67~69.

许志琴,杨经绥,李文昌等 . 2012. 青藏高原南部与东南部重要成矿带的大地构造定格与找矿前景 [J]. 地质学报 ,86(12):1857~1869.

薛晓菲，崔建国 . 2006. 地下水环境修复技术进展 [J]. 科技情报开发与经济，16(6)：148~150.

严光生，邱瑞照，连长云等 . 2007. 中国大陆斑岩铜矿资源潜力定量评价 [J]. 地学前缘，14(5)：27~41.

杨剧文，王二军 . 2007. 黄金选冶技术进展 [J]. 矿产保护与利用，4：34~38.

姚凯，张萍 . 2012. 中国企业对外投资的政治风险及量化评估模型 [J]. 经济理论与经济管理，5：103~111.
姚香 . 1997. 采矿方法研究与数学优选 [J]. 黄金，18(2)：15~20.
应立娟，王登红，唐菊兴等 . 2010. 西藏墨竹工卡县甲玛铜多金属矿不同矿石中辉钼矿 Re–Os 同位素定年及其成矿意义 [J]. 地质学报，84(8)：1165~1174.
于慧，郑志军，程颂等 . 2011. 西藏矿山生态环境现状及保护研究 [J]. 四川师范大学学报 (自然科学版)，34(2)：260~266.
于润沧 . 2009. 采矿工程师手册（上、下册）[M]. 冶金工业出版社 .
于颖，周启星 . 2005. 污染土壤化学修复技术研究与进展 [J]. 环境污染治理技术与设备，6(7)：1~71.
於琍，曹明奎，陶波等 . 2008. 基于潜在植被的中国陆地生态系统对气候变化的脆弱性定量评价 [J]. 植物生态学报，32 (3)：521~530.
俞沧海 . 2002. 矿床技术经济评价 [J]. 有色金属设计，29(2)：46~49.
翟裕生，邓军，李晓波 . 1999. 区域成矿学 [M]. 北京：地质出版社 .
张海燕，刘阳，李娟等 . 2010. 重金属污染土壤修复技术综述 [J]. 四川环境，29(6)：138~133.
张洪涛，陈仁义，韩芳林 . 2004. 重新认识中国斑岩铜矿的成矿地质条件 . 矿床地质，23(2)：150~163.
张洪涛，陈仁义，舒思齐 . 2013. 中国大陆斑岩铜矿若干问题 . 矿床地质，32(4)：672~684.
张洪涛，唐金荣，齐亚斌等 . 2014. 矿产资源资产资本理论与实践 [M]. 北京：地质出版社 .
张辉，高德利 . 2008. 基于模糊数学和灰色理论的多层次综合评价方法及其应用 [J]. 数学的实践与认识，38(3)：1~6.
张锦章 . 2013. 紫金山矿集区地质特征、矿床模型与勘查实践 . 矿床地质，32(4)：757~766.
张琪，胡锋平，马双群 . 2007. 水体修复技术的研究现状及其发展趋势 [J]. 南昌高专学报，2：97~99.
张钦礼，王新民 . 2008. 采矿概论 [M]. 北京：化学工业出版社 .
张舒，史秀志，古德生 . 2011. 基于 ISM 和 AHP 以及模糊评判的矿山安全管理能力分析与评价 [J]. 中南大学学报 (自然科学版)，42(8)：2406~2415.
张志礼，柴建设 . 1993. 数值分析初选采矿方法 [J]. 河北冶金，5：12~14.
赵福刚 . 2006. 铜矿的选矿技术进展 [J]. 铜业工程，4：13~18.
赵国彦，唐洋，刘志祥等 . 2014. 基于改进的 AHP–TOPSIS 评判模型的盛大铁矿采矿方法优选 [J]. 科技导报，32(3)：25~28.
赵美微，塔莉，李萍 . 2007. 土壤重金属污染及其预防、修复研究 [J]. 环境科学与管理，32(6)：70~72.
赵鹏大，陈永清 . 1998. 地质异常矿体定位的基本途径 . 地球科学——中国地质大学学报，23(2)：111 ~ 114.
赵鹏大，池顺都，陈永清，1996. 查明地质异常：成矿预测的基础 . 高校地质学报，2(4)：361~ 373.
赵鹏大，池顺都 . 1991. 初论地质异常 [J]. 地球科学，3：241~248.
赵鹏大 . 2002. “三联式”资源定量预测与评价——数字找矿理论与实践探讨 [J]. 地球科学，27(5)：

482~489.
赵仕玲 . 2007. 国外矿山环境保护制度及对中国的借鉴 [J]. 中国矿业，16(10)：35~38.
赵文津 . 2007. 大型斑岩铜矿成矿的深部构造岩浆活动背景 [J]. 中国地质 , 34(2)：179~205.
郑良永，林家丽，曹启民等 . 2006. 污染土壤生物修复研究进展 [J]. 广东农业科学，2：79~81.
郑文宝，陈毓川，宋鑫等 . 2010. 西藏甲玛铜多金属矿元素分布规律及地质意义 [J]. 矿床地质，29(5)：775~784.
郑文宝，黎枫佶，唐菊兴等 . 2010. 西藏墨竹工卡地区甲玛矽卡岩型铜多金属矿体的变化性 . 地质通报，2010，29(10)：1486~1494.
郑文宝，黎枫佶，唐菊兴等 . 2011. 基于 Micromine 软件下地质统计学在甲玛矽卡岩型铜多金属矿储量计算中的应用 . 地质与勘探，47(4)：726~736.
郑文宝 . 2012. 西藏甲玛铜多金属矿床成矿模式与找矿模型 [D]. 成都理工大学：博士学位论文，1~198.
郑晓明，邹汾生，李富平 . 2004. 用层次分析法进行采矿方法模糊评价及优选 [J]. 中国钨业，19(3)：20~23.
郑有业，多吉，王瑞江等 . 2007. 西藏冈底斯巨型斑岩铜矿带勘查研究最新进展 [J]. 中国地质，34(2)：324~334.
郑有业等 . 2004. 西藏冲江大型斑岩铜 (钼金) 矿床的发现及意义 . 地球科学，29(3)：333~339.
钟自然，裴荣富，吴良士 . 1990. 区域性矿产资源开发系统发展规划优化模型及其系统经济评价 [J]. 地质论评，36(5)：436~43.
周东美，郝秀珍，薛艳等 . 2004. 污染土壤的修复技术研究进展 [J]. 生态环境，13(2)：234~ 242.
周科平，郭旺，邓红卫等 . 2012. 基于 TRIZ-FAHP 的采矿方法优选 [J]. 矿冶工程，32(2)：1~4.
周麟 . 1998. 采矿方法优选的灰色多目标决策方法及其应用 [J]. 江西铜业工程，2：28~30.
周启星，宋玉芳 . 2004. 污染土壤修复原理与方法 [M]. 北京：科学出版社 .
周涛发，王世伟，袁峰等 . 2016. 长江中下游成矿带陆内斑岩型矿床的成岩成矿作用 . 岩石学报，32(2)：271~288.
周云，唐菊兴，秦志鹏等 .2012. 西藏甲玛铜多金属矿床成因研究——来自流体包裹体的证据 [J]. 地球学报，33(4)：485~500.
周云，汪雄武，唐菊兴等 . 2011. 西藏甲玛铜多金属矿含矿斑岩石英斑晶单个熔融包裹体的成分研究 . 成都理工大学学报 (自然科学版)，38(1)：92~102.
朱弟成，赵志丹，牛耀龄等 . 2012. 拉萨地体的起源和古生代构造演化 . 高校地质学报，18(1)：1~15.
朱弟成等 . 2008. 西藏冈底斯带侏罗纪岩浆作用的时空分布及构造环境 [J]. 地质通报，27(4)：458~468.
朱国涛 . 1995. 国内外矿床技术经济评价历史现状及发展趋势 [J]. 中国地质矿产经济，8：17~22.
朱映川，刘雯，周遗品等 . 2008. 水体重金属污染现状及其治理方法研究进展 [J]. 广东农业科学，8：143~146.
朱裕生 . 1999. 矿产资源潜力评价在我国的发展 [J]. 中国地质，270(11)：23，31~33.

朱卓慧，赵国彦，吴桂香等 . 2005. 采矿方案的模糊优选 [J]. 采矿技术，5(4)：12~14.

祝嵩，肖克炎 . 2015. 大冶铁矿田铁山矿区三维地质体建模及深部成矿预测 [J]. 矿床地质，34(4)：814~827.

Aguilar J, Dorronsoro C, Fernández E et al.. 2004. Soil pollution by apyrite mine spill in Spain: evolution in time [J]. Environmental Pollution, 132 (3): 3952401.

Ahmad, I. et al., 2003. Age and tectonic implications of granitoid rocks from the Indian Plate of northern Pakistan. Journal of the Virtual Explorer, Electronic Edition，11: 13~34.

Ali JR, Aitchison J C. 2005. Greater India. Earth Sci. Rev., 72: 169~188.

Allégre C J, Courtillot V, Taponnier P et al.. 1984. Structure and evolution of the Himalayan–Tibet orogenicbelt. Nature, 307: 17~22.

Archbold N. W. 1999. Permian Gondwanan correlations: the significance of the western Australian marine Permian. Journal of African Earth Sciences, 29: 63~75.

Archibald S. M., Migdisov A.A., Williams-Jones A.E.. 2002. An experimental study of the stability of copper chloride complexes in water vapor at elevated temperatures and pressures. Geochimica et Cosmochimica Acta, 66(9): 1611~1619.

Arculus R, Powell R. 1986. Source component mixing in the regions of arc magmageneration. J. Geophys. Res., 91: 5913~5926.

Armijo R, Tapponnier P, Mercier JL, et al.. 1986. Quaternary extension in southern Tibet. Field observations and tectonic implications. J. Geophys. Res. 9: 13803~13872.

Audle y-Charles M G. 1983. Reconstruction of eastern Gondwanaland [J].Nature, 306: 48~50.

Audle y-Charles M G. 1984. Cold Gondwana, warm Tethys and theTibetan Lhasa block [J]. Nature, 310: 165~166.

Audle y-Charles M G. 1988. Evolution of the southern margin of Tethys (North Australian region) from early Permian to late Cretaceous [J]. Geological Society Special Publication, 37: 79~100.

Aurphy J B, Van Staal C R and Collins W J. 2011. A comparison of the evolution of arc complexes in paleozoic interior and peripheral orogens: Speculations on geodynamic correlations [J]. Gondwana Research, 19: 812-827.

Blisniuk P M, Hacker B R, Glodny J et al.. 2001. Normal faulting in central Tibet since at least 13.5 Myr ago. Nature, 412: 628~632.

Böhmer M，Kucera M. 1978. Prospecting and exploration of mineral deposits. Asterdam: Elsevier.

Burchfiel B C, Chen Z, Royden L H et al.. 1991. Extensional development of Gabo valley, southern Tibet. Tectonophysics, 194: 187~193.

Camm T W. 1991. Simplified cost models for prefeasibility mineral evaluations [J]. US Bureau of Mines Information Circular, 92~98.

Camm T W. 1994. Simplified cost models forprefeasibility mineral evaluations [J]. Mining Engineering, 46(6): 559~562.

Cao Mingjian, Qin Kezhang, Li Guangming et al.. 2014. Baogutu: An example of reduced porphyry Cu deposit in western Junggar. Ore Geology Reviews, 56: 159~180.

Cao MingJian, Qin Kezhang, Li Guangming et al.. 2016. Genesis of ilmenite-series I-type granitoids at the Baogutu reduced porphyry Cu deposit, western Junggar, NW-China. Lithos, 246–247: 13~30.

Cawood P A, et al.. 2007. Early Palaeozoicorogenesis along the Indian margin of Gondwana: Tectonic responseto Gondwana assembly [J]. Earth and Planetary Science Letters, 255: 70~84.

Chambefort Isabelle , Dilles John H. , Kent Adam J. R.. 2008. Anhydrite-bearing andesite and dacite as a source for sulfur in magmatic-hydrothermal mineral deposits. Geology, 36(9): 719~722.

Chan G H N, Waters D J, Searle M P et al.. 2009. Probing the basement of southern Tibet: evidence fromcrustalentrained in a Miocene ultrapotassic dyke. J. Geol. Soc. Lond, 166: 45~52.

Chen L, Qin KZ, Li J X et al.. 2011. Fluid inclusion and hydrogen, oxygen, sulfur isotopes of Nuri Cu–W–Mo deposit in the southern Gangdese, Tibet. Resour. Geol., 62: 42~62.

Chiaradia M, Merino D, Spikings R. 2009. Rapid transition to long-lived deep crustal magmatic maturation and the formation of giant porphyry-related mineralization (Yanacocha, Peru). Earth Planet. Sci. Lett., 288: 505~515.

Chiaradia M. 2014. Copper enrichment in arc magmas controlled by overriding platethickness. Nat. Geosci. 7: 43~46.

Chu M F, Chung S L, Song B et al.. 2006. Zircon U–Pb and Hf isotope constraints on the Mesozoic tectonics and crustal evolutionof southern Tibet. Geology, 34: 745~748.

Chung S L, Chu M F, Zhang Y Q, et al.. 2005. Tibetan tectonic evolution inferred from spatial and temporalvariations in post-collisional magmatism. Earth Sci. Rev, 68: 173~196.

Chung S L, Liu D, Ji J Q et al.. 2003. Adakites from continental collision zones: melting of thickened lower crust beneath southern Tibet. Geology, 31: 1021~1024.

Clayton R N, Mayeda T K. 1963. The use of bromine penta-fluoride in the extraction ofoxygen from oxide and silicates for isotope analysis. Geochim Cosmochim Acta, 27: 43~52.

Cogan M J, Nelson K D, Kidd W S F et al.. 1998. Shallow structure of the Yadong–Gulu rift, southern Tibet, from refraction analysis of Project INDEPTH common midpoint data. Tectonics, 17: 46~61.

Cooke D. R. et al.. 2005. Giant porphyry deposits: Characteristics, distribution, and tectonic controls. Economic Geology, 100(5): 801~818.

Copley A, Avouac J P, Wernicke B P. 2012. Evidence for mechanical coupling and strongIndian lower crust beneath southern Tibet. Nature, 472: 79~81.

Crostella, A. Backhouse, J.. 2000. Geology and Petroleum Exploration of the Central and Southern Perth Basin, Western Australia. Western Australia Geological Survey, Report 57: 85.

Davidson, J, Turner S, Handley H et al.. 2007. Amphibole “sponge” in arc crust? Geology, 35: 787~790.

De Sigoyer J, Chavagnac V, Blichert-Toft J et al.. 2000. Dating the Indian continental subduction and collision thickeningin the northwest Himalaya: multichronology of the Tso Morari eclogites. Geology, 28: 487~490.

DeCelles P. G., Gehrels G. E., Najman Y. et al.. 2004. Detrital geochronology and geochemistry of

Cretaceous–Early Miocene strata of Nepal: implications for timing and diachroneity of initial Himalayan orogenesis. Earth and Planetary Science Letters, 227(3–4): 313~330.

Dewey J. F. et al.. 1988. The tectonic evolution of the Tibetan Plateau Philosophical Transactions of the Royal Society of London (Series A): Mathematical and Physical Sciences, 327: 379~413.

Ding L, Kapp P, Zhong D, et al.. 2003. Cenozoic volcanism in Tibet: evidence for atransition from oceanic to continental subduction. J. Petrol, 44: 1833~1865.

Ding L, Xu Q, Yue Y, Wang H, Cai F, Li S. 2014. The Andean-type Gangdese Mountains: Paleoelevation record from the Paleocene-Eocene Linzhou Basin. Earth Planet Sci Lett, 392: 250~264.

Ding, Z. L., Sun, J. M., Yang, S. L., Liu, T. S.. 1998. Preliminary magnetostratigraphy of a thick eolian red clay-loess sequence at Lingtai, the Chinese Loess Plateau. Geophys. Res. Lett., 25: 1225~1228.

Dong et al.. 2014. Late Paleozoic intrusive rocks from the southeastern Lhasa terrane, Tibetan Plateau, and their Late Mesozoic metamorphism and tectonic implications. Lithos, 198–199: 249~262.

Dong X, et al.. 2011. Late Neoproterozoic thermal events in the northern Lhasa terrane, south Tibet: Zircon chronology and tectonic implications [J]. Journal of Geodynamics, 52(5): 389~405.

Gao Y F, Hou Z Q, Kamber B et al.. 2007. Adakite-like porphyriesfrom the southern Tibetan continental collision zones: evidence for slab meltmetasomatism. Contrib. Mineral Petrol, 153: 105~120.

Gao Y F, Wei R H, Hou Z Q et al.. 2008. Eocene high-MgO volcanism insouthern Tibet. New constraints for mantle source characteristics and deep process. Lithos, 105: 63~72.

Gao Y F, Yang Z S, Santosh M et al.. 2010. Adakitic rocks fromslab melt-modifiedmantle sources in the continental collision zone of southern Tibet.Lithos, 119: 651~663.

Gehrels G. et al.. 2011. Detrital zircon geochronology of pre-Tertiary strata in the Tibetan-Himalayan orogeny. Tectonics, 30: TC5016, doi:10.1029/2011TC002868.

Guan Q., Zhu D. C., Zhao Z. D. et al.. 2012. Crustal thickening prior to 38 Ma in southern Tibet: evidence from lower crust-derived adakitic magmatism in the Gangdese Batholith.Gondwana Research, 21: 88~99.

Guo Z F, Wilson M, Liu J Q. 2007. Post-collisional adakites in south Tibet: products ofpartial melting of subduction-modified lower crust. Lithos, 96: 205~224.

Guo Z F, Wilson M, Zhang M L et al.. 2013. Post-collisional, K-richmafic magmatism in south Tibet: constraints on Indian slab-to-wedge transportprocesses and plateau uplift. Contrib. Mineral Petrol, 165: 1311~1340.

Hébert R, Guilmette C, Dostal J et al.. 2014. Miocene post-collisional shoshonites and their crustal xenoliths, Yarlung ZangboSuture Zone southern Tibet: geodynamic implications. Gondwana Res, 25: 1263~1271.

Hedenquist, J. W., Lowenstern, J. B.. 1994. The role of magmas in the formation of hydrothermal ore deposits: Nature, 370: 519~527.

Hou Z Q, Gao Y F, Qu X M et al.. 2004. Origin of adakitic intrusives generatedduring mid-Miocene east–west extension in southern Tibet. Earth Planet Sci. Lett, 220: 139~155.

Hou Z Q, Yang Z M, Lu Y J et al.. 2015. A genetic linkage between subduction-and collision-related porphyry Cudeposits in continental collision zones. Geology, 43: 247~250.

Hou Z Q, Yang Z M, Qu X M et al.. 2009. The Miocene Gangdese porphyry copper belt generated during post-collisional extension in the Tibetan Orogen. Ore Geol. Rev., 36: 25~31.

Hou Z Q, Zheng Y C, Yang Z M et al.. 2012. Contribution of mantle components within juvenile lower-crust to collisional zoneporphyry Cu systems in Tibet. Mineral. Deposita, 48: 173~192.

Hutson R. J.. 1979. Techniques in mineral exploration. London: Applied Science Publishers Ltd.

Hutson R. J.. 1980. Exploration models for gold in the Archean[J]. Canadian Mining Journals, 2: 20~28.

Huang G C, Wu F T, Roecker S W et al.. 2009. Lithospheric structure of thecentral Himalaya from 3-D tomographic imaging. Tectonophysic, 475: 524~543.

Inger S, Harris N. 1993. Geochemical constraints on leucogranite magmatism in theLangtang valley, Nepal Himalaya. J. Petrol, 34: 345~368.

Jamie J. Wilkinson. 2013. Triggers for the formation of porphyry ore deposits in magmatic arcs.Nature Geosciences, 6 (11): 917~925

Jan, Q. M., Karim A.. 1990. Continental magmatism related to Late Paleozoic–EarlyMesozoic rfting in northern Pakistan and Kashmir. Geological Bulletin University ofPeshawar, 23: 1~25.

Ji W Q, Wu F Y, Chung S L et al.. 2009. Zircon U–Pb geochronology and Hfisotopic constraints on petrogenesis of the Gangdese batholith, southern Tibet.Chem. Geol, 262: 229~245.

Kapp P, DeCelles P G, Leier A L et al.. 2007. The Gangdese retroarc thrust belt revealed. GSA Today, 17: 4~10.

Kapp P, Yin A, Harrison T M et al.. 2005. Cretaceous–Tertiary shorting, basindevelopment, and volcanism in central Tibet. GSA Bull, 117: 865~878.

Kind R, Yuan X, 2010. Seismic images of the biggest crash on earth. Science, 329: 1479~1480.

Kumar P, Yuan X, Kind R et al.. 2006. Imaging the colliding Indian and Asian lithosphericplates beneath Tibet. J. Geophys. Res. 111, B6. http://dx.doi.org/10.1029/2005JB003930.

Lee C T A, Luffi P, Chin E J et al.. 2012. Copper systematics in arc magmas and implications for crust–mantle differentiation. Science, 336: 64~68.

Lee H Y, Chung S L, Ji J Q et al.. 2011.Geochemical and Sr–Nd isotopic constraints on the genesis of the Cenozoic Linzizongvolcanic successions, southern Tibet. J. Asian Earth Sci, 53: 96~114.

Lee H Y, Chung S L, Lo C H et al.. 2009. Eocene Neotethyanslab breakoff in southern Tibet inferred from the Linzizong volcanic record. Tectonophysics, 477: 20~35.

Lee, H Y, Chung S L, Ji J Q et al.. 2011. Geochemical and Sr-Nd isotopic constraints on the genesis of the Cenozoic Linzizong volcanic successions, southern Tibet: J. Asian Earth Sci., 53: 96~114.

Leier A L, DeCelles P G, Kapp P, Gehrels G E. 2007b. Lower Cretaceous strata in the Lhasa Terrane, Tibet, with implications for understanding the early tectonic history of the Tibetan Plateau. J Sediment Res, 77: 809~825.

Leng C B, Zhang X C, Zhong H et al.. 2013. Re–Osmolybdenite agesand zircon Hf isotopes of the

Gangjiang porphyry Cu–Mo deposits in the Tibetanorogen. Mineral. Deposita, 48: 585~602.

Li C, van der Hilst R D, Meltzer A S et al.. 2008. Subduction of the Indian lithospherebeneath the Tibetan plateau and Burma. Earth Planet. Sci. Lett, 274: 157~168.

Li G M, Qin K Z, Ding K S et al.. 2006.Geology, Ar–Ar age and mineral assemblage of Eocene skarn Cu–Au ± Mo depositsin the southeastern Gangdese arc, Southern Tibet: implications for deep exploration. Resour. Geol, 56: 315~336.

Li J X, Qin K Z, Li G M et al.. 2011. Post-collisional ore-bearingadakitic porphyries from Gangdese porphyry copper belt, southern Tibet. Meltingof thickened juvenile arc lower crust. Lithos, 126: 264~277.

Li Zhan, ZHOU Shi-guo, WANG Ke. 2008. A Method for Constructing Perfectly Consistent Judgement Matrix in AHP[J]. J. of Zheng zhou U niv .(Nat. Sci. Ed.), 40(1): 41~46.

Li Zhan, Zhou Shiguo, Wang Ke. 2008. A method for constructing perfectly consistent judgement matrix in AHP[J]. J .of Zheng zhou Univ .(Nat .Sci .Ed .), 40(1): 41~46.

Liu C Z, Wu F Y, Chung S L et al.. 2011. Fragments of hot and metasomatizedmantle lithosphere in Middle Miocene ultrapotassic lavas, southern Tibet. Geology, 39: 923~926.

Liu D, Zhao Z D, Zhu D C et al.. 2014. Zircon xenocrysts in Tibetanultrapotassic magmas: imaging the deep crust through time. Geology, 42: 43~46.

Liu S, Hu R Z, Feng C X et al.. 2008. Cenozoic high Sr/Y volcanic rocks in the Qiangtang terrane, northern Tibet: geochemical and isotopic evidence for the origin of delaminated lowercontinental melts. Geol. Mag, 145: 463~474.

Long K R, Singer D A. 2009. simplified economic filter for openpit mining and heap-leach recovery of copper in the United States. Natural Resources Research, 18(1): 57~63. http://geopubs.wr.usgs.gov/open-file/of01-018/: 2001.

Long K R. 2009. A Test and Re-Estimation of Taylor's Empirical Capacity–Reserve Relationship[J]. Natural Resources Research, 18(1): 57~63.

Long Keith R., Singer Donald A.. 2001. A Simplified Economic Filter for Open-Pit Mining and Heap-Leach Recovery of Copper in the United States Open-File Report. 01(218): 1~18.

Ma Xinghua, et al.. 2013. Magma mixing origin for the Aolunhua porphyry related to Mo–Cu mineralization, eastern Central Asian Orogenic Belt. Gondwana Research, 24(3-4): 1152~1171.

McCammon, R B. 1993. PROS PEC TOR II - an expert system for mineral deposit models [J]. Geological Association of Canada Special Pager, 40(1995): 679~684.

McCammon, R B. 1994. PROS PEC TOR II: towards a knowledge base for mineral deposits[J]. Mathematical Geology, 26(8): 917~936.

Meng J, Wang C S, Zhao X X et al.. 2012. India–Asia collision was at 24°N and 50 Ma: paleomagnetic proof from southern Asia. Sci. Rep. 2, 925. http://dx.doi.org/10.1038/srep00925.

Middlemost EAK. 1994. Naming materials in themagma/igneous rock system. Earth Sci.Rev., 37: 215~224.

Migdisov Art. A., Williams-Jones A. E., Suleimenov O. M.. 1999. Solubility of chlorargyrite (AgCl) in water vapor at elevated temperatures and pressures. Geochimica et Cosmochimica Acta, 63(22): 3817~3827.

Miller C, Schuster R, Klotzli U et al.. 1999. Post-collisionalpotassic and ultrapotassic magmatism in SW Tibet: geochemical Sr–Nd–Pb–O isotopicconstraints formantle source characteristics and petrogenesis. J. Petrol, 40: 1399~1424.

Misra K C. 2000. Understanding Mineral Deposits. Kluwer Academic Publishers, 353~413.

Mo X X, Dong G C, Zhao Z D et al.. 2005. Timing of magmamixing in the Gangdese magmatic belt during the India–Asia collision: zircon SHRIMP U–Pb dating. Acta Geol. Sin, 79: 66~76.

Mo X X, Hou Z Q, Niu Y et al.. 2007. Mantle contributionsto crustal thickening during continental collision: evidence from Cenozoic igneousrocks in southern Tibet. Lithos, 96: 225~242.

Mo X X, Niu Y, Dong G C et al.. 2008. Contribution of syncollisional felsic magmatism to continental crust growth: a case study of the Paleogene Linzizong volcanic succession in southern Tibet. Chemical Geology, 250: 49~67.

Mory, A. J., Backhouse, J.. 1997. Permian stratigraphy and palynology of the Carnarvon Basin, Western Australia. Geological Survey of Western Australia Report, 51: 1~42.

Murphy J B, van Staal C R and Collins W J. 2011. A comparison of the evolution of arc complexes in Paleozoic interior and peripheralorogens: Speculations on geodynamic correlations [J]. GondwanaResearch, 19: 812~827.

Price G P, Stoker P. 2002. Australian Geodynamics Cooperative Research Center's integrated research program delivers a new minerals exploration strategy for indusry. Australian Journal of Earth Sciences, 49: 595~600.

Qu X, Hou Z, Khin Z et al.. 2007. Characteristics and genesis of Gangdese porphyrycopper deposits in the southern Tibetan Plateau: preliminary geochemical andgeochronological results. Ore Geol. Rev, 31: 205~223.

Qu X, Hou Z, Li Y. 2004. Melt components derived from a subducted slab in late orogenicore-bearing porphyries in the Gangdese copper belt, southern Tibetan Plateau.Lithos, 74: 131~148.

Replumaz A, Negredo A M, Villaseñor A et al.. 2010. Indian continental subductionand slab breakoff during Tertiary collision. Terra Nova, 22: 290~296.

Replumaz Anne, Negredo Ana M., Guillot Stéphane et al.. 2010. Multiple episodes of continental subduction during India/Asia convergence: Insight from seismic tomography and tectonic reconstruction. Tectonophysics, 483(1–2): 125~134.

Richards J P. 2011. Magmatic to hydrothermal metal fluxes in convergent and collided margins: Ore Geology Reviews, 40: 1~26.

Richards J. P., Boyce A. J., Pringle M. S.. 2001. Geological evolution of the Escondida area, northern Chile: a model for spatial and temporal localization of porphyry Cu mineralization. Economic Geology, 96: 271~305.

Richards J. P.. 2013. Giant ore deposits formed by optimal alignments and combinations of geological processes Nature Geoscience, 6: 911~916

Richards J. P., 2009. Postsubduction porphyry Cu–Au and epithermal Au deposits: products of remelting of subduction-modified lithosphere. Geology, 37: 247~250.

Rowley D. B.. 2006. Age of initiation of collision between India and Asia: A review of stratigraphic data. Earth and Planetary Science Letters, 145(1-4): 1~13.

Sastre J, Hernández E, Rodríguez R et al.. 2004. Use of sorption and extraction tests to predict the dynamics of the interaction oftrace elements in agricultural soils contaminated by a minetailingaccident[J]. Science of The Total Environment, 329(1-3): 261~281.

Schuiling, R. D., de Wijs, H.. 1992. Mestoverschotten in Nederland—mesttekorten in de oceaan. Poster gepresenteerd op het symposium Mestverwerking—ICM, Veenendaal.

Schuiling, R. D.. 1986. A method for neutralizing waste sulfuric acid by adding a silicate. European Patent Application No. 8590353.5, Utrecht University, Netherlands.

Shokoohi Razi A, Levin V, Roecker S W et al.. 2014. Crustal and uppermostmantlestructure beneath western Tibet using seismic traveltime tomography. Geochem.Geophys. Geosyst, 15: 434~452.

Sillitoe R H.. 2010. Porphyry Copper Systems. Economic Geology, 105: 3~41.

Simóna M, Garcíaa I, Martínb F et al.. 2008. Remediation measures and displacement of pollutants in soilsaffected by the spill of a pyrite mine. Science of The Total Environment, 407: 23~39.

Sinclair W D, Thorpe R I, Duke J M. 1993. eds.[J]. Mineral deposit modeling: Geological Association Canada Spacial Paper, 40: 21~30.

Singer D A et al.. 2005. Porphyry copper deposit density. Economic Geology, 100: 491~514.

Singer D A, Menzie W D, Long Keith R. 2000. A Simplified economic filter for underground mining of massive sulfide deposits [Internet]. U. S. Geological Survey Open File Report.

Singer D A, William D M, Long K R. 1998. A simplified economic filter for open-pit gold-silver mining in the United States. http://geopubs.wr.usgs.gov/open-file/of98-207/.

Singer D A. 1993. Basic concepts in three-part quantitative assessments of undiscovered mineral resources[J]. Nonrenewable Resources, 2(2): 69~81.

Singer, D. A., Menzie, W. D.. 2000b. Quantitative mineral resource assessments: an Integrated approach[M]. New York: Oxford University Press.

Singer D. A., Kouda R. 1999. Examining risk in mineral exploration. Natural Resources Research, 8: 111~122.

Snape I. 2001. The use ofpermeable reactive barriers to controlcontaminantdispersalduring site remediation in Antarica [J].Cold Regions Science andTechnology, 32: 157~147.

Susan Tandy, John R Healey, Mark A Nason et al.. 2009. Remediation of metal polluted mine soil with compost: Co-composting versusincorporation. Environmental Pollution, 157: 690~697.

T H K. 1986. Rates of working mines:a simple rule of thumb[J]. Transactions of the Institution of Mining and Metallurgy, Section A Mining Industry, 95: 203~204.

Tapponnier P, Xu Z Q, Roger F et al.. 2001.Oblique stepwise rise and growth of the Tibet plateau. Science, 294: 1671~1677.

Tomkins A G, Weinberg R F, McFarlane C R M. 2009. Preferential magma extractionfrom K- and metal-enriched source regions in the crust. Mineral. Deposita, 44: 171~181.

Turner S, Arnaud N, Liu, J et al.. 1996.Post-collision, shoshonitic volcanism on the Tibetan Plateau: implications forconvective thinning of the lithosphere and the source of ocean island basalts. J. Petrol, 37: 45~71.

Unterschutz J L E, Creaser R A, Erdmer P et al.. 2002. North American margin origin of Quesnel terrane strata in the southern Canadian Cordillera:inferences from geochemical and Nd isotopic characteristics of Triassicmetasedimentary rocks. Geol. Soc. Am. Bull, 114: 462~475.

Van der Voo R, Spakman W, Bijwaard H. 1999. Tethyan subducted slabs under India. Earth Planet. Sci. Lett, 171: 7~20.

Van Hinsbergen D J, Lippert P C,Dupont-Nivet G et al.. 2012. Greater India basin hypothesis and a two-stage Cenozoiccollision between India and Asia. Proc. Natl. Acad. Sci. U. S. A., 20: 7659~7664.

Wang R, Richards J P, Hou Z Q et al.. 2014a. Extent of underthrusting of theIndian plate beneath Tibet controlled the distribution of Miocene porphyry Cu–Mo ± Au deposits. Mineral. Deposita, 49: 165~173.

Wang R, Richards J P, Hou Z Q et al.. 2014b. Increased magmaticwater content——the key to Oligo-Miocene porphyry Cu–Mo ± Au formation in theeastern Gangdese belt, Tibet. Econ Geol, 109: 1315~1339.

Wang R, Richards J P, Hou Z Q et al.. 2014c. Increasing magmatic oxidation state from Paleocene to Miocene in the eastern Tibetan Gangdese belt: implication for collision-related porphyry Cu–Mo ± Au mineralization.Econ. Geol, 109: 1943~1965.

Wang R, Richards J P, Hou Z Q et al.. 2015. Zircon U–Pb age and Sr–Nd–Hf–O isotope geochemistry of the Paleocene-Eocene igneous rocks in western Gangdese: evidence for the timing of Neo-Tethyan slab breakoff. Lithos, 224–225: 179~194.

Wang Rui, Jeremy P Richards, Zhou Li-min et al.. 2015. The role of Indian and Tibetan lithosphere in spatial distribution of Cenozoic magmatism and porphyry Cu–Mo deposits in the Gangdese belt, southern Tibet. Earth-Science Reviews, 150: 68~94.

Wen D R, Liu D Y, Chung S L et al.. 2008. Zircon SHRIMP U-Pb ages of the Gangdese batholith and implications for Neotethyan subduction in southern Tibet. Chemical Geology, 252: 191~201.

Wilkinson J J. 2013. Triggers for the formation of porphyry ore deposits in magmatic arcs. Nature Geoscience, 6 (11): 917.

Williams H M, Turner S P, Pearce J A et al.. 2004. Nature of thesource regions for post-collisional, potassic magmatism in southern and northernTibet from geochemical variations and inverse trace element modeling. J. Petrol, 45: 555~607.

Xu R. H. et al.. 1985. Magmatism and metamorphism in the Lhasa block (Tibet): a geochronological study. Journal of Geology, 93: 41~57.

Xu W. C., Zhang H.F., Harris N., Guo L., Pan F. B., Wang S.. 2013. Geochronology and geochemistry of Mesoproterozoic granitoids inthe Lhasa terrane, south Tibet: implications for the early evolution of Lhasa terrane. Precambrian Research, 236: 46~58.

Yang J S. et al.. 2009. Discovery of an eclogite belt in the Lhasa block, Tibet: a new border for Paleo-Tethys?Journal of Asian Earth Sciences, 34: 76~89.

Yang Q W, Shu W S, Qiu J W et al.. 2004. Lead in paddy soils and rice plants and its potential health risk around LechangLeadöZincMine, Guangdong, China [J]. Environment International, 30(7): 883~889.

Yang Zhiming et al.. 2009. Geology of the post-collisional porphyry copper–molybdenum deposit at Qulong, Tibet. Ore Geology Reviews, 36(1-3): 133~159.

Yin A, Harrison T M. 2000. Geologic evolution of the Himalayan–Tibetan orogen. Annu.Rev. Earth Planet. Sci., 28: 211~280.

Zhang Zeming, et al.. 2014. Metagabbros of the Gangdese arc root, south Tibet: Implications for the growth of continental crust. Geochimica et Cosmochimica Acta, 143: 268~284.

Zhang Yin, XIE ShuJuan, XU Hui , QU LiangHu. 2015. CLIP: viewing the RNA world from an RNA-protein interactome perspective[J]. SCIENCE CHINA Life Sciences, (58): 75~88.

Zhang Zeming, et al.. 2012. The making of Gondwana: Discovery of 650 Ma HP granulites from the North Lhasa, Tibet.Precambrian Research, 212–213: 107~116.

Zhang Zeming, et al.. 2014. Metamorphism and tectonic evolution of the Lhasa terrane, Central Tibet. Gondwana Res., 25: 170~189.

Zhang, Z M, Dong X, Xiang H. et al.. 2013. Building of the deep Gangdese arc, South Tibet: Paleocene plutonismand granulite-facies metamorphism.Journal of Petrology, 54: 2547~2580.

Zhu D C, Mo X X, Zhao Z D et al.. 2010. Presence of Permian extension- and arc-type magmatism in southern Tibet:petrogeographic implications. Geol. Soc. Am. Bull., 122: 979~993.

Zhu D C, Zhao Z D, Niu Y L et al.. 2013. The origin and pre-Cenozoic evolution of the Tibetan Plateau. Gondwana Res., 23: 1429~1454.

Zhu D C. et al.. 2009. Zircon U–Pb dating and in-situ Hf isotopic analysis of Permian peraluminous granite in the Lhasaterrane, southern Tibet: implications for Permian collisional orogeny and paleogeography. Tectonophysics, 469: 48~60.

Zhu et al.. 2009. Geochemical investigation of Early Cretaceous igneous rocks along an east-west traverse throughout the central Lhasa Terrane, Tibet. Chemical Geology, 268: 298~312.

Zhu et al.. 2011.The Lhasa Terrane: record of a microcontinent and its histories of drift and growth.Earth Planet. Sci. Lett., 301: 241~255.

http://baike.baidu.com/link?url=SnnDj9BLjXmQOfbSwnxrb4RTri2NZt7iFBcVTL2nyRxvLE6BPF7gwT_f_GNv0X_sCcsROgVwRb6JbRfc65Axa.

http://baike.baidu.com/link?url=ZMaI9mDrYgjAjL3mlrdyRp6oMEgM0UwCkEtiANrEBJyEtuc8xyMcVl6_fB0VIo3A1oky2lc8-nwUKKcTuy1XK

http://baike.baidu.com/subview/364279/5071768.htm?fr=aladdin

http://wenku.baidu.com/link?url=tdhNj5FRvSHcKMLjSZbDDVOml60yuAZdG86M580Cv8J56bzXFz0bRZEizaspS0n9W4Ue04UqTUlBtkKXPLNzQ8AFtMvwatb1M52G5ckEteq
http://wenku.baidu.com/link?url=TxJBjaGFI3sxA5VErel8FHNlXBiYXhJQ2b91vFPXsgxmBQVTYGkVM7kmRIkbqZOgTNTKpPdEmzF6e4UtoudhWyGa1ePCYEByejVmzl5tPu
http://wenku.baidu.com/link?url=z9txPx1tkg2ciz3FJeRotSReQA4IPJrqyjK1FZEPDGkCjsRbEkjtCN5VkKOpdABLdluwBXn9w38yAyK1WQca3k44xpe7UIrsdGrO5aw0K
http://wenku.baidu.com/view/f50f38f9aef8941ea76e050c.html
http://www.dowater.com/jishu/2012-08-09/97087.html

裴荣富院士（前排左三）和张洪涛参事（前排右三）指导课题研究

裴荣富院士（前排左四）、张洪涛参事（前排右三）和武强院士（前排左一）指导课题研究

多吉院士（中）指导课题研究

裴荣富院士（右一）、赵鹏大院士（左三）和王成善院士（左二）指导课题研究

裴荣富院士（左五）、张洪涛参事（左四）和王成善院士（右二）指导课题研究

课题组人员在西藏地勘局第六地质大队调研冈底斯成矿带地质勘查工作

课题组人员调研西藏华泰龙矿业公司磨浮工艺

课题组人员调研西藏华泰龙矿业公司选矿工艺

课题组人员采集甲玛铜多金属矿区地表水

课题组人员在甲玛铜多金属矿选厂区采集土壤样品

课题组人员调研甲玛铜多金属矿尾矿库

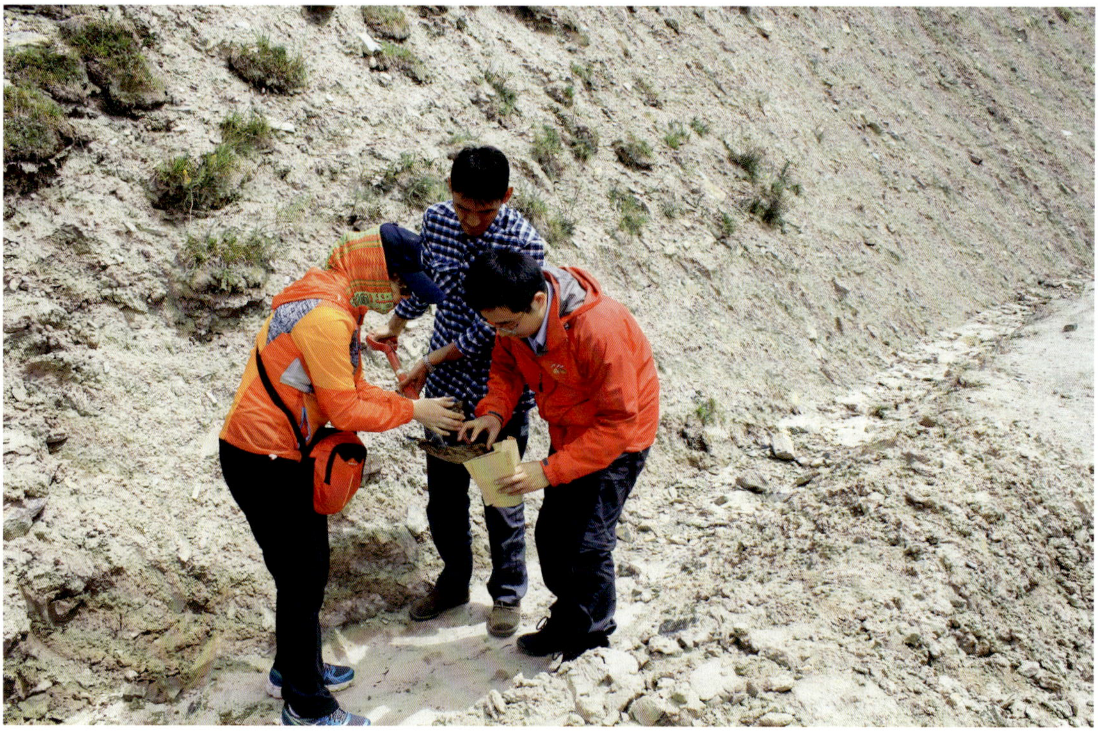

课题组人员在甲玛铜多金属矿尾矿库区采集土壤样品